"十四五"职业教育国家规划教材

U0648607

高等职业教育创新人才培养规划教材·连锁经营与管理

本教材第四版曾获首届全国教材建设奖
全国优秀教材二等奖

富媒体智能型教材

Liansuo Mendian
Yingyun Yu Guanli
Shiwu

连锁门店营运与管理实务

（第六版）

陆影　高皖秋　主　编

强敏　时应峰　司爱丽　副主编

东北财经大学出版社　大连
Dongbei University of Finance & Economics Press

图书在版编目（CIP）数据

连锁门店营运与管理实务 / 陆影，高皖秋主编. —6版. —大连：东北财经大学出版社，2024.11. —（高等职业教育创新人才培养规划教材·连锁经营与管理）. —ISBN 978-7-5654-5399-1

Ⅰ. F717.6

中国国家版本馆 CIP 数据核字第 2024VC5876 号

东北财经大学出版社出版

（大连市黑石礁尖山街217号 邮政编码 116025）

网　　址：http://www.dufep.cn

读者信箱：dufep@dufe.edu.cn

大连天骄彩色印刷有限公司印刷　　东北财经大学出版社发行

幅面尺寸：185mm×260mm　　字数：380千字　　印张：17.5

2024年11月第6版　　2024年11月第1次印刷

责任编辑：郭海雷　张爱华　　　　　　　责任校对：赵　楠

封面设计：原　皓　　　　　　　　　　　版式设计：原　皓

定价：48.00元

教学支持　售后服务　　联系电话：（0411）84710309

版权所有　侵权必究　　举报电话：（0411）84710523

如有印装质量问题，请联系营销部：（0411）84710711

富媒体智能型教材出版说明

"财经高等职业教育富媒体智能型教材开发系统工程"入选国家新闻出版广电总局（现国家广播电视总局）新闻出版改革发展项目库，并获得文化产业专项资金支持，是"国家文化产业资金支持媒体融合重大项目"。项目以"融通""融合""共建""共享"为特色，是东北财经大学出版社积极落实国家推动传统媒体与新媒体融合发展的重要举措之一。

"财济书院"智能教学互动平台是该工程项目建设成果之一。该平台通过系统、合理的架构设计，将教学资源与教学应用集成于一体，具有教学内容多元呈现、课堂教学实时交互、测试考评个性设置、用户学情高效分析等核心功能，是高校开展信息化教学的有力支撑和应用保障。

富媒体智能型教材是该工程项目建设成果之二。该类教材是我社供给侧结构性改革探索性策划的创新型产品，是一种新形态立体化教材。富媒体智能型教材秉持严谨的教学设计思想和先进的教材设计理念，为财经职业教育教与学、课程与教材的融通奠定了基础，较好地避免了传统教学模式和单一纸质教材容易出现的"两张皮"现象，有助于教学质量的提高和教学效果的提升。

从教材资源的呈现形式来说，富媒体智能型教材实现了传统纸质教材与数字技术的融合，通过二维码建立链接，将VR、微课、视频、动画、音频、图文和试题库等富媒体资源丰富呈现给用户；从教材内容的选取整合来说，其实现了职业教育与产业发展的融合，不仅注重专业教学内容与职业能力培养的有效对接，而且很好地解决了部分专业课程学与训、训与评的难题；从教材的教学使用过程来说，其实现了线下自主与线上互动的融合，学生可以在有网络支持的任何地方自主完成预习、巩固、复习等，教师可以在教学中灵活使用随堂点名、作业布置及批改、自测及组卷考试、成绩统计分析等平台辅助教学工具。

"重塑教学空间，回归教学本源！""财济书院"平台不仅是出版社提供教学资源和服务的平台，更是出版社为作者和广大院校创设的一个教学空间，作者和院校师生既是这个空间的使用者和消费者，也是这个空间的创造者和建设者，在这里，出版社、作者、院校共建资源，共享回报，共创未来。

最后，感谢各位作者为支持项目建设所付出的辛劳和智慧，也欢迎广大院校在教学中积极使用富媒体智能型教材和"财济书院"平台，东北财经大学出版社愿意也必将陪伴广大职业教育工作者走向更加光明而美好的职教发展新阶段。

东北财经大学出版社

第六版前言

《连锁门店营运与管理实务》自2009年出版至今已有10余年，在此期间五次修订，于2015年、2020年、2023年分别获评"十二五"、"十三五"和"十四五"职业教育国家规划教材，并于2021年获得首届全国教材建设奖全国优秀教材二等奖的殊荣。2024年2月，本书获得安徽省现代职业教育教育体系建设改革重点任务中的职业教育优质教材立项。本书主编所在学校连锁经营与管理专业被教育部《高等职业教育创新发展行动计划（2015—2018年）》认定为骨干专业。承蒙同行厚爱，本书被全国多所高等职业院校连锁经营与管理、市场营销、工商企业管理、电子商务、现代物流管理、茶艺与茶文化等专业师生选作教材，这既是对我们的鼓励，也是对我们的鞭策。

党的二十大报告指出："全面建设社会主义现代化国家，是一项伟大而艰巨的事业，前途光明，任重道远。当前，世界百年未有之大变局加速演进，新一轮科技革命和产业变革深入发展，国际力量对比深刻调整，我国发展面临新的战略机遇。"连锁经营在我国经过几十年的发展，已经从导入期、高速发展期进入转型升级和新业态新模式创新期，连锁企业也面临着新的发展机遇。连锁企业借助云计算、人工智能、大数据、物联网、5G网络、生物识别等新技术应用，将新质生产力体现在连锁企业门店标准化、专业化、规模化的建设上，通过对门店人、货、场的数字化改造和门店营运管理的优化，实现门店的信息化、高效率化，为到店或线上体验客户提供场景式、互动性等购物体验，提升门店线上线下融合能力和连锁企业整体业绩。

教材编写团队成员积极投身"三教"改革，在编写时充分体现职业教育类型特征，注重德技并修、育训结合，在课程思政中有机融入劳动教育、工匠精神、职业精神、职业道德和职业规范等内容。教材修订时以专业能力培养为核心，强化培养具有创新创业精神、符合市场需求的高素质应用技能型人才这条主线，主要从连锁门店营运与管理概述入手，涉及连锁门店的组织结构、人员配置和经营绩效管理，连锁门店店长的作业化和数字化管理，连锁门店卖场的布局和管理，连锁门店商品陈列管理，连锁门店理货作业管理，连锁门店进存货和盘点管理，连锁门店收银作业管理，连锁门店销售作业管理，连锁门店促销活动和门店专柜管理，连锁门店顾客投诉和顾客关系管理，连锁门店防损和安全管理等内容。修订后的教材主要体现了以下特色：

1.教材编写团队全面准确学习和认真贯彻落实党的二十大精神，将研究和落实

"立德树人，培养德技并修的大国工匠和高素质人才"的"人才强国战略"作为本教材改革的根本任务。加快推进党的二十大精神进教材、进课堂、进头脑，结合职业教育类型特征，将党的二十大精神有机融入教材，使学生在"学思践悟"中坚定理想信念，达到"润物细无声"的教学效果。

2.突出产教融合、工匠精神。编写理念坚持落实立德树人根本任务，以学生为中心，"做中学，做中教"的职业教育理念。突出产教融合、工匠精神，与上海华润万家共建红色驿站，通过互动课堂、精选案例、职业指南等栏目引导学生进行学习，培养学生作为一名零售人的自豪感和责任感。

3.顺应新业态新模式引领新型消费的时代特征。不断增加门店人、货、场的数字化改造和门店营运管理的优化内容，体现门店的信息化、数字化和高效率化。

4.为线上线下混合式教学的实施提供平台支撑，打造新形态教材。编写团队主持的"连锁企业门店营运管理"省级精品资源在线共享课在智慧树平台（https://www.zhihuishu.com）上线，选用本书的老师可以通过该平台方便地实现在线互动教学，感受新形态教材为线上线下混合式教学的实施带来的全新体验。

5.突出配套资源的可视化和教材的趣味性。为提高学生的学习兴趣，反映最新教学改革成果，新增了微课、动画、图表、研究报告及中国连锁经营协会制定的行业标准等教学资源，学生可以通过扫描二维码的方式方便快捷地进行访问，拓展视野。

6.充分体现过程导向，岗位驱动和现代学徒的特征。注重在收货、理货、收银、销售、客服、防损等岗位尤其是门店数字化分析能力培养方面的理念更新、知识更新、案例更新，将门店自助收银、数字化运营、线上与线下融合业务、直播带货等新知识、新技术、新方法、新规范纳入到教材中作为职业技能训练项目重点，使本书内容更加科学合理，更多反映出门店数字化背景下岗位需求的变化。

安徽财贸职业学院党委委员、副院长王海龙教授、博士和华润万家Ole'人力资源部刘伟总监共同担任主审，承担课程思政和教材内容审稿工作。安徽财贸职业学院陆影、高皖秋老师担任本书的主编并承担大纲的编写及全书的统稿工作，强敏、时应峰、司爱丽老师担任副主编。本书具体分工如下：安徽财贸职业学院陆影老师编写第1章；安徽财贸职业学院司爱丽老师编写第2、6、9章；安徽财贸职业学院强敏老师编写第3、4、5章；江苏经贸职业技术学院时应峰老师编写第7章；安徽财贸职业学院高皖秋老师编写第8、10、11、12章；上海华润万家超市有限公司陈亚玲高级经理和安徽财贸职业学院张奇老师编写华润万家案例和综合实训。

本书在编写修订时，得到许多单位和老师的帮助。在此，首先要感谢华润万家、永辉超市、安徽财贸职业学院、江苏经贸职业技术学院、中国连锁经营协会、东北财经大学出版社等单位领导和老师给予的大力支持；其次要感谢书中参考引用相关资料和书籍的作者，东北财经大学出版社郭海雷等编辑对本书的大力支持和辛勤付出；最后要感谢教育部农业农村部乡村振兴人才培养优质校、教育部第二批国家级职业教育教师教学创新团队、安徽省高等学校科学研究项目（哲学社会科学）重点项目：乡村振兴背景下的安徽省农村电子商务高质量发展的路径研究（项目编号：

2022AH052525)、"连锁企业门店营运管理"省级精品资源在线共享课、安徽财贸职业学院"课程思政"示范课程建设项目（连锁企业门店营运管理）、安徽省现代职业教育教育体系建设改革重点任务（职业教育优质教材建设等项目）对本书的资助和支持。

高职教材改革和创新是一个长期而艰难的过程，由于编者水平有限，本书难免存在不足之处，恳请专家和读者批评指正。

编　者

2024 年 7 月

目　录

第1章
连锁门店营运与管理概述

学习目标

通过本章的学习，要求达到以下目标：

知识目标：熟悉连锁门店的不同类型和特点，熟悉连锁门店管理目标和内容，掌握开展和实施门店营运管理的相关标准。

能力目标：能够理解连锁门店营运管理的标准化理念，区分连锁门店的不同类型尤其是新业态的特点，学会制定门店营运与管理标准的具体步骤。

思政目标：确定"零售服务社会"作为本章课程学习的思政教育主题，通过引例、互动课堂、精选案例、拓展阅读、职业指南等栏目的学思践悟，帮助学生树立服务社会的意识，认识到连锁门店营运管理工作是零售服务社会、创造美好生活的重要途径，培养学生作为一名零售人的自豪感和责任感。

引例

《零售门店数字化赋能专项报告（2024年）》节选

（1）中国零售行业数字化认知与分析模型

报告提出适应中国市场的零售门店数字化管理5P模型，即用户互动（People）、员工赋能（Personnel）、供应链高效（Process）、商品展现（Product）和设施完备（Premise）。

用户互动关注消费者交互数字化场景，提升用户体验；员工赋能关注零售企业内部员工数字化赋能，提升操作效率；供应链高效关注商品流转数字化，提升商品周转效率；商品展现关注商品展示的数字化赋能，提升商品动销；设施完备关注门店设施数字化应用，提升全面性。另有四项驱动力将促进各类数字化场景不断迭代，即零售业态创新发展、企业蓝图协同一致、零售生态开放合作和数字技术领先升级。

（2）零售门店技术方案蓝图及门店数字化应用趋势

整体零售门店数字化技术方案围绕5P场景展开，旨在建立以业务需求为导向、以门店设备为抓手、以边缘计算为赋能的蓝图。

（3）零售细分业态数字化转型管理思路

①超市。传统超市行业面临三大核心挑战，即到店消费客群持续流失、商品差异竞争逐步缺失和门店运营成本不断增加。面对挑战，超市企业数字化转型将重点关注"从流量到留量"的用户运营提升和基于数字化手段的门店效率提升。

②百货与购物中心。中国商业地产处于"从有到优"的转型过程，百货与购物中心数量众多但同质化严重，面临业态同质化严重和精细化运营不足两大核心挑战。面对挑战，百货与购物中心企业数字化转型将重点关注业态创新破局和卓越运营提升。

③便利店。我国便利店行业稳健增长，对比发达国家便利店覆盖率，仍有可观的市场潜力尚待挖掘。面对国内市场环境，便利店企业易形成"连而不锁"的局面，并面临两大核心挑战，即运营成本和服务体验差异化。便利店企业数字化转型将重点关注门店一线操作及管理赋能和门店标准化与精细化结合提升。

④专业店。相比大而全的综合零售业态，专业店依赖于专业的用户服务与精深的产品供应，在"专业产品、深度服务"的发展过程中面临两项核心挑战，即消费者体验尚存升级空间和商品端效率有待持续提升。面对挑战，专业店企业数字化转型将重点关注消费者体验促销售与商品端效率增收益。

资料来源　中国连锁经营协会. 零售门店数字化赋能专项报告（2024年）[EB/OL]. [2024-03-15]. http://www.ccfa.org.cn/portal/cn/xiangxi.jsp?id=445470&type=33.

1.1 连锁门店的类型、特点和功能

连锁门店通常要满足统一形象标识、统一门店管控要求、统一设施配置、统一服务标准、统一商品采购、统一物流配送，以直营或直营+加盟的方式开展经营业务。

连锁门店是连锁零售企业经营管理的基础，按照总部的指示和服务规范要求，承担日常销售业务。

1.1.1　连锁门店的类型

根据连锁零售企业的经营方式、商品结构、服务功能，以及选址、商圈、规模、店堂设施和目标顾客等进行分类，连锁门店主要有以下类型：

1）便利店

便利店是指以满足顾客便利性需求为主要目的的零售业态，有即时消费性、小容量、应急性等特点。便利店可以分为社区型、客流配套型、商务型和加油站型。

2）折扣店

折扣店是指门店装修简单、提供有限的服务、商品价格低廉的一种小型超市业态。通常情况下，折扣店拥有不到2 000个品种，经营一定数量的自有品牌商品。

3）超市

超市是指开架售货、集中收款、满足社区消费者日常生活需要的零售业态。根据生鲜食品营业面积占比，超市可以分为生鲜超市和综合超市。

4）大型超市

大型超市是指实际营业面积在6 000平方米以上、品种齐全、满足顾客一次性购齐需要的零售业态。根据商品结构，大型超市可以分为以经营食品为主的大型超市和以经营日用品为主的大型超市。

5）仓储会员店

仓储会员店是指以会员制为基础，实行储销一体、批零兼营，以提供有限服务和低价格商品为主要特征的零售业态。

6）百货店

百货店是指在一个建筑物内，经营若干大类商品，实行统一管理、分区销售，满足顾客对时尚商品多样化选择需求的零售业态。

7）专业店

专业店是指以专门经营某一大类商品为主的零售业态，例如办公用品专业店、玩具专业店、家电专业店、药品专业店、服饰店等。

8）专卖店

专卖店是指以专门经营或得到授权经营某一主要品牌商品为主的零售业态，例如服装专卖店、化妆品专卖店等。

9）购物中心

购物中心是指企业有计划地开发、拥有、管理运营的各类零售业态、服务设施的集合体，可分为都市型、社区型、地区型和奥特莱斯型。

近年来，我国基于网络数字技术以网络购物、移动支付、线上线下融合等新业态新模式为特征的新型消费迅速发展，连锁企业也在积极探索发展智慧超市、智慧商店、智慧餐厅等新型零售门店类型。

微课：连锁门店类型

> **拓展阅读1-1**　　　　**智慧超市、全域外卖这些新型消费都要来了**

2021年，广东省人民政府办公厅印发《关于以新业态新模式引领新型消费加快发展的实施意见》（以下简称《意见》）。该文件从推动线上线下消费有机融合、加快基础设施和载体建设、加大政策支持和提升发展环境四个方面推出20项细则政策，涉及新型零售、全域外卖、共享用工以及平台监管等热点议题，全面培育壮大新型消费。

（1）便利店品牌化连锁化将开展3年行动。《意见》提出，推进线上线下消费有机融合，培育壮大新型零售，拓展无接触式消费体验。具体来说，鼓励办公楼宇、住宅小区、商业街区、旅游景区、高速公路服务区布局建设智慧超市、智慧餐厅、智慧驿站等，开展便利店品牌化连锁化3年行动。

（2）在构建智慧餐饮新生态方面，推动餐饮公域+私域外卖融合发展，加快团体预约式外卖平台建设，逐步形成全域外卖生态。支持餐饮数字化接口开放标准与平台建设，培育智慧示范餐厅标杆企业。

（3）新型消费基础设施和载体将加快建设。加快发展新型消费，基础设施和载体建设是前提。《意见》提出，要健全数字化商品流通体系，加大新型寄递服务供给，发展仓配一体化、即时直递、冷链快递、逆向快递等服务。有序推动无人配送、无人驾驶相关应用标准的制定工作。加强信息基础设施建设，加快5G网络建设。对于备受消费者关注的智能快件箱，文件也做出了明确规定，将智能快件箱、快递末端综合服务场所等设施纳入城乡公共服务设施建设规划。制定快递末端综合服务场所建设标准，原则上新建居住社区要建设使用面积不小于15平方米的邮政快递末端综合服务站。支持商贸平台建设。加快推进跨境电商综试区线上综合服务平台和线下产业园区建设，鼓励海外仓企业在共建"一带一路"国家布局。

值得关注的是，《意见》提出加强监管服务，建立健全以信用为基础的消费领域新型监管机制，加大平台经济反垄断力度。完善不正当竞争行为网络监测机制，组织开展反不正当竞争执法重点行动。此外，探索制定数据流通规则制度，打通传输应用堵点，提升消费数据共享商用水平。

资料来源　彭琳. 智慧超市、全域外卖这些新型消费都要来了［N］. 南方日报，2021-11-05（A6）.

1.1.2　连锁门店的特点和功能

1）连锁门店的特点

与单店相比，连锁门店具有以下特点：

（1）数量众多、规模经营，不同零售业态的门店，其经营规模也各不相同。

（2）门店的标准化和统一化。一般要求门店统一管理、统一进货、统一标识、统一培训、统一促销、统一价格、统一服务等。

2）连锁门店的功能

门店是直接面对消费者的终端销售环节，充分发挥连锁门店的业务管理职能，是理顺连锁业务工作流程和实现连锁经营规模效益的先决条件。其主要功能包括：

（1）市场调查与商圈分析功能，调查顾客的需求及周边的商业环境、社群分析等。

（2）订货与库存管理功能，根据门店商品销售和库存情况，对进销存数据进行管控，及时订货。

（3）渠道融合销售功能，销售商品以及相关的促销活动，结合社交网络媒体等进行营销活动推广。

（4）现场管理功能，负责销售现场的商品陈列和管理，为到店客户提供购物的现场体验场景。

（5）顾客画像分级与服务功能，提供顾客需要的服务，如提供送货上门、商品退换、操作示范、邮寄服务、短信提醒、微信关怀服务等。

（6）大数据采集分析与应用功能，通过门店大数据采集，开展门店数字化运营与管理，进行线上线下融合。

连锁门店的基本类型和基本特点具体见表1-1。

表 1-1　　　　　　　　　**连锁门店的基本类型和基本特点**

类　型	基本特点			
	规　模	商品（经营）结构	商品售卖方式	服务功能
便利店	营业面积100平方米左右，利用率高	即食食品、日用小百货为主，有即时消费性、小容量、应急性等特点，商品品种在3 000种左右	以开架自选为主，结算在收银处统一进行	营业时间16个小时以上
折扣店	根据商品特点而定	门店装修简单，商品价格低廉，不到2 000个品种	采取柜台销售或开架销售方式	经营一定数量自有品牌商品，提供有限的服务
超市	营业面积6 000平方米以下	经营包装食品、生鲜食品和日用品，食品超市与综合超市商品结构不同	自选销售，出入口分设，在收银台统一结算	营业时间12个小时以上
大型超市	实际营业面积6 000平方米以上	大众化衣、食、日用品齐全，满足一次性购齐需求，注重自有品牌开发	自选销售，出入口分设，在收银台统一结算	设置不低于营业面积40%的停车场
仓储会员店	营业面积6 000平方米以上	以大众化衣、食、用品为主，自有品牌占相当部分，商品4 000种左右，实行低价、批量销售	自选销售，出入口分设，在收银台统一结算	设置相当于营业面积的停车场
百货店	营业面积6 000~20 000平方米	具有综合性，门类齐全，以服饰、鞋类、箱包、化妆品、家庭用品、家用电器为主	采取柜台和开架销售相结合的方式	注重服务，设餐饮、娱乐等服务项目和设施
专业店	根据商品特点而定	以销售某类商品为主，体现专业性、深度性，品种丰富，选择余地大	采取柜台销售或开架销售方式	从业人员具有丰富的专业知识

续表

类型	基本特点			
	规模	商品（经营）结构	商品售卖方式	服务功能
专卖店	根据商品特点而定	以销售某一品牌系列商品为主，销售量小、质优、毛利高	采取柜台或开架面售方式，商店陈列、照明、包装、广告讲究	注重品牌声誉，从业人员具备丰富专业知识
购物中心	建筑面积50 000平方米以内	20～40个租赁店，包括大型综合超市、专业店、专卖店、饮食服务及其他店	各个租赁店独立开展经营活动	停车位300～500个
	建筑面积100 000平方米以内	40～100个租赁店，包括百货店、大型综合超市、各种专业店、专卖店、饮食店、杂品店以及娱乐服务设施等	各个租赁店独立开展经营活动	停车位500个以上
	建筑面积100 000平方米以上	200个以上租赁店，包括百货店、大型综合超市、各种专业店、专卖店、饮食店、杂品店及娱乐服务设施等	各个租赁店独立开展经营活动	停车位1 000个以上

互动课堂1-1　　　　华润万家门店类型及特点

华润万家是中央直属的国有控股企业、世界500强企业——华润集团旗下的优秀零售连锁企业。华润集团旗下拥有华润万家、万家CITY、万家MART、万家LIFE、苏果、Ole'精品超市、blt等。目前，华润万家已进入28个省、自治区、直辖市和特别行政区、113个地级以上城市，自营门店总数超过3 240家。在中国连锁经营协会发布的《2019年中国超市百强榜单》中，华润万家销售额排名第一，2023年2月荣获深圳市米袋子菜篮子联合会颁发的"保供稳价突出贡献单位"称号。

华润万家主要门店类型及特点：（1）华润万家大卖场升级品牌，目标群体聚焦在中高收入年轻人群。其倡导品位、休闲、便利的生活方式，打造充满兴奋、有惊喜的体验式消费购物场所。（2）万家MART门店以集市的方式呈现，满足3公里范围内的家庭生活日常高频次消费的品类和生活服务需求。以一日三餐为主，围绕家庭生活，以餐桌类、市集类、超市类商品为主。甄选核心品类，自营近15 000种商品，优化商品结构，凸显品质生活。打造开放式的购物环境，为消费者提供"快进快出"的情景式便利体验。以"超市+服务"的组合形式，商铺以格调餐饮、时尚健康、学龄文化教育、生活配套为主，引领消费升级。（3）万家LIFE以家庭为中心，致力于打造5～10分钟步行范围内的居民优选购物场所。依据家庭消费者对一日三餐、日常便利、生活补充品的需求，以满足顾客消费时效为先。加大生鲜和食品品类占比，精选个人护理、家庭清洁和家庭补充品。为消费者构建放心、舒心的购物环境，传递健康、品质、物有所值的美好生活理念，是家庭优享生活的提供者。（4）苏果超市是华润万家旗下品牌之一，也是江苏省最大的连锁超市企业，直营网点主要分布在江苏省和安徽省。（5）Ole'精品超市，是华润万家旗下的高端超市品牌。2004年成立至今，Ole'精品超市已成为华润万家众多品牌业态当中的主力业态，也是国内最具规模与实力的高端连锁超市品牌之一。（6）blt是由华润万家企业理念"Better Life Together"的首个字母组成，在为顾客提供优质商品的同时，更强调"以客为心"的服务态度，打造亲和开心的购物环境，让顾客充分享受与众不同的购物新体验，致力于打造满足社区家庭生活所需的高性价比"生鲜食品超市"。（7）VanGO便利店风格简洁、时尚，提供24小时服务，为追求时尚、品质、快捷、方便及舒适的消费者带来更自然、休闲的购物享受。经营面积30～120平方米，经营近3 000种商品，以即时消费、小容量、应急性为主，同时为顾客提供多层次的服务，从环境到商品、服务，都给消费者带来全新的体验。

资料来源　编者根据华润万家官方网站资料整理。

请同学们结合资料思考：（1）华润万家门店类型主要有哪些类型？各有何特点？（2）连锁企业还会有哪些新业态和新特点？

1.2 连锁门店营运管理的目标、作用和内容

目标管理是一种程序和过程，具有层次性、多样性、时间性和可考核性等特征。目标管理有利于调动员工积极性，有利于提高管理水平，有利于进行更有效的控制。

连锁门店要体现在连锁企业中的地位和作用，就必须完整地把连锁总部的经营理念、经营战略与策略、业务技巧和营销策划方案在日常经营中进行具体体现。门店营运管理要求就是指各门店统一、完整地把连锁企业总部的目标、计划和具体要求体现到常规的管理活动中，实现连锁经营的规范化和统一化。

1.2.1 连锁门店营运管理的目标

连锁企业的发展一般经历四个阶段：第一阶段是以规模为中心，发展部成为企业的核心部门，营运的中心任务是配合新店开发；第二阶段是以商品为中心，商品部成为公司的核心部门，通过有效的商品管理来提高经营业绩；第三阶段是以营运为中心，通过有效的营运管理来提高门店经营业绩；第四阶段借助云计算、人工智能、大数据、物联网、5G网络、生物识别等新技术应用，通过对门店人、货、场的数字化的改造，提升门店线上线下融合能力和连锁企业整体业绩。

1) 销售目标

销售目标主要包括销售量目标和销售额目标，体现连锁企业的经营机制是否有效运行，其商业职能能否充分发挥以及连锁企业的发展前景。销售量目标和销售额目标可以通过门店的标准化、数字化以及利用线上、线下多种零售渠道的全渠道营运来实现。

2) 防损目标

严格控制门店各环节的损耗，损耗的减少是提高经营绩效的一条捷径，同样成为门店营运与管理的主要目标之一。设定防损目标是实现连锁企业利润最大化的重要措施之一。

3）发展目标

发展目标的决定因素主要是连锁企业管理体制和经营机制是否科学、连锁企业各门店的经营素质（包括员工素质、经营管理者素质等）高低。当前以网络购物、移动支付、线上线下融合等新业态新模式为特征的新型消费迅速发展，发展目标的决定因素还体现为对零售门店技术的改造、整合和新技术应用的适应性方面。

拓展阅读：商务部等13部门印发《关于推动品牌连锁便利店加快发展的指导意见》

> **拓展阅读1-2　　华润万家打造全新业态品牌苏果MART门店**

消费升级和消费习惯的转变正在重塑实体零售，华润万家打造全新业态品牌苏果MART，开启了全业态品牌升级。

（1）注重消费场景打造，深挖小产区和网红单品，强化生鲜经营

深挖国内小产区及网红优质单品，聚焦海外包装加工单品，专注产品创新是苏果MART的法宝。针对当下时尚家庭即买即食需求，店内还增设生鲜堂食区，消费者挑选完水产、海鲜等鲜活商品后，可在加工档口交由专业大厨现场烧制，在超市内堂食，档口也有多样化的美食供消费者外带。

（2）大量运用高科技，标配电子价签，提升线上占比

苏果MART大量应用高科技，带给消费者智能、省时、便捷、舒心的购物体验。比如，消费者在门店可以采用扫码购、自助称重、自助点餐机、移动支付等多种方式进行消费。另外，苏果MART同步上线万家App、苏果优选小程序，提供包括商品销售、预售、会员服务等在内的附加服务。消费者只需线上下单，3公里范围内1小时内配送到家。同时，门店还与美团、饿了么、京东到家等外卖平台合作，进一步提升线上业务占比。基于消费升级和顾客洞察，华润万家近年来启动了全业态的升级改造和消费体验的提升计划，旗下新业态门店，包括万家CITY、万家MART、万家LIFE在全国各城市陆续开业，而此次苏果MART的诞生，也是挖掘内需潜力，激发消费活力，实施高质量发展的重要举措之一。

资料来源　王宁. 更具烟火气苏果MART来了［N］. 新华日报，2021-04-26（24）.

1.2.2　连锁门店营运管理的作用

连锁企业采取连锁经营方式，通过对门店合理布局和规范化营运，组成标准化和专业化的连锁经营组织体系，实现连锁经营的规模效益。连锁企业门店营运管理的作用主要体现在以下方面：

（1）有利于连锁门店规划布局的统一。连锁企业通过对门店进行统一标识、统一店名、统一店面、统一商品陈列和统一服务规范等，可以吸引顾客和树立良好的企业形象。

（2）有利于连锁门店营运与管理标准的统一。保持统一的营运和管理标准是连锁企业得以在市场上占据主导地位并得以持久发展的关键。

（3）有利于连锁企业劳动效率的提高和营运管理目标的实现。连锁企业通过对门店实行经营管理，使门店营运能够进行专业化分工和简单化运作，实现销售量和销售额的最大化和损耗的最小化。

（4）有利于连锁企业投资风险和经营风险的降低。连锁企业通过对门店实行连锁

经营管理，可以有效地规避单店投资风险和经营风险。

（5）有利于连锁企业线上线下业务融合和发展。借助互联网、物联网、大数据等先进技术对实体门店进行智慧赋能，线上线下互动全渠道融合，可有效扩大实体门店的辐射范围，提升门店快速响应市场和精准营销的能力。

1.2.3 连锁门店营运管理的内容

1）培养门店员工服务社会意识、弘扬工匠精神，注重德技并修

连锁企业作为劳动密集型行业中的一员，门店工作范围涉及订货、理货、仓管、防损、促销、收银、客服等多个方面，门店应注重对员工德技并修的培养，使员工树立服务社会意识，弘扬工匠精神。为员工进行职业生涯规划，设置合理晋升空间。门店应根据连锁总部的经营要求，制定部门架构搭建、人员配置、部门工作职责等标准，根据连锁总部的人力资源制度，对门店员工进行统一管理。企业销售额和利润最大化来源于不同岗位员工所创造的价值，为保证整个连锁门店的顺畅运作，所有标准化和规范化流程能落实到位，应强化员工的职业技能培训，培养能工巧匠，提高员工综合素质。

2）门店内外部环境布局设计

门店是连锁企业进行经营活动的主要场所，通过对门店内外部环境布局设计，可以指导门店管理，突出连锁企业特色，提高经营管理效率。

3）门店商品陈列和商品销售管理

商品陈列和商品销售管理是门店营运管理的重要内容之一，通过各种陈列展示商品的技巧和促销手段，可以促成销售目标的实现。

4）门店进存货和盘点作业管理

通过对门店进存货作业管理，可以指导和保证门店商品销售等经营业务活动的开展。盘点是衡量门店营运业绩的重要手段，门店盘点能真实地反映库存数量，核算门店损益。

5）门店工作人员作业化和数字化管理

门店工作人员作业化管理主要包括门店店长、各级主管、理货人员、销售人员、收银人员等工作人员的职业素质、工作能力、职责要求和作业规范等方面的管理；数字化管理则是指门店大数据采集、分析及其在门店作业化管理过程中的应用。

6）门店销售服务和顾客关系管理

门店销售服务和顾客关系管理是门店营运管理的重要内容，通过门店销售服务和顾客关系管理可以树立良好的门店形象，提升顾客满意度和门店销售业绩。

7）门店安全和损耗管理

门店作为连锁企业经营活动的场所和服务顾客、社会的窗口，应加强安全管理。由于门店类型不同，其营业面积不等、品类和对应部门众多、商品性质各异，容易造成各种损耗，因此降低损耗已经成为连锁企业营运管理的重点，是确保企业盈利的重要一环。

8）门店线上、线下融合和经营业绩改善管理

利用数字化技术，开展线上、线下多种零售渠道的全渠道运营。通过对门店经营绩效评估，可以及时发现问题，不断提高门店经营业绩。

1.3　连锁门店营运管理标准制定和标准化

1.3.1　连锁门店营运管理标准制定

1）总部制定门店营运管理标准

连锁企业总部是决策中心，而连锁门店是作业现场，是为到店顾客提供购物体验的主要场景地。门店根据总部制定的营运与管理标准，实施具体的作业程序，最终实现连锁经营体系的协调运作。因此，总部制定的营运与管理标准，实质上就是详细、周密的作业分工、作业程序、作业方法、作业标准和作业考核要求。

2）制定门店管理标准的具体步骤

（1）确定作业的对象分工。具体的作业分工，包括把何种工作、多少工作量、在什么时间内安排给何人承担。

（2）确立标准化作业的程序。门店作业人员流动率较高，准确进行作业内容管理，使门店作业不重复，并且能让新员工在最短时间内熟悉每一工作环节，十分重要。

（3）记录作业情况。根据确定的分工作业与标准化作业程序，在一个时间段内全面准确地记录不同岗位的工作运行情况。

（4）制定作业标准。标准化是连锁门店成功经营的基础。通过数据采集与定性分析、现场作业研究，制定出既操作简便可行、节省时间财力，又能高效运行的标准化作业规范。

3）制定控制门店的制度与标准

为顺利完成对门店的营运质量进行督导和考核，可考虑制定以下几个方面的制度与标准：

（1）门店大数据采集、分析与应用控制。门店应遵守大数据采集的相关法律法规，制定门店对到店顾客以及顾客交易等数据采集、分析与应用环节的管理制度与标准。应当遵循合法、正当、必要的原则，不允许门店随意收集和滥用顾客个人信息，应严格对顾客个人信息泄露风险和隐私安全问题进行管控。

（2）商品布局与陈列控制。其主要包括商品位置的控制、商品陈列的控制，重点是控制商品陈列的排面数是否发生变化和商品货架陈列位置是否发生变化。

（3）商品缺货率控制。商品缺货率应得到重点关注，发生缺货断档时，不允许用其他商品填补，以便分析原因和追查责任。

（4）单据控制。商品配送必须附送货单据，要严格控制单据的验收程序、标准、责任人、保管和单据期限等。保证货单一致，保证核算的准确性，杜绝舞弊现象发生。

（5）盘点控制。盘点控制是检查门店经营成果的控制手段，内容包括检查盘点作业程序是否符合标准、是否交叉盘点和建立复盘制度等，其重点是盘点前的准备是否充分。为保证盘点控制质量，通常会实行总部对门店的临时性不通知的抽查制度。

（6）缺损率控制。缺损率是失窃率和损耗率的统称，一般控制在5‰以内，各连锁企业可根据实际情况制定。

（7）到家业务控制。连锁零售企业对从门店各网点将消费者在线订单商品送至指定地点的服务应进行有效控制。

（8）门店服务质量控制。其主要包括增强服务意识教育与培训，实行明查和暗查相结合的控制方法。

（9）经营业绩控制。一般采取按月销售额计算工资与奖金的方法，月销售额目标要体现科学性，可以根据不同门店的实际情况来确定。连锁企业还应根据新型零售业态及新模式等特征综合考核，增加线上线下全渠道销售目标等。

> **拓展阅读1-3**　　　　**华润万家Ole'＆blt门店管控要点**

（1）加强潜在风险点管理

①商品管理。门店如何处理过期/临期商品，是否存在将过期商品拆包后又重新包装售卖的情况；是否有随意涂改生产日期或更换生产标签的情况；商品票证是否齐全，是否存在涉假情况；经营标签标识、商品质量是否符合国家标准。②销售服务。是否存在捆绑销售，馈赠促销但以次充好的情况；门店促销广告是否存在虚假夸大宣传，是否存在违禁词；店员服务是否尽职尽责，是否符合专业标准；售后服务是否合法合规，是否有霸王条款，如对开购物发票设限，购物卡余额、特价商品不退换等情况；超市电子秤是否正常，是否有额外计算重量等情况。③食物变质、异物管理。门店食品是否存在变质、有异物等问题；环境卫生；卖场及操作间卫生情况是否达标，消杀状况是否合格。④价格管理。价签标价是否过高或过低；收银价与标签价是否一致。⑤新问题点。电商物流配送是否及时，配送商品是否准确；电商平台促销、用券等规则是否清晰，是否履行平台承诺；电商平台是否存在虚假、夸大宣传问题；电商平台是否存在强制性搭配销售情况；电商平台是否存在泄露用户信息的风险。

（2）商品质量安全管理

进一步加强供应商管理，严格遵守商品验收标准及索证索票程序，从渠道上封堵问题商品；密切关注店内所售商品的品牌舆情，一旦出现相关舆情，按照流程启动下架封存程序；增加商品自检自查频率，特别应关注食品加工卫生、商品有效期、废油处理、虫鼠害消杀等落实情况，提高商品抽检合格率。

（3）加工食品巡检管理

各食品加工操作间必须严格执行操作流程及标准，相关部门务必加强排面商品巡查，尤其应增加食品自检频率；遇到顾客投诉应积极沟通协商，如确有问题情况出现，应积极协助顾客做好售后服务工作，并及时上报至法务部、防损部、市场部等有关部门。

（4）加强门店安全管理

在节日活动期间，门店客流量较大，需提醒相关部门格外警惕突发性安全事件、火灾突发事件、人员中毒事件、员工纠纷事件等导致的顾客投诉或公关危机等负面舆情。提醒相关部门制订安保工作方案，做好人身安全保障的培训宣传工作，竭力保障顾客和超市员工的安全。

资料来源　陈亚玲撰写。

1.3.2　连锁门店营运管理标准化

连锁经营最主要的特征就是具备可复制性，门店营运管理标准化是可复制的前提和关键，也是达成连锁经营所有目的的基础和保证。门店营运管理标准化就是把企业所有业务流程和所有岗位人员的作业流程都规范化和手册化，建立完整的督导体系，并在门店营运过程中认真执行和督导。

1）编写营运手册

科学规范的营运业务流程，是连锁企业标准化管理的基础和核心，也是连锁企业进行低成本营运的基本保障。通过编写连锁企业营运手册，可以保证门店营运业务流程的标准化。营运手册一般由连锁企业总部编制，通过对门店营运作业流程进行比较分析和研究，发掘最有效的作业方法，以此作为标准编写具体的营运手册。连锁企业总部可以把营运手册作为培训材料对门店营运各岗位人员进行培训，门店也可以把营运手册作为日常经营活动规范和考核的依据。

下面以某门店收银员每日作业流程为例说明营运手册的编写内容，见表1-2。

表1-2　　　　　　　　　　　某门店收银员每日的作业流程

营业前	
收银台及自助收银机	服务台及客服中心
清洁、整理收银台及自助收银机作业区 整理、补充必备的物品 准备放在收银台的定额零用金 收银员服装仪容的检查 熟记并确认当日特价品、变更售价商品、促销活动，以及重要商品所在位置 早会礼仪训练	清洁、整理服务台 员工服装仪容的检查 早会礼仪训练 补充当期之特价单、宣传单 准备当日的广播稿
营业中	
收银台及自助收银机	服务台及客服中心
招呼顾客 为顾客提供扫码或自助支付服务 为顾客提供商品入袋服务 特殊收银作业 无顾客结账时要求： 　　保持收银台及自助收银机的清洁 　　协助、指导新人及兼职人员 　　保持收银台周围环境的清洁 收银员交班结算作业 单日营业总额结账作业	招呼顾客 保持服务台及客服中心的清洁 顾客询问及抱怨处理 换货、退货处理 接听电话 顾客遗忘或未带走物品处理 发放店内的宣传单、特价单 商品包装服务 电子屏等数字化展示媒介使用与维护
营业后	
收银台及自助收银机	服务台及客服中心
整理作废发票 结算营业额 整理收银台及自助收银机的环境 协助现场人员处理善后工作	整理作废发票 整理服务台及周围的环境 协助现场人员处理善后工作 关闭服务台各种电器（如音响、麦克风、电子屏等）的电源

2）建立完善的培训系统

（1）职前培训。其具体包括职业道德、服务规范和专业知识培训等方面。

职业道德：培养员工的职业道德、敬业精神和可持续发展能力。弘扬爱岗敬业、诚实守信、工匠精神等。

服务规范：把服务仪表、服务态度、服务纪律、服务秩序等作为培训的基本内容，让员工树立服务意识、员工代表企业形象的思想。

专业知识培训：在帮助员工树立正确的工作观念的基础上，让员工掌握各自工作岗位的有关专业知识，一般可分为售前、售中、售后三个阶段的专业知识。

（2）在职培训。培训内容主要按各类人员的职位、工作时段、工作内容、发展规划进行安排。

（3）一岗多能的培训。除让员工明确各自岗位所需的知识和技能外，许多情况下也需要员工发挥其"多面手"的作用。

3）标准执行过程中的监督机制

标准的建立和执行离不开连锁企业门店的实践探索，在长期的营运过程中，全方位的监督机制是门店保持标准的一贯性的关键。

（1）营运顾问的监督。在总部与各个门店之间进行沟通，以及组织训练、提供建议、纠正营运偏差等是营运顾问的主要职责。

（2）上级人员的不定期探访。上级人员通过对门店不定期探访，研究门店在标准执行方面存在的问题以及改进措施。

（3）各种稽查工具的使用。为使门店工作能够进行定期的自检，保证门店经营过程的标准化和统一化，连锁企业总部应制作相应的稽查工具，对各个细节进行检查，以保证标准在执行过程中出现最小偏差时就得到纠正。

【案例精析】　　　　　**连接每日生活，服务千家万户**

华润万家秉承"连接每日生活，服务千家万户"的愿景，始终把履行社会责任摆在突出位置，坚持安全生产，积极参与关爱儿童成长、抢险救灾等公益活动，同时开展社区共建，陪伴万家共享美好生活。

2020年我们一起度过了最艰难的时刻，经历了温暖与被温暖的时刻，也见证了那些安心、美好、闪亮的时刻。"冰箱怎么又空了！""下周还能吃到新鲜的蔬菜沙拉吗？""也不知道水果吃完了，还能续上不？"有一群万家人，正夜以继日坚守岗位，全力保障门店货品供应，与千家万户携手共渡难关。从南到北，华润万家全国营业门店和物流运营仓库共3 234家，整个疫情防控期间，开工率达98.79%。无数个万家人保障着万家供应，守护着万家餐桌，温暖着人们"特别"的每一天，也将陪伴着人们走过平凡的每一天。新冠疫情发生以来，华润万家积极贯彻落实党中央、国务院的战略部署，快速响应、果断决策，成立应急小组，部署"保供应、稳物价"，保障门店照常运转和员工安全，全力战"疫"，共克时艰。2020年春节期间，为保证消费者基本生活消费不受影响，华润万家全国门店超10万名员工坚守在一线，36个配送中心每天平均发送2 530车次，最高吞吐量达到2 200万箱，有力保障了全国3 000余门店的生鲜充足供应。华润万家始终致力于维护良好的社区环境，坚持开放办企业，与当地民众共创共建，加强与地方基层组织的横向交流与合作，联创"红色驿站"开展形式多样的共建活动，构建和谐"邻居"关系，打造共建、共治、共享社会治理新格局。华润万家作为粤港澳大湾区零售行业的领头企业，坚持多业态发展，助力湾区打造宜居的生活环境，为建设"充满活力的世界级城市群、具有全球影响力的国际科技创新中心、"一带一路"建设的重要支撑、内地与港澳深度合作示范区、宜居宜业宜游的优质生活圈"贡献力量。华润万家已在粤港澳大湾区开设近 200 家门店。

2019年，华润万家正式推出精准扶贫项目——"万家焕乡计划"探索出"万家+政府+合作伙伴"的帮扶模式，全面提升扶贫工作的系统化水平。万家焕乡计划综合多种帮扶手段，帮助贫困地区群众解决农产品生产和销售、就业、教育等问题，激发出扶"智"、扶"志"、扶"治"的综合效应，改善贫困群众的生活现状，使其具备内生发展的能力，推动全面脱贫同乡村振兴有效衔接。万家焕乡计划被国家发展改革委地区振兴司、城市和小城镇改革发展中心评选为"2020年全国消费扶贫入围典型案例"；万家焕乡计划被《南方日报》评选为"深圳扶贫社会帮扶优秀案例"。万家还将继续锐意进取、开拓创新，放大企业社会价值，创造更多美好生活价值！

资料来源　华润万家. 2020企业社会责任报告——万般美好为万家［EB/OL］.［2024-08-08］. https://www.crv.com.cn/whyzr/shzr/zrbg/202108/P020210809395810772208.pdf.

精析要点：作为与日常生活息息相关的民生企业，华润万家始终将履行企业社会责任作为重要使命，将责任理念融入企业的发展战略和管理运营，通过实际行动，帮助解决复杂的社会问题，为社会创造价值。面对新冠疫情带来的严峻考验，万家全力推进疫情防控、保供稳价等工作，扎实做好民生保障，助力经济复苏，真正践行了"连接每日生活，服务千家万户"的承诺。华润万家在重视价值创造的同时，加强社会责任管理，也增强了门店员工的责任感和自豪感。

【职业指南】　　如何编写连锁企业营运的操作手册

（1）操作手册应突出连锁经营的本质

各连锁企业（店）之间首先应该将母企业或盟主的企业文化全部吸收过去，然后再按各店所在区域特点进行必要的本土化，而不能只取其中的视觉和制度或行为层面部分，却丢弃企业文化的核心——理念部分。

（2）手册要便于使用和具有实用性

一些连锁企业常常喜欢过度包装手册却忽视其实用性。连锁经营系列操作手册一定要有很好的读者界面，方便读者有选择性地阅读、学习、查找和使用。首先，系列手册应按照一定的标准进行分类。比如根据使用者的不同可以分为加盟商用手册和总部自用手册；按照手册的内容可以分为营运手册、商品手册、培训手册、督导手册等。在单本手册的每一个具体章节上，也要有明显的标题、导读、索引、注解或说明之类的文字、图案或标志等多种栏目，以方便使用者迅速掌握和查找所要使用的部分，比如我们可以灵活地运用字体的大小、粗细、间距、形状等来区分重点和非重点。

（3）树立变化观念，编写动态手册

作为企业经营方针、战略战术的经验总结，系列手册的内容不是一成不变的，相反，手册的内容应该及时地进行调整、修改与增删，使手册真正起到作为连锁体系这台超大机器的驱动软件的作用，而不能让手册成为束缚连锁企业发展壮大的桎梏。为此，手册的编写者与维护者一定要树立变化的观念，编写动态手册。

资料来源　编者根据相关资料整理。

本章小结

门店是连锁企业的基础，其主要职责是按照总部的指导和服务规范要求，承担日常销售业务。根据连锁企业的经营方式、商品结构、服务功能，以及选址、商圈、规模、店堂设施和目标顾客等标准，连锁企业门店可以划分为不同类型。基于网络数字技术以网络购物、移动支付、线上线下融合等新业态新模式为特征的新型消费迅速发展，连锁企业也在积极探索发展智慧超市、智慧商店、智慧餐厅等新型零售门店类型。由连锁企业总部统一制定门店营运与管理标准，门店根据总部制定的营运与管理标准实施具体的作业程序，最终实现连锁的协调运作和线上线下融合发展。理解连锁门店标准化管理与服务社会之间的有机联系，认识到连锁门店营运管理工作的标准化是创造美好生活的重要途径。

主要概念

连锁门店　门店营运管理　营运管理标准化　智慧超市

基础训练

一、选择题

1.与单店相比，连锁企业门店具有的特点是（　　）。

A.业态多　　　　B.统一化　　　　C.规模化　　　　D.非标准化

2.门店营运管理标准是由（　　）制定的。

A.总部　　　　B.店长　　　　C.经理　　　　D.主管

3.对员工服务规范培训的基本内容是（　　）。

A.服务仪表　　　B.服务态度　　　C.服务纪律　　　D.服务秩序

4.员工应具备的职业道德包括（　　）。

A.爱岗敬业　　　B.诚实守信　　　C.劳动精神　　　D.工匠精神

二、判断题

1.连锁经营的最主要特征就是具备可复制性。（　　）

2.门店营运管理要求标准化、程式化和统一化。（　　）

3.制定门店管理标准的第一步是确定作业的对象分工。（　　）

4.培养员工的职业道德、敬业精神和可持续发展能力。（　　）

5.便利店是指以满足顾客一站式需求为主要目的的零售业态。（　　）

6.编写连锁企业营运手册可以保证门店营运业务流程的标准化。（　　）

7.通过对门店人、货、场的数字化的改造，能够提升门店线上线下融合能力和连锁企业整体业绩。　　　　　　　　　　　　　　　　　　　　　　（　　）

8.便利店可以分为社区型、客流配套型、商务型和加油站型。　　　　（　　）

三、简答题

1.连锁门店的特点有哪些？

2.连锁企业门店营运管理的作用是什么？

3.连锁门店如何进行大数据采集、分析与应用控制？

4.应从哪些方面制定对门店营运质量考核的制度与标准？

实践训练

【实训项目】

项目一：识别便利店和大型超市的特点。

项目二：编写门店现场服务标准手册。

【实训场景设计】

根据当地实际情况，调查当地有代表性的便利店、大型超市。

【实训任务】

项目一：以小组为单位，选取不同的便利店、大型超市进行调查，分析便利店、大型超市各自的特点，并提交调查报告。

项目二：以小组为单位，观察2~3家超市现场服务情况，编写门店现场服务标准手册。

【实训提示】

项目一提示：不同的小组可以选取不同的便利店、大型超市进行调查，区分和总结各种类型门店的特点。

项目二提示：建议学生在现场观察的基础上查阅相关资料，参照编写门店现场服务标准手册。

【实训效果评价标准表】

调查报告评价表见表1-3。

表1-3　　　　　　　　　　　　　调查报告评价表

项　目	表现描述	得　分
调查的对象和目的		
人员分工		
调查方法		
报告内容		
报告形式		
合　计		

得分说明：在调查报告评价表中，每个单项分值为20分，分为4档，每档分值为"20""15""10""5"，将每项得分记入得分栏，全部单项分值合计得出本实训项目总得分。得分90~100分为优秀；75~89分为良好；60~74分为合格；低于60分为不合格，必须重写。

第2章
连锁门店的组织结构、人员配置和经营绩效管理

■ 学习目标

通过本章的学习，要求达到以下目标：

知识目标：了解连锁门店的基本组织结构和门店的经营绩效评价指标，熟悉连锁门店的人员配置和培训管理，掌握门店的经营绩效评价指标。

能力目标：树立连锁门店经营绩效考核无小事的观念，增强面对竞争勇于对门店内外部进行自我诊断的勇气，学会分析门店经营绩效的方法。

思政目标：将"弘扬工匠精神，注重德技并修"作为本章课程学习的思政教育主题，通过本章引例、互动课堂、精选案例、拓展阅读、职业指南等栏目的学思践悟，帮助学生更好地理解连锁企业未来不仅需要培养大量全渠道数字化人才，更需要遵守零售行业的职业道德和职业规范要求，不断弘扬工匠精神，注重德技并修，提高全渠道数字化人才的综合素养。

引例

永辉超市李松峰：用数字化打造"科技永辉"

近年来，随着新零售概念的出现、兴起和迸发，永辉超市也加入这场浪潮中，不断摸索转型的方向。自2020年起永辉超市提出"科技永辉"的口号，希望以"科技永辉、数字赋能"的战略方向来探寻新的增长点。向科技型平台转型的根本目标是实现业务增长，以数字化驱动效率提升，把能力沉淀到平台以服务主业和新业态。

永辉超市CEO李松峰在发给全体人员的信中表示：坚守民生超市的初心，积极进行业态升级改造，在存量中做增量。蓝图业已清晰，就是坚定"科技永辉"的战略方向，要全力打造一个以生鲜为基础、以客户为中心的全渠道数字化零售平台。具体该怎么做？李松峰宣布了三项组织架构升级措施：更加扁平、更加灵活、更加年轻。可以看出，此次组织架构变动的目的在于打造一个更高效协作的科技平台型团队。永辉主动革新的做法也是在激烈的市场竞争中主动求变，试图打造一个更加适配当下发展的组织架构。数字化是实现战略目标的关键方法之一，组织变革正是服务于此，为的是承接数字化的基础工作。永辉下一个十年的业务发展方向一方面是用务实稳健的节奏做强生鲜供应链和运营能力，另一方面是坚定全渠道到店和到家业务融合；在重视消费者、数字化作为驱动力的方针下，永辉的未来形态是一个平台型的全渠道零售商。

资料来源　温婷. 永辉超市李松峰：用数字化打造"科技永辉"［N］. 上海证券报，2021-09-28.

2.1 连锁门店的组织结构及责权划分

2.1.1 连锁门店的组织结构

1) 组织结构的基本形式

简单来说，组织结构的形式就是组织结构框架设置的模式。它包括纵向结构设计和横向结构设计两个方面。通过机构、职位、职责、职权及它们之间的相互关系，实现纵横结合，组成不同类型的组织结构。常见的组织结构类型有直线制、职能制、直线职能制、事业部制、矩阵制和委员会组织等，具体见表2-1。

表2-1　　　　　　　　　　　　组织结构的基本形式

名　称	含　义
直线制	它是一种最早的和最简单的组织形式。这种组织形式没有职能机构，从最高管理层到最低层实现直线垂直领导。主要适用于小规模企业
职能制	它是指设立若干职能机构或人员，各职能机构或人员在自己的业务范围内都有权向下级下达命令和指示
直线职能制	它是把直线指挥的统一化思想和职能分工的专业化思想结合起来，在组织中设置纵向的直线指挥系统的基础上，再设置横向的职能管理系统而建立的复合模式。适用于各类组织

续表

名　称	含　义
事业部制	它是指在公司总部下增设一层独立经营的"事业部"，实行公司统一政策、事业部独立经营的一种体制。适用于规模大、有不同市场的多产品（服务）的现代大企业
矩阵制	它由纵横两套管理系统叠加在一起组成一个矩阵，其中纵向系统是按照职能划分的指挥系统，横向系统一般是按产品、工程项目或服务组成的管理系统。适用于变动性大的组织或临时性工作项目
委员会组织	它是执行某方面管理职能并实行集体决策、集体领导的管理者群体。适用于需要集体领导或专项职能的组织

2）不同类型连锁门店的组织结构

连锁门店由于规模和业态不同，其组织结构也有所不同。小规模的门店如便利店等，其管理层仅有一层，店长负责全面管理；中等规模的门店如中型超市、专业店等，其组织结构一般为二级，由店长和部门主管负责；大规模的门店如大型综合超市和百货店，其组织结构一般为三级，具体如图2-1和图2-2所示。

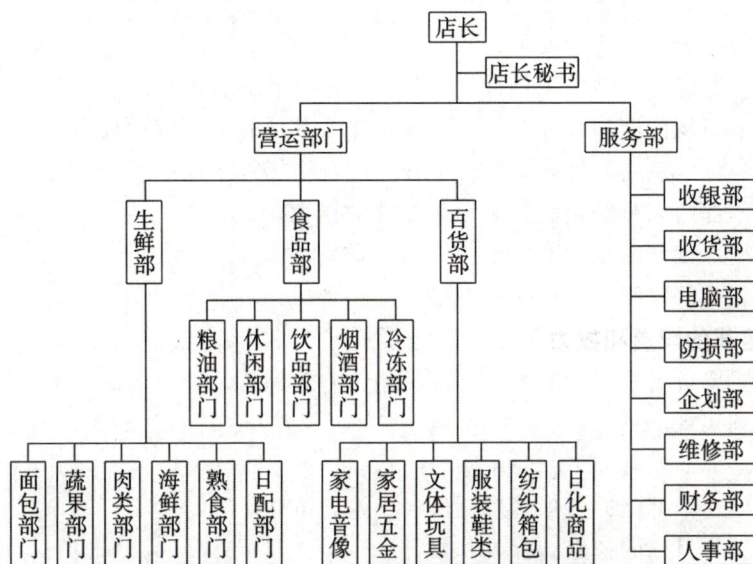

图2-1　综合连锁超市门店的组织结构

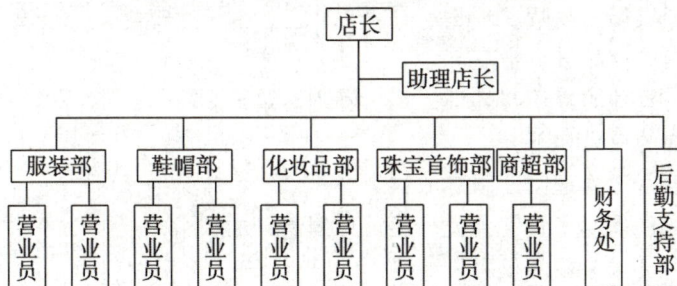

图2-2　百货连锁门店的组织结构

2.1.2 连锁门店各部门责权划分

1) 店长办公室的职责和权力

店长办公室主要负责门店的企业管理和服务管理工作。

（1）店长办公室的职责如下：

①负责组织起草门店综合性的工作计划、报告、总结、通告、规章制度。

②负责门店的信息收集、整理、编写、反馈及上报工作。

③负责公文往来管理及信息沟通。

④负责协调各部、室共同做好综合性工作，安排全场性会议。

⑤负责门店的各类资料、文件档案管理。

⑥负责门店的印章管理及各部、室使用情况监督管理。

⑦负责门店的办公会议、巡场工作及其他有关会议的准备和组织工作。

⑧负责与相关政府部门的协调、沟通及外事活动的安排和接待。

⑨负责门店大事记的记录、整理和行政管理有关统计工作。

⑩负责门店的法律事务等。

（2）店长办公室的权力如下：

①编制、实施综合性的工作计划、报告、总结、通告、规章制度的权力。

②准备和组织门店的办公会议、巡场工作及其他有关会议的权力。

③协调各部、室共同做好综合性工作，安排全场性会议的权力。

④参与本部门人员的招聘、录用与解聘的权力。

⑤开展内部工作的权力。

⑥要求相关部门配合工作的权力等。

2) 营运部的职责和权力

营运部主要负责卖场内的所有与商品销售有关的营运管理工作，确保门店的各项经营指标顺利实现。

（1）营运部的职责如下：

①建立健全本部门的各项管理制度、工作规范。

②门店销售目标的拟定、检查和修订。

③组织门店的促销活动、全面负责门店的销售任务。

④及时做好卖场的收货、理货、补货工作。

⑤对卖场内的商品进行盘点。

⑥总结营运管理的经验与教训，提出管理对策等。

（2）营运部的权力如下：

①参与门店营运管理制度制定的权力。

②参与年度、季度、月度公关、促销计划制订的权力。

③对本部门员工考核的权力。

④对本部门员工雇用、处罚、解聘的建议权。

⑤开展本部门工作的自主权。

⑥要求相关部门配合工作的权力。

⑦对影响营运部工作的其他人员提请处罚的权力等。

3）客服部的职责和权力

客服部全面负责门店的顾客服务工作，以提升顾客满意度和门店知名度，协助门店的其他部门实现经营指标。

（1）客服部的职责如下：

①负责门店的顾客服务工作。

②负责门店的固定客户和大客户回访工作。

③负责门店的团购工作。

④负责门店卖场的广播工作。

⑤负责门店存包柜摆放和管理工作。

⑥负责顾客退换货和投诉处理工作等。

（2）客服部的权力如下：

①管理门店卖场的广播、存包柜的权力。

②对门店的固定客户和大客户进行定期回访的权力。

③对门店的团购工作进行管理的权力。

④参与本部门员工招聘、录用、解聘的权力。

⑤按照服务规范进行顾客退换货和投诉处理的权力。

⑥要求相关部门配合工作的权力等。

4）收银部的职责和权力

收银部主要负责门店的收银工作。

（1）收银部的职责如下：

①负责收银员的管理和培训，提高收银员工作效率和服务质量。

②负责门店卖场的收银工作，确保货款及时、准确、安全上交。

③加强收银培训管理工作，确保资金安全。

④妥善处理收银现场的突发事件。

⑤与其他部门的协调、沟通等。

⑥负责对收银台及自助收银机的使用与维护管理。

（2）收银部的权力如下：

①参与门店销售计划制订的权力。

②对本部门员工考核、处罚的权力。

③开展本部门工作的自主权。

④要求相关部门配合工作的权力。

⑤对影响收银部工作的其他人员提请处罚的权力等。

5）人力资源部的职责和权力

（1）人力资源部的职责如下：

①制订门店的人力资源发展计划。

②门店的组织结构、部门职责与责权划分的研究、分析及改进建议的提出。

③门店人事制度及作业程序研究、分析及改进建议提出。

④门店人员编制的制定、控制及调整。

⑤员工待遇、工作安全、福利、保险等办法的实施及改进建议的提出。

⑥门店员工教育与培养计划的拟订与实施。

⑦组织实施门店绩效考评。

⑧门店人员的任免、考勤、奖惩、差假、迁调等事项的办理。

⑨门店人事资料的调查、统计、分析、整理及保管。

⑩协调和指导各用人部门人事方面的工作等。

（2）人力资源部的权力如下：

①参与门店经营管理制度制定的权力。

②根据店长和相关部门的需求，行使人事管理的权力。

③对内部员工考核的权力。

④录用、解聘员工的建议权。

⑤开展本部门工作的自主权。

⑥要求相关部门配合工作的权力等。

2.2 连锁门店的岗位设置与人员配置

2.2.1 连锁门店基本岗位设置

根据连锁企业管理需要，门店一般设有店长（经理）、副店长（经理助理）、部门主管、收银员、营业员、理货员以及门店数字化人员等岗位。

1）门店店长

店长是连锁企业总部政策的执行者，按照总部的要求对门店的运作进行统筹安排和管理，对门店的运行整体负责。其主要职责如下：

（1）负责门店的经营管理，完成上级下达的各项经营指标。

（2）制订门店的经营计划，督促员工贯彻执行经营计划。

（3）监督门店的商品进货验收、仓库管理、商品陈列、商品质量管理、商品防损等有关作业。

（4）监督和审核门店的会计、收银作业。

（5）门店员工考勤、服务规范执行情况的监督与管理，提出员工考核、晋升、降级和调动的建议。

（6）组织员工进行培训，组织门店的促销活动。

（7）处理日常经营中出现的意外事件，解决员工之间的冲突。

（8）参加一些社区公益活动，成为门店的代言人。

（9）顾客投诉与意见处理。

2）门店副店长

副店长负责协助店长做好整个门店的全面管理工作，分管各业务部门经营运作的指挥和领导工作。其主要职责如下：

（1）协助店长安排门店的经营管理。

（2）协助店长制订经营计划，必要时作为一个工作班组的负责人对本班组人员工作进行统筹安排并协调。

（3）协助店长安排商品进货业务。

（4）协助店长对人员进行考核，提出升级或调动的建议。

（5）协助店长解决员工之间的冲突，协助店长进行商品防损和服务监督等工作。

（6）在店长不在的时候代理行使店长职责。

3）部门主管

部门主管是门店各个业务部门和职能部门的主要负责人，负责本部门作业管理。

（1）食品部、百货部部门主管的岗位职责如下：

①协助采购主管，推行各项销售或促销计划。

②对本部门理货人员的教育计划进行督导实施与成果核查。

③本部门人员的在职教育及商品管理训练。

④协助各组长安排商品陈列，检讨广告促销效果，联系促销部门。

⑤核签组长所填的订货单及其他公司规定的表格，检查本科商品的销售情况，判断是否要更换陈列位置，或采取其他应变措施。

⑥督导组长做好其负责范围内的商品安全、卫生管理与设备维护等工作。

⑦督导属员做好售货服务及顾客抱怨处理工作。

⑧督导各营业组长完成开门前的准备工作及关门后的巡视工作。

⑨控制员工出勤，请、休假，加班，执行排班作业。

⑩新员工的教导、培训工作。

（2）生鲜部等部门主管的岗位职责如下：

①每日验货、收货，保证生鲜食品品质良好，包装完好。

②检查商品的补货、理货、缺货、商品品质、包装等，排面要求美观丰满。

③负责制作和发送永续订单，订货合理、及时，补货及时，有效控制损耗，做好损耗品的每日登记工作。

④保证人员及销售区域、设备、操作间、冷库等区域的清洁卫生达标，冷库、冷柜温度的控制及指导其他设备的正确使用和合理保养，安全操作，安全用水、用电、用气。

⑤控制损耗和库存量，提高销售业绩。

⑥组织实施盘点，并做好盘点分析工作。

⑦调查市场、了解竞争对手，及时调整商品结构与品项。

⑧合理安排人力，优化排班表，检查人员考勤、着装、卫生清洁等状况。

4）门店收银员

收银员的主要职责如下：

（1）遵守公司的各项规章制度，服从收银组长的工作安排。

（2）规范、熟练地操作，确保收银工作正常进行。

（3）保管好收银台的配套物品和单据，严禁丢失。

（4）熟记并确认特价品、变更售价商品、促销活动以及重要商品所在位置。

（5）优质服务、文明接待每一位顾客，对于货款要仔细清点，做到唱收唱付。

（6）不擅离岗位或做与工作无关的事。

（7）不带私款上岗，不贪污公款。

（8）做好交接班手续，如数上交销售款。

5）门店营业员

营业员的主要职责如下：

（1）热情回答顾客的任何问题，并帮助顾客选购商品。

（2）为顾客提供必要的服务。

（3）协助理货员进行商品陈列、商品盘点和价格标签的粘贴更换。

（4）作为后备收银人员随时加入收银工作。

（5）协助主管处理顾客抱怨问题。

6）门店理货员

理货员的主要职责如下：

（1）保持收货区、周转仓、库房环境整洁，将叉车、隔板等物品堆放整齐。

（2）商品收货时应依照订货单内容逐一清点，并抽查商品内容看是否一致。

（3）商品验收时发现有拆箱或有其他异状时，应予全部清查，生鲜品需要每项逐一检视。

（4）商品验收时，凡商品不符合公司收货验收规定的，必须予以退回。

（5）验收完毕，必须将商品堆放在指定区域，不可与其他进货商品混淆。

7）门店数字化岗位人员

零售门店作为最接近大众的场所，无论是小程序提升购物效率、企业微信加强与导购的连接，还是通过视频号了解更多品牌动态，消费者和从业者都对这些变化有着强烈的感知。数字化工具帮助门店实现产业升级和转型，也使消费者有更好的购物体验。要求门店配备相应数字化岗位人员，熟练使用公众号、小程序、视频号、微信和支付宝支付、企业微信、直播等数字化工具，开展门店客户服务、门店数据采集分析及渠道促销应用等工作，进行门店数字化运营与管理。

☑ 互动课堂 2-1　　　　　　中国连锁企业人才管理状况

2022年11月，中国连锁经营协会与北森人才管理研究院联合发布《2022中国连锁企业人才管理报告》，深入分析连锁企业运营线的内外部人才供应，新业务、新岗位的人才管理工作，以及人力资源管理数字化转型情况。对连锁企业而言，要修炼自身内功抵御"寒潮"和穿越周期，则意味着：在经营上，围绕消费者拓展场景和生态，持续打造和升级消费者体验；在运营管理上，不断夯实基础和优化管理体系；在人才管理上，加强自身体系能力建设，打造健康的人才供应链，高效满足业务发展的需要。

聚焦到人才管理，当前连锁企业主要面临四大问题：一是基层人才缺口大，吸引难，保留难（如图2-3所示）；二是运营线管理人才梯队薄弱，缺乏有效的人才管理机制；三是人才供应跟不上业务转型升级的需要，组织设计和配套机制不完善；四是人力资源数字化转型滞后，难以支撑人才供应和人才决策的效能提升。

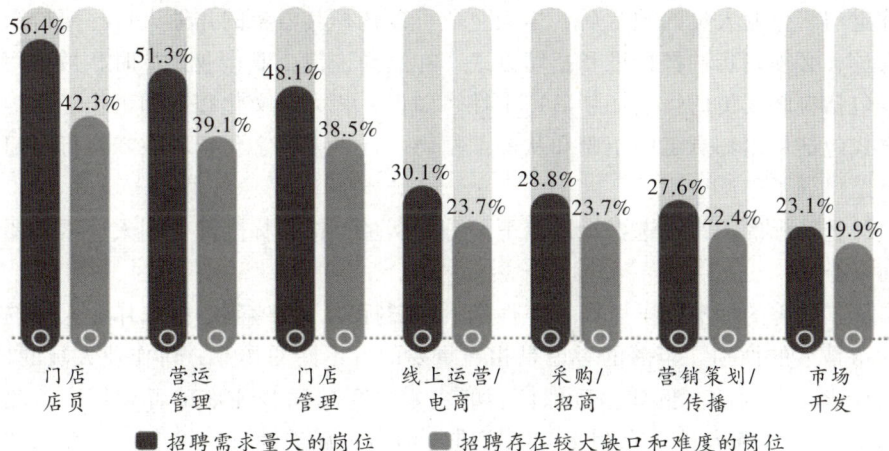

图2-3　招聘需求量大和存在较大招聘缺口及难度的岗位

资料来源　北森人才管理研究院，中国连锁经营协会. 2022中国连锁企业人才管理报告［R］. 北京：2022.

请同学们结合资料思考：（1）门店基层员工一直存在较大的供给缺口的原因有哪些？（2）数字化运营、数字化营销、数据分析、主播是连锁企业关注的前四大新兴岗位，你认为门店数字化岗位人员需要具备哪些能力？

2.2.2　连锁门店的人员配置

门店的人员费用通常占商场营业额的6%～12%，占商场总费用的30%～50%，近年来有逐年上升之势。因此，只有做好适当的组织编制及人员配置工作，才能有效运用商场的人力资源，充分发挥每位员工的能力。

1）门店人员配置方法

门店人员配置的规模取决于顾客流量，以及门店为顾客提供服务的场景和服务水平，尤其是体验式、沉浸式、数字化等服务场景兴起，对门店人员配置产生了不同要求。

（1）根据员工生产性指标来估算。以连锁超市为例，根据员工生产性指标来估算人数的方法主要有两种：

①总员工数=总目标销售额÷［每人销售额×（1+工资提升率）］。

②总员工数=目标销售总利润额÷每人目标销售总利润。

（2）根据各部门各职务分析工作量来推算。具体方法如下：

①明确各单位内必要的工作。

②将这些必要的工作分配到组织内的成员。

③根据分工结果设定职务，并明确职务内容。

④通过工作量的测定、宽裕时间的测算来设定各职务员工定额。例如，某门店一天的客流量为1 000人，购买商品的客户为30%，1名收银员1天可以接待100名顾

客，那么该门店需要设置3个收银员岗位。近年来随着自助收银方式的兴起，收银岗位的工作量的测定还要考虑新技术的应用对人员配置的影响。

2）门店人员选择

确定门店作业人员的数量后，连锁企业可以选择其需要的作业人员。要恰当选择作业人员，必须确定选择标准和招聘方式。在选择连锁企业作业人员时，最常用的鉴别标准包括应聘人员的性别、年龄、个性、知识、智力、文化程度和工作经历等。招聘的方式包括从内部员工中招聘和从外部招聘，近年来数字化招聘在零售行业门店招聘中已经得到了广泛应用。

（1）选择标准。针对选择标准，下面分别从员工招聘标准和管理人员素质要求两个方面来介绍。

①员工招聘的标准如下：第一，性别、年龄标准。在鉴别、挑选作业人员的工作中，对申请人的性别、年龄的考虑是相当重要的。不同的作业，对作业人员的性别、年龄的要求是不同的。例如，音像商店的主要顾客为20岁左右的青少年，因此，选用30岁以下的业务人员更有利于与顾客进行沟通，促进销售。第二，个性标准。一个人的个性也在一定程度上反映了他的潜在能力。零售企业希望营业人员待人友好、自信、稳健和富有神采。这些个人品质，可以通过零售企业经营者与申请人的个别交谈，或有关个人的个性记载材料来了解。第三，知识、才智与文化程度。零售企业经营的商品种类繁多，要求营业人员具备丰富的、专业的商品知识和行业知识。应聘人员的知识、才智和文化程度将决定其掌握和运用这些知识的能力，也决定了与顾客进行沟通的效率和成交的可能性。第四，经历标准。考查应聘人员业务能力的最可靠的依据之一，是他以前的工作经历，特别是从事销售工作的经历。但是对于从未接触过销售工作的应聘者来说，其个性特点及适应能力和职业道德可作为评价的标准。

②门店管理人员的素质要求如下：第一，具有工匠精神和团队精神。工匠精神是一种职业精神，是职业道德、职业能力和职业品质的主要体现，是从业者的一种职业价值取向和行为表现。门店管理人员应带头遵守零售行业职业道德和职业规范要求。门店管理人员要善于观察和听取下级意见，能对他人不同的背景和看待问题的不同角度表示理解，善于知人，并获得他人的尊重、支持和合作，为门店培养大批能工巧匠。第二，创造性思考问题的能力。管理人员必须能进行创造性思维活动，敢于创新，能辨别事物的发展规律，做到举一反三。创新是事业发展的不竭动力，每一种经营形式的创新都会带来事业的飞速发展。第三，发现、解决问题的能力。解决问题的前提是发现问题，作为一个管理者，要善于发现问题，特别是零售企业管理对作业流程的分解、监控尤为重要，一个环节出现问题就会影响整体形象和服务效果，所以管理人员要能将问题消除在萌芽状态，同时对出现的问题有及时、妥善解决的能力，并能从中找出根源，加以改进。第四，表达能力、协调能力和谈判能力。管理人员必须能筛选、整理各种纷繁的信息，能在文字和口头上清晰地表达自己的观点，简洁地解释复杂的问题，能以理服人。零售卖场管理牵涉面比较广，难免产生各种利益冲突，作为管理人员，必须进行协调，这就需要具备较强的协调沟通能力，能够谈判并与对方进行建设性的对话，引导对方一起解决问题。

（2）招聘方式。其具体分为员工的内部招聘和员工的外部招聘。

①员工的内部招聘。由于连锁经营管理环境变化而对原来设置的部门进行重新组合，即对门店的组织结构进行调整，或是门店各部门岗位需要增加人员，或是某些职位出现空缺时，应当首先考虑从现有的门店从业人员中调剂解决，也可以在商场超市内按照有关标准考核提拔。

②员工的外部招聘。门店员工的招聘与录用工作首先考虑的是员工的来源。员工的来源与途径直接影响所招收员工的素质与门店经营运转的效益，员工的来源在总体上可以划分为门店外部和门店内部。

门店人员选择完成后，接下来就要进行员工的培训。培训内容主要包括技术性操作、经营管理知识、团队意识、沟通能力以及创新思维培养等。培训还应突出特色，如标准化设计、店内训练、实际操作、便利性、流程化、专业性、高效性等。

＞拓展阅读2-1　　　　沃尔玛针对管理人才与基层员工的培训设计

（1）管理人才：坚持内部培训和提升

沃尔玛针对管理人才的培养主要有以下三大项目：①继任计划。该计划通过员工测评系统，从公司文化、专业能力、领导力三方面全方位地对管理人员的能力进行公正、客观的综合测评，以发现管理人员的潜能和差距。②领导力培训课程。根据不同层级的岗位要求，沃尔玛从三方面设计相应的培训课程帮助管理层提升综合能力。为了帮助管理层提升领导力，公司还开发了领导力专题系列课程，如演讲技巧、时间管理、团队管理等，作为大型领导力课程的衔接项目推向不同层级的员工。③新星扶持计划。

（2）基层员工：多渠道招聘+全方位培训

①岗位职能培训。沃尔玛针对不同的岗位为新员工设立了相应的培训体系，从基本岗位职责、工作流程、基本岗位技能等方面对员工进行上岗培训。在培训期间，采用理论和实际操作相结合的方式，通过老员工"教练"一对一地言传身教，帮助新员工在实践中掌握岗位的基本技能。②30-60-90计划。被沃尔玛录用的新员工在接受1~2天的入职培训后，还将分别在第30天、第60天和第90天与管理层或人力资源部的负责人一起，进一步熟悉沃尔玛的企业文化和规章制度。③交叉培训。沃尔玛还非常重视员工的交叉培训。一个部门的员工可以到其他部门学习、实践，这让员工能更全面地了解其所处的零售环境和与工作有关的其他技能及知识，从而使员工人人都可以准确、快速地回答顾客的咨询，引导顾客轻松愉快地购物。④鲜食学院培训。沃尔玛开创性地成立了鲜食学院，针对鲜食技工专门开发了熟食专业技能培训、面包专业技能培训等系列课程，以提升鲜食技工产品生产的操作技能，保证鲜食品质。

未来需要大量全渠道人才，作为沃尔玛全渠道人才战略的前瞻设计者和实践探索者，沃尔玛（中国）零售大学旨在培养中国零售未来引领者。"赋能人才、创造佳绩"是零售大学的立校之基。近年来，零售大学凭借富有成效的人才发展与学习实践，荣获"中国人才发展菁英奖""CCFA优秀企业大学最佳创新实践奖"等多项大奖。

资料来源　编者根据沃尔玛（中国）零售大学官网资料整理。

3）门店人员配置应注意的问题

（1）零售卖场的业务量常因时间差别、日差别、周差别而不同，因此在设定定额时，要考虑相应劳动时间因素。

（2）门店的人员编制工作除了量的考查外，还应兼顾质的配置，即要考虑员工的任职资格条件。

（3）门店的员工数量配置还可以根据人效来衡量，可以简单理解为人均效率或人均产出，它可以反映某一门店的在编人数和营业额两者之间的关系，也可以用来衡量企业人力资源的效用价值。人效是零售企业的一个极其重要的核心指标。门店人效计算方式为：门店每月营业总额除以本月门店所有员工总工时，所得出的结果为该月份门店人效（单位：元/小时）。

（4）作业人员和非作业人员的比例关系。在卖场直接从事与销售业务有关的人员，一般视为作业人员，其他各类人员则为非作业人员。

（5）基本人员和辅助人员的比例关系。

（6）男员工和女员工的比例关系。

（7）年龄结构比例关系。

（8）线下与线上员工的比例关系。

▷ 拓展阅读 2-2　解决零售企业人才短缺痛点　永辉打造 1933 人才培养项目

永辉"1933 零售精英工程"源自 2010 年公司上市后成立的大学生培养专项，该专项以公司股票代码"601933"后四位来命名。项目使命：①公司人才发展战略，满足快速扩张对合伙人的需求。②引进适合大学生，搭建学习、创业平台，帮助其成长与成功。

永辉"1933 零售精英工程"主要面向普通本科及专科毕业生，在招聘环节强调宽进严出，不设置学历、专业、性别等门槛。但在后续培训中，永辉设定了严格的考核机制，涉及军训、专业理论、门店实操等环节，最终根据成绩进行定岗。在最大限度保证招聘人数的同时也确保了员工能力达标。在培训阶段，项目组为每位学员配备导师并制订培养计划，同时会根据个人意愿及发展状况对计划进行调整。永辉为入职大学生设计了明确的晋升通道和完善的薪酬体系，加上门店合伙人制度的推行，将员工收入同门店业绩相联系，增强了员工奋斗动力及归属感，有效地降低了员工的流失率。

永辉"1933 零售精英工程"培养周期一般为半年，主要分为集训和门店实操两个环节，其中集训为 21 天。项目集训期间会有为期两周的集中授课，主要对企业文化及零售基础理论进行讲解。课程内容涉及职业规划、思维训练、消防安全、损耗管理以及生鲜等商品专业知识。培训讲师多为公司、大区领导，以及各业务板块优秀员工等。集训结束后，所有学员将被分配至门店学习，项目组同时会为其指定一位员工作为师傅，负责其后续学习成长。项目组以月为单位进行考核，在培训结束后会根据员工考核成绩进行最终定岗，岗位涉及课长、副课长、资深员工等。

永辉"1933零售精英工程"项目成果：①建立了系统化、流程化、标准化大学生培养体系。②已开展九届26期培训班，服务24个省（区、市）。③共计引进3 000余名大学生，目前已有1 000余名学员在公司核心岗位任职。永辉始终坚持"融合共享、成于至善"的文化，致力于打造年轻人实现梦想的广阔平台，在这个平台上，从稳定的工作岗位、清晰的发展规划与广阔的发展空间，到极具吸引力的创业机会，只要你想做、敢做、敢拼，就有属于你的舞台助你实现梦想。

资料来源　编者根据永辉超市官网资料和永辉1933人才培养项目资料整理。

2.3　连锁门店的经营绩效管理

2.3.1　连锁门店经营绩效的标准要求

1）具有挑战性而且可以达成

具有挑战性的绩效标准，一方面可以配合营业竞赛激励员工达成；另一方面可激发员工的潜力提高绩效。绩效标准必须是员工的能力所能达成的，因为达不到的标准除了没有意义外，更会削弱员工的士气，产生相反的效果。

2）经过管理者及执行者双方同意

绩效标准必须经过高层管理者、绩效审核者及门店执行主管的共同调整，没有经过双方同意的绩效标准会削弱它的效果，因为由营业部门所提议的绩效标准不一定能顾及整体的需求，而高层主管的意见则容易忽略执行细节与实施的困难，所以一定要综合双方的意见，寻求兼顾双方意见的平衡点。

3）具体而且可以评估衡量

绩效标准必须能够量化，无法量化的标准在审核时会引起不必要的困扰及争端。如果标准是以个人意见或以经验来衡量，结果一定会因为不容易计算而使员工产生不满的情绪。

4）具有明确的期间限制

绩效标准应该附带明确的记录期间，以便提供评估审核，比如以每个月的销售额作为绩效评估的标准，一方面可以与以前同时期的数字进行比较，另一方面也可以对未来的同时期预估进行调整。

5）可以调整

绩效标准必须能够配合门店改变进行适当的调整，例如针对新产品的上市、门店内外部环境的变化，原有的绩效标准要能够配合新情况而及时调整，绝不能采用不可调整的绩效标准。

6）简单易懂，便于计算

如果牵涉奖金，则必须明确计算公式，减少因计算口径不同所产生的争议。

7）有助于持续性改善

标准必须能对下一次评估产生对比效果，这样才有意义。如果没有持续比较的功能，只能适用于某些特殊事件，就不适合一般的营运绩效评价。

2.3.2　连锁门店经营绩效的评价体系

1）连锁门店经营绩效评价体系构成

一般情况下，连锁门店经营绩效的评价体系主要由顾客满意度、供应商满意度、过程评价、财务评价等方面构成，具体见表2-2。

微课：连锁门店经营绩效评价内容

表2-2　　　　　　　　　　　连锁门店经营绩效的评价体系

评价体系构成	简　介
顾客满意度	顾客满意是顾客在消费相应的商品之后感到满足的一种心理体验。顾客满意度指标是对满意程度进行界定的指数。顾客包括外部顾客和内部员工
供应商满意度	供应商满意度一般使用综合满意指数，反映的是各连锁企业在费用、信用、流程管理、营销等各方面的综合评价
过程评价	过程评价是指总部对分店的经营过程的监督检查，包括对服务质量、商品质量及环境质量等的监督检查
财务评价	财务评价从财务的角度反映分店的经营业绩，目前常用KPI即关键绩效指标进行评价

2）连锁门店经营绩效评价体系的主要内容

（1）顾客满意度评价。其具体可分为外部顾客满意度指标和内部员工满意度指标。

①外部顾客满意度指标。外部顾客满意度可以从顾客对门店的商品、服务和信誉三个方面进行评价。外部顾客评价的形成受到企业和顾客两个方面影响，具体见表2-3。

表2-3　　　　　　　　　　外部顾客满意度指标及主要内容

外部顾客满意度指标	主要内容
商　品	主要是指商品的质量、价格和品种等方面
服　务	主要是指接待服务、售后服务、环境设施和投诉处理等方面
信　誉	企业的公共形象

②内部员工满意度指标。内部员工满意度反映了企业的士气、向心力和团队精神，是外部顾客满意的动力，具体见表2-4。

表2-4　　　　　　　　　　内部员工满意度指标及主要内容

内部员工满意度指标	主要内容
生　理	主要是指薪资待遇、医疗保健、工作时间、福利保障和工作环境等方面
安　全	主要是指就业保障、退休养老保障、健康保障、意外保险和劳动防护等方面
社　交	上下级间沟通、团体活动、娱乐、教育训练和同事关系等方面
尊　重	薪水等级、晋升机会、奖励、参与、企业形象认同感、自豪感等方面
自我实现	参与决策、工作挑战性和发挥个人特长等方面

> **拓展阅读2-3**　　　　　**商务部等12部门关于推进城市一刻钟**
> **便民生活圈建设的意见（节选）**

一刻钟便民生活圈（以下简称便民生活圈），是以社区居民为服务对象，服务半径为步行15分钟左右的范围内，以满足居民日常生活基本消费和品质消费为目标，以多业态集聚形成的社区商圈。近年来，各地便民生活圈快速发展，但也存在商业网点布局不均、设施老旧、新业态新技术新模式发展不平衡不充分等问题，亟待加以解决。为深入贯彻党的十九届五中全会和中央经济工作会议精神，坚定实施扩大内需战略，畅通国民经济循环，满足人民日益增长的美好生活需要，现就推进城市一刻钟便民生活圈建设工作提出如下意见。

（1）总体思路

以习近平新时代中国特色社会主义思想为指导，把握新发展阶段，贯彻新发展理念，构建新发展格局，坚持以人民为中心的发展思想，按照试点先行、以点带面、逐步推开的思路，建立部、省、市、区、街道联动机制，以城市为实施主体，充分调动地方积极性，推动科学优化布局、补齐设施短板、丰富商业业态、壮大市场主体、创新服务能力、引导规范经营，提高服务便利化、标准化、智慧化、品质化水平，将便民生活圈打造成为促进形成强大国内市场、服务保障民生、推动便利消费及扩大就业的重要平台和载体。

（2）基本原则

坚持以人民为中心。把实现人民对美好生活的向往作为奋斗目标，把人民满意作为工作的出发点和落脚点，发挥便民生活圈便民利民惠民的重要作用，不搞面子工程和形象工程。

坚持因地制宜。发挥政府引导、市场主导作用，遵循市场规律，不搞"一刀切"，聚焦补短板、堵漏洞、强弱项，推动设施配套化、服务多元化，不断提高服务水平，满足不同群体的消费需求，提升居民消费体验。

坚持系统观念。处理好整体与局部、发展与环境的关系，推动便民生活圈商业网点科学布局，商业设施与公共设施联动，商业运营与社区治理贯通，业态发展与居民需求匹配。

坚持守正创新。回归商业本质，以满足消费需求为核心，在提升实体商业服务质量与水平的同时，充分利用新技术推动业态和模式创新，线上线下融合，满足即期消费，激发潜在消费。

资料来源　商务部等12部门关于推进城市一刻钟便民生活圈建设的意见［EB/OL］.［2024-07-08］. http://www.mofcom.gov.cn/article/zcfb/zcwg/202107/20210703175012.shtml.

（2）供应商满意度评价。供应商满意度可以通过供应商满意度指数（如费用指数、信用指数、流程管理指数、营销指数、线上线下融合）对各连锁企业进行综合评价。

①费用指数是供应商对连锁企业进场费、管理费、陈列费、促销费、节庆费、DM（直接邮寄广告）费等诸多费用的综合评价。

②信用指数是供应商对连锁企业的合同履行情况、费用结算情况以及双方合作过程中其他一些涉及信用问题的总体评价。

③流程管理指数是供应商对连锁企业的库存、配送和补货、市场信息的反馈、人员素质以及相互之间的沟通等方面的评价。

④营销指数是供应商对连锁企业促销活动的创意及效果、出样、货架布置以及购物环境等方面的评价。被公认为供应商最为满意的连锁单店的共同特点包括：管理规范、信誉度高、单店销售量大、营销出色、人员素质高、服务好。

> **拓展阅读2-4**　　　　《2023快消品零供满意度调查报告》解读

由上海市商业联合会、上海市东方世纪消费品发展促进中心（"东方快消品中心"）等主办，超过20家连锁零售商和电商系统共同联办的"2023快消品对接论坛"的主题为"重振消费潜力 展示金品风采"。东方快消品中心历时三个月走访调查，涵盖16大零售业态，开展"快消品零供满意度专题调查"，涉及155家零售商，主要集中于长三角地区，实地+电话访谈了超110位代表性供应商企业的高管，微信与网络投票参与的专业人士近2万人，发布了《2023快消品零供满意度调查报告》。在实体零售和传统电商面临发展瓶颈的背景下，2023年逆势上扬的快消品零售渠道可归纳为一"大"、一"小"、一"即"和一"抖"：一"大"是指会员店；一"小"是指便利店、社区超市等近场零售；一"即"是指即时零售，如美团闪购、饿了么、京东到家等；一"抖"即抖音，反映出消费者的购物新趋势。

国内快消品消费更注重性价比和质价比，快消品零售渠道正在进一步转型。在国内消费品市场稳步复苏的进程中，不少快消品品牌企业选择打造"黄金单品"，以点带面，在产品上持续创新，满足消费者的新需求。消费者在选购时，也更加注重性价比和质价比，企业正不断推出高性价比的产品，"多实惠+好服务"，持续从"价廉"切换至"物美"，运用多种零售业态和供应链优势，让消费者可以用较低的价格享受到与主品牌"同渠道、同货源"的产品。快消品零售业态综合满意度的分析比较，也可以反映出零售渠道变化的新趋势。此次发布的相关调查报告显示，连锁卖场、连锁超市、精品超市、连锁生鲜店等9个零售业态的满意度呈下滑之势，而会员店、连锁便利店、直播电商、连锁折扣店4个零售业态的满意度则呈上升之势。

资料来源　张钰芸.《2023快消品零供满意度调查报告》发布："一大一小"逆势提升［N］.新民晚报，2023-09-27；李杰明，张伟东. 会员店、连锁便利店逆势提升《2023快消品零供满意度调查报告》发布［N］. 中国食品报，2023-09-27.

（3）过程评价。连锁企业总部应每季度或每半年对门店进行检查。由于这种内部检查带有规律性，容易受到门店的防备，故检查结果的真实性较低。连锁企业聘请神秘顾客对门店的环境、服务、商品质量进行检查，检查的结果较为真实。神秘顾客，一般是指企业聘请顾客或专业人员以顾客的身份、立场和态度来体验卖场的服务，从中发现卖场经营中存在的各种问题，从而制定出真正符合市场实际情况的工作方法和策略。

①神秘顾客的类型。第一种为"普通型神秘顾客"，即普通访问人员经过相关知

识的系统培训后长期进行连锁企业服务检测，这也是最为常见的一种形式。第二种为"专家型神秘顾客"，由本行业的专业研究人员或内行专家以普通顾客的身份在服务窗口进行消费或享受服务，进行直接观测和体验。第三种为"业余型神秘顾客"，没有任何行业研究经验的普通顾客在服务窗口按照事先设计的内容进行消费或享受服务，详细记录发生的事件及自己的感受。还有一种就是由访问员在现场服务人员毫不知情的情况下，随机抽取那些正在消费、服务的顾客，对其进行即时调查监测。

②神秘顾客评价的标准。神秘顾客通过购买与退换某件商品的亲身感受，评价接待人员的接待服务、业务技能等。根据连锁门店的销售和服务特征，制定服务的评价标准，具体见表2-5。

表2-5　　　　　　　　　　　　　　神秘顾客评价的标准

满意程度	评分	评价标准	
		接待服务	业务技能
很满意	5	形象得体、积极推销、令顾客有宾至如归的感觉；对产品有新的了解，从而产生购买欲望，可能会对亲朋好友称赞门店或该服务员	熟练掌握商品知识，推销积极主动，掌握顾客心理，善于和顾客沟通，在推销中善于应用各种技巧并能秉持客观、公正态度
满意	4	形象得体、态度积极又不过火，令顾客感觉舒服，给顾客留下好印象	对商品知识有足够了解，在推销中掌握主动，能引导顾客购买
一般	3	仅是机械地提供服务，令顾客没有什么好或差的感觉，没有留下什么印象	对商品知识了解不多，或未掌握顾客心理
不满意	2	服务较差、态度不积极、开小差、形象一般，顾客产生反感	对商品知识一知半解，无推介服务
很不满意	1	服务态度恶劣，给顾客留下极差印象	不了解商品，消极或强硬推销，引起顾客反感

③神秘顾客工作技巧。神秘顾客要始终坚持公平、公正、中立的工作态度；要具有较好的心理素质，在检查评价活动中保持普通顾客的心态，调查过程中神态自然、不暴露；要了解工作人员的心理，善于发现服务管理中存在的问题。

> 拓展阅读2-5　　　　　　提升社会服务水平的"神秘顾客"

"神秘顾客"多出现在对服务质量要求较高的行业，如餐饮、商场、旅游、加油站、4S店等。现在像通信、电力、银行、医疗这类有大厅窗口服务的行业对"神秘顾客"的需求量也很大。另外，政府部门也在通过第三方"神秘顾客"的暗访对各级政务服务窗口进行测试，测试内容包括政策透明度、办事程序、办事效率以及办事人员工作态度等方面。"神秘顾客"需要经过层层筛选并进行专业培训，经过试调研后方能上岗。"神秘顾客"的工作内容不仅仅是看环境、提问题，与服务人员进行对话那么简单，有时必须进行亲身体验。调查过程不容易，问卷填写也不轻松。简单的问卷可能只有一两页，而复杂的问卷甚至要达到十几页。针对"神秘顾客"任务的完成情况，项目的督导员都要进行跟踪及评价，从视频审核、问卷复核再到发票检查，均需严格按照标准执行。

为保证"神秘顾客"项目顺利进行，应注意以下4个方面的问题：

一是调研公司要专业。专业的"神秘顾客"调研公司要有标准的质量控制体系、丰富的实操经验、良好的信誉，"神秘顾客"数量充足、培训有效、作风严谨，能够为调研项目的实施提供有力的保障。二是方案设计要合理，有明确的目标与预见性。调研公司要根据合作方需求设计问卷，问卷要清晰明了，不宜繁杂，不能影响到现场伪装的效果，同时考核指标要可衡量。在实际执行过程中，考核细项可根据实际情况进行调整。三是基层员工要知情与认可。被考核公司或单位的员工要充分了解或认可"神秘顾客"检测制度，然后方可启动。明确暗访的目的是通过第三方来发现问题，而不是让员工把工作精力用来辨别谁是"神秘顾客"或者无故诋毁"神秘顾客"项目。四是检测结果要合理利用。检测结果可以结合考核机制用于规范的奖惩，但不能片面，"神秘顾客"检测只是服务手段之一，一定要结合公司或单位的实际情况，使检测结果真正成为提升服务水平的最优解决方案。

资料来源 佚名. 提升社会服务的"神秘顾客"[J]. 民心，2021（5）.

（4）财务评价。从财务的角度反映门店的经营业绩，目前常用KPI（即关键绩效指标）进行评价。关键绩效指标主要包括：

①地效和劳效。地效是指销售总额与营业面积的比例；劳效是指销售额与正式员工人数的比例。其中门店销售总额指实际产生的销售额，包括线下门店、App、小程序、第三方平台等产生的含税销售额，不包含退货及下单未付款的销售额。

②客单价。客单价是指销售额与交易次数的比例，平均每位顾客的购物金额。根据销售渠道不同，可分为线上客单价和线下客单价。

③收银效率。收银效率是指日均销售额与收银机台数的比例，或日均交易次数与收银机台数的比例。它既包括收银员收银工作，也包括自助收银、扫码购等工作。其中，自助收银占比是指统计周期内，顾客在店内通过自助收银设备完成自助结账的客单数占门店线下客单数的比例，以百分数形式表示。扫码购占比是指统计周期内，顾客用手机扫描条形码完成自助支付的客单数占门店线下客单数的比例，以百分数形式表示。

④周转率。周转率是指平均销售额与平均库存额的比例，反映库存周转快慢程度。它通常以自然年、月作为一个周期，周转率越高越好。

⑤毛利率。毛利率是指毛利额除以销售额得到的数值，以百分数形式表示。它常用来衡量门店、企业的商品经营效益水平。

⑥销售利润率。销售利润率是指统计周期内，门店利润总额与销售额的比例。

⑦费用率。费用率是指统计周期内，门店费用总额与销售额的比例。

⑧商品损耗率。商品损耗率是指统计周期内门店商品损耗额除以销售额得到的数值，以百分数形式表示，统计周期可分为年度、季度、月度。商品损耗率越低越好。

⑨每平方米单品数。每平方米单品数是指单品总数与营业面积的比例。

⑩门店缺货率。缺货体现为陈列面缺货和店内库存缺货。统计周期内，门店缺货的在架单品数占全部在架单品数的比例即门店缺货率。门店缺货率与销售损失有直接关系，门店缺货率越低越好。

另外，随着连锁经营零售企业线上线下融合全渠道经营业务活动的开展，门店关键绩效指标还会增加，比如：

线上订单转化率，即完成支付的线上订单数除以访客点击数得到的数值，以百分数形式表示。线上订单转化率衡量线上商品对顾客的吸引力，其值越高越好。

线上促销转化率，即完成支付的线上促销订单数除以实际触达人数得到的数值，以百分数形式表示。线上促销转化率衡量线上促销活动效果，其值越高越好。

线上销售占比，即线上销售额占全渠道销售额的比例，以百分数形式表示。线上销售含App、小程序、官网及第三方平台等线上渠道产生的销售等。

2.3.3　连锁门店自我诊断评估方法

连锁企业越来越多地外聘专业管理咨询公司来为旗下的店铺进行诊断评估，这样做的好处，一是得出的结论更加客观准确，二是能够对旗下店铺迅速做出调整。

> **拓展阅读2-6**　　　　　　　**探访永辉仓储店北京首店**

继福州首店之后，永辉仓储店稳步跨区域复制，开启加速拓展模式。2021年6月25日，永辉仓储店北京首店——永辉龙旗广场仓储店开业。该门店位于北京市昌平区回龙观龙旗广场内，由永辉红标店改造而来。改造后的门店经营面积扩大，由原来的5 290平方米扩展到5 556平方米，新引入千余种量贩商品，主打民生流量型商品。走进改造后的门店，从整体上来看，龙旗广场仓储店购物空间更加宽敞，分为果蔬区、水产区、零食区等多个区域，并精选品牌打造了特色场馆，采用工业货架陈列，不少商品采用大包装、整箱售卖。同时店内的商品更精简，从过去的1万多种精简到4 000种左右，提高了生鲜比重，也保留了精选民生商品，可满足家庭生活所需。该门店不仅有各种冷冻冰鲜鱼类，还有扇贝、象鼻蚌、竹蛏等鲜活海鲜。馒头、包子、面包等主食聚焦百姓餐桌。值得注意的是，该店不仅有整件、大包装的商品，也有不少商品可以零售，整件和单件的价格一样，批零兼售的模式让消费者有更多选择。

数据显示，2020年中国城镇化率达到63.9%，接近美国仓储会员店业态兴起时64.2%的水平。未来随着都市圈和城市群的壮大，中心城市功能逐步向周边郊区扩散，将进一步推进仓储会员店的发展。2021年以来，不少本土零售企业开始布局仓储式会员店。据介绍，永辉基于自身客群需求，定位民生仓储店，不收会员费，零门槛，突出"天天平价""样样都是批发价"的经营理念，旨在让百姓享受到真正的实惠与便利。除了高性价比的商品，永辉仓储店也提升了购物体验，为顾客提供多样增值服务，如免费赠水、无限量试吃、雨天送雨衣、儿童气球、特色糖画等。此外，永辉仓储店商品线上线下同价，会员数字化建设日趋完善，店内配备电动平衡车拣货，店员依照订单分区，通过合流区、分流区、后场集合等标准化流程，能够提高拣货效率，提供更快速、更便捷的到家配送服务。

资料来源　西泠雪．探访永辉仓储店北京首店：价格亲民，有烟火气〔EB/OL〕．〔2024-06-29〕．http://www.linkshop.com.cn/web/archives/2021/470443.shtml.

1）连锁门店内外条件诊断

门店的内外环境会影响到门店的经营绩效。虽然在新店开业以前，对门店所在商圈的基本情况及周围的各种业态都会进行相应的调查分析，而且对于门店内部的设计，绝大部分连锁门店已经摸索出自己的风格，但是随着时间的推移，原本对门店的有利条件也许会出现变化，如新竞争同业的设立，道路工程施工，社区团购（是指依托特定社区的顾客开展的商品预售业务，团长负责订单落实与顾客服务，顾客到指定提货点自行提货），到家业务（是指连锁零售企业从门店、仓储中心、前置仓等网点将消费者在线订单商品送至指定地点的服务），自提业务（是指连锁零售企业为满足顾客一定时段内自行取货的需求，将顾客在线订单商品放至指定门店、仓储中心、前置仓、社区自提点或服务站等网点的服务）的兴起等。因此，门店内外条件的自我审查是必须长期坚持且应定期进行的工作。门店内外条件可以分为外在环境及店内状况两部分。外在环境变化主要包括商圈形态、业种分布、商业特征、人口分布等方面的改变，还有线上及线下多种零售渠道经营带来的影响等。

> **拓展阅读2-7　　　　　　华润苏果产业面孔不断刷新**

面对消费升级的趋势，华润苏果持续升级供应链，加快商品汰换速度，每年汰换商品1.4万种，大力开发中高端商品、进口商品和高品质国货潮流商品供应链，积极引进网红商品、新奇特商品，满足年轻人的消费需求。同时，华润苏果延长主干道、主要商圈便利店营业时间，仅南京就有约300家24小时便利店提供便当、烤串、饭团、寿司、咖啡、关东煮、粉丝汤等冷热鲜食，成为点亮南京夜间经济的"深夜食堂"。华润苏果通过"组织保障、风险管控、考核评价、提升意识"四个管理模块进行全面质量管理，筑牢食品安全"防火墙"，保障老百姓舌尖上的安全。华润苏果在每年的周年庆、元旦等重要节点，都会举办线上线下联动的"双线"购物节，为老百姓提供实实在在的优惠，每次都会吸引苏皖两地数千万人光顾。通过万家App、苏果优选线上购物自有平台以及京东、美团、饿了么第三方平台，点点手机、一键下单送货到家，成为人们线上"逛苏果"的真实写照。以服务社区生活为出发点，华润苏果开展招商转型，在大中型门店引进银行、餐饮、培训、娱乐等多种功能性业态，与超市经营形成良性互补，打造15分钟"生活圈"。而通过超市连锁的供应链优势，通过"年货下乡"等活动，华润苏果还把高品质的年货送到村民家门口，更好地满足农民对美好生活的需求。

随着华润万家新业态品牌苏果CITY、苏果MART、苏果LIFE的开业，苏果品牌持续年轻化。基于对当前消费习惯的研究，苏果CITY倡导"轻享生活+健康"的生活理念，在选品上大胆突破，新品占比达到45%以上，进口商品比例达到50%，商品差异化率达60%，为消费者提供优质原生食材。新业态的导入开拓了零售业的"新蓝海"，新科技的运用则让华润苏果变得更具魅力。以新技术构建新服务，在苏果CITY，自助售卖机、电子价签、扫码购、刷脸支付等技术的运用，提升了消费者的购物效率和购物体验，充分彰显开放创新的国企新气象……商品和服务始终是实体零售的根本，只要坚持改革创新，与时俱进，实体零售永远都是朝阳产业。

资料来源　华润万家. 华润苏果：轰鸣"红色引擎"，奋进新"赶考之路"[EB/OL]. [2024-07-05]. https://www.crv.com.cn/xwzx/mtbd/202107/t20210706_587393.html.

2）连锁门店经营效率诊断

通常，根据各种经营绩效数据来诊断门店绩效的优劣。

（1）系统组织效率。对总部与门店间各种联络系统功能的效率进行审核，如信息传输的时间、物流衔接时间、存货周转率、门店存货量等。

（2）工作效率。对门店工作人员的效率进行审核，如平均人员贡献、平均加班费及加班时数、平均绩效奖金等。

（3）管理系统诊断。通过各种管理制度的效能来诊断店铺绩效的优劣，重点在于评价资金流、物流、信息流等的管理程序及制度。可以应用的绩效评估的数据包括营业时间、人员流动率、零用金支出、商品器具维修金额等。

3）连锁门店顾客诊断

当前，消费者的要求越来越高，连锁门店业务开展的利器之一就是"以顾客为导向"。门店除了配合整体的顾客调查外，也要针对门店的顾客进行定期调查，以保持营业绩效的潜力，调查的重点包括顾客满意度、门店形象、门店服务等。

（1）顾客满意度。顾客满意度可以显示员工的服务品质及效率，许多连锁门店都备有相应的顾客满意度调查表或定期开展顾客满意度调查，以诊断门店的顾客服务品质。

（2）门店形象。许多连锁企业会定期进行问卷调查、市场调查或召开座谈会，来确认本企业形象在顾客心目中的定位，然后根据所回收的信息来改进自身的服务、形象策略、活动方向及方式等。门店员工也可以对门店的固定顾客进行口头或电话调查，作为门店改进服务的参考。

（3）门店服务。除了专门的问卷调查和特定的座谈会外，门店还可以通过内部的绩效评估数据来评估门店的服务是否还有改进的空间。这些绩效评估数据包括会员数量、顾客抱怨次数、退货百分比等。

只有做好营运绩效的评估与奖励，并且落实门店自我评估，才能提升连锁门店的营运效益和服务质量。

【案例精析】　**华润万家通过人才驱动公司绩效提升与创新**

华润万家的人才观秉持"尊重人的价值、开发人的潜能、升华人的心灵"的人才工作宗旨，传承华润人的职业精神——诚信、业绩、担当、创新，把华润打造成一个海纳百川的组织，在这个组织里，普通的人变成优秀的人，优秀的人变成卓越的人，更多的人在这里实现了自己的人生梦想。培养和造就一支赢得市场领先、创造组织优势、引领价值导向、有使命感与责任感的人才队伍，支持战略目标的实现，是华润持续不断的人才追求。华润从生活、情感、成长环节关爱员工。华润人珍视自己内心的梦想和追求，因为有梦想才更加有活力、更加有创造力、更加有超越其他组织和个人的推动力，实现自我境界的升华。

华润万家学院是华润集团各利润中心成立时间最早的专业学院之一，其使命是支持业务、孵化人才、传承文化、助推战略，愿景是为华润万家卓越发展提供人才动力，成为驱动公司绩效提升与创新突破的能量源泉，学院发展理念是赋能于人、传承万家实践智慧，挖掘潜能、激发零售创新思维，学以致用，推动知识创造价值。

华润万家学院搭建了包含领导力体系、专业力体系、一线门店培养体系、新人养成体系、通用力体系和培训支持体系六大培训体系。同时推出了面向关键岗位人才、基层员工等人群的有万家特色的培训项目。

（1）关键岗位人才

①星·征途——管理团队组织能力提升培训项目。项目目标：推动省级公司进一步明确组织发展方向、助推业务转型突破、激发管理团队潜能并提升团队管理能力。

②卫星计划——潜才培养项目。项目目标：帮助学员提前储备成为省级公司一级部门负责人、小区负责人的知识与能力。

③在职店总在岗培养项目。项目目标：结合新形势下对门店店总的要求，聚焦在职店总能力短板，帮助学员通过学习及实践，掌握工具方法，拓宽思维，提升专业能力，促进门店经营业绩改善。

（2）基层员工培训

①润思学-万家线上学习推广项目。项目目标：将万家管理层及员工优秀的管理经验、业务经验和职场经验等加以萃取并推广学习，通过微课大赛、超人计划、微课堂、直管经理人线上主题分享等，提高员工的管理能力、业务能力、通用能力和知识萃取转化能力，打造学习型组织，激活组织氛围。

②三年MT培训项目。项目目标：通过对MT加速培养，继续强化能力提升，为培养一批中层管理人员、储备高层接班人奠定基础。

资料来源　华润万家学院简介［EB/OL］．［2024-05-21］．https：//www.crv.com.cn/gdnews/hrwjxy/.

精析要点：华润万家能创造出骄人的经营业绩，与其重视传承华润人的职业精神——诚信、业绩、担当、创新，重视门店基层员工和关键岗位人才培训与管理有着密切关系。连锁企业作为劳动密集型零售行业，门店组织结构比较复杂，人员配置数量比较多。连锁企业未来不仅需要培养大量全渠道人才，更需要遵守零售行业的职业道德和职业规范要求，具有职业精神，弘扬工匠精神，注重德技并修的零售人。

【职业指南】　　怎样成为一名优秀的部门主管

1.具有较强的团队协调和管理能力，熟悉本部门工作，能带头遵守职业道德，对下级进行有效的领导，协调各有关部门之间的关系。

2.熟知商品结构、服务规范和质量标准，通晓商品对外销售的组合概念、广告艺术、促销策略、商品价格策略以及数字化营销服务。

3.具有一定的判断、决策、创新、应变及组织协调能力，能根据掌握的数据和信息，准确地做出分析，制定策略，调整商品结构。

4.掌握市场动态，熟悉企业经营策略和顾客需求知识，了解行业竞争手段、价格水平、客户状况，善于提出应变措施。

5.熟悉本部门的业务工作，掌握市场营销的技能、技巧及一定的市场营销知识，具有丰富的实践经验。

6.掌握计算机应用知识，熟练应用信息化系统，能熟练进行大数据的采集与分析。

本章小结

连锁门店的组织结构设置是否科学、人员配置是否合理、各部门责权划分是否清晰，都影响着门店营运质量。连锁门店由于规模和业态不同，其组织结构也有所不同。根据连锁企业的管理需要，门店一般设有店长（经理）、副店长（经理助理）、部门主管、收银员、营业员、理货员等岗位。门店人员配置的规模取决于顾客流量，以及门店为顾客提供服务场景和服务水平。尤其是体验式、沉浸式、数字化等服务场景的兴起，对门店人员配置产生了不同的要求。

做好营运绩效的评估与奖励，并且落实店铺自我评估，才能使连锁门店的营运效益提升至最高点。一般连锁门店经营绩效的评价体系主要由顾客满意度、供应商满意度、过程评价、财务评价等方面构成。连锁门店自我诊断包括内外条件诊断、经营效率诊断和顾客诊断。

主要概念

直线职能制　神秘顾客　地效和劳效　社区团购　到家业务　自提业务

基础训练

一、选择题

1.门店数字化岗位人员应能熟练开展对数据进行合理（　　）。

A.采集　　　　　　　B.分析　　　　　　　C.应用　　　　　　　D.包装

2.零售商店人员配置中应注意的几组比例关系包括（　　）。

A.线下与线上员工的比例　　　　　　B.基本人员和辅助人员的比例关系

C.男员工和女员工的比例关系　　　　D.年龄结构比例关系

3.外部顾客满意度指标包括（　　）。

A.社交　　　　　　　B.商品　　　　　　　C.服务　　　　　　　D.信誉

4客单价根据销售渠道不同，可分为（　　）。

A.线上客单价　　　　B.线下客单价　　　　C.手机支付　　　　　D.现金支付

二、判断题

1.商品周转率反映库存周转快慢程度，周转率越低越好。　　　　　（　　）

2.商品损耗率，是指商品损耗额除以销售额得到的数值，损耗率越低越好。（　　）

3.门店的内外环境会影响到门店的经营绩效。　　　　　　　　　（　　）

4.社区团购是依托特定社区的顾客开展的商品预售业务，团长负责订单落实与顾客服务，顾客到指定提货点自行提货。　　　　　　　　　　　　　（　　）

5.到家业务是连锁零售企业从门店、仓储中心、前置仓等网点将消费者在线订单商品送至指定地点的服务。　　　　　　　　　　　　　　　　（　　）

6.自提业务是连锁零售企业为满足顾客一定时段内自行取货的需求，将顾客在线订单商品放至指定门店等的服务。　　　　　　　　　　　　　　（　　）

三、简答题

1.如何通过员工生产性指标来估算零售企业的员工人数？

2.门店营运部的职责和权力分别有哪些？

3.门店经营绩效的评价体系主要包括哪些内容？

4.门店数字化岗位人员基本要求有哪些？

5.门店管理人员的素质要求有哪些？

实践训练

【实训项目】

项目一：调查连锁企业门店，了解不同业态门店的组织结构和人员配置情况。

项目二：扮演神秘顾客，评价门店人员的职业道德、服务技能、业务技能。

【实训任务】

项目一：通过调查不同业态门店，掌握门店的组织结构和人员配置内容。

项目二：通过实地扮演神秘顾客，掌握如何评价门店人员的职业道德、服务技能、业务技能。

【实训提示】

项目一提示：

1.划分小组，以小组为单位对当地连锁门店进行调查。

2.分不同时间段对门店各个区域的人员配置进行统计。

3.汇总各小组的调查和统计情况。

项目二提示：

1.制定具体考核和评分要求，主要包括对店员的职业道德、仪表举止、商品介绍、规范用语、商品陈列和清洁程度6个方面指标。

2.划分小组，以小组为单位实地扮演神秘顾客。

3.提前预习其他相关章节内容。

4.每个小组要召开小组座谈会，充分讨论发现的问题，在座谈中要总结每个人的切身体会。

【实训效果评价标准表】

"神秘顾客"实训项目评价表见表2-6。

表2-6　　　　　　　　　　　"神秘顾客"实训项目评价表

项　目	表现描述	得　分
职业道德		
仪表举止		
商品介绍		
规范用语		
商品陈列		
清洁程度		
合　计		

得分说明：通过实地扮演神秘顾客，将门店店员的职业道德、仪表举止、商品介绍、规范用语、商品陈列和清洁程度6个方面考核和评分指标的满意程度主要分为"很满意""满意""一般""不满意""很不满意"，相对应的得分分值分别为"25""20""15""10""5"，将每项得分记入得分栏，全部单项分值合计得出本实训项目总得分。得分90~100分为优秀；75~89分为良好；60~74分为合格；低于60分为不合格；低于45分（含45分）为较差。

第 3 章
连锁门店店长的作业化管理

■ **学习目标**

通过本章的学习，要求达到以下目标：

知识目标： 了解连锁门店店长的地位及资质要求，熟悉连锁门店店长的工作职责和作业流程，掌握连锁门店店长管理的重点内容。

能力目标： 树立不断自我提升、守正创新精神，做连锁匠人的理念和意识，培养团队合作的能力，学会进行店长职业生涯设计。

思政目标： 确定"服务社会"作为本章课程学习的思政教育主题，通过完成职业生涯规划的任务，引导学生思考店长岗位所体现的社会价值，帮助学生树立服务社会的意识，理解连锁门店店长对门店经营的重要性，认识到连锁门店店长要从团队建设、提升客户体验等方面开展工作，坚定理想信念，承担应尽责任。

引例

专注好服务　苏宁易购7人上榜2023年CCFA金牌店长

2023年5月，中国连锁经营协会公布"2023年度CCFA连锁超市、专业店金牌店长"名单，苏宁易购旗下电器店及家乐福店7人上榜。

"CCFA金牌店长"是国内连锁行业衡量店长能力最具权威和影响力的奖项之一。该评选开展17年来，已为零售、餐饮、生活服务等多个领域推选出3 290多位金牌店长，褒扬其对行业发展作出的重要贡献。

今年苏宁易购上榜的7位CCFA金牌店长，多年辛勤耕耘在服务一线，树立出"德、能、勤、绩"多方面的标杆形象。他们是苏宁易购"专注好服务"在门店端的"代言人"，给消费者带去了"近在身边""身临其境"的置家逛购体验。

店长是离消费者最近、最了解消费需求的一线服务人员，是全店服务工作的表率，也是苏宁易购服务口碑的守护者。此次入榜的CCFA金牌店长们表示：目前苏宁易购已启动618大促，我们将身体力行，把好门店服务关，在618期间为消费者带去响应更及时、决策更高效、服务更省心的优质体验。

据悉，苏宁易购618期间，将针对用户体验实现"四维升级"，全面提升大件送装一体、同城配送30分钟达、全网比价贵就赔、省心购等尊享服务。苏宁易购也将以618大促为契机，加速实体零售布局，将在北京、上海、南京、武汉、郑州、合肥、长沙等地重装新开550家门店，涵盖了苏宁易家广场店及旗舰店、苏宁易购城市旗舰店、购物中心店、社区店，以及县镇零售云店等多种业态，实现从核心城市商圈、居民社区到县镇乡村的覆盖。

资料来源　苏芸.专注好服务 苏宁易购7人上榜2023CCFA金牌店长［EB/OL］.［2023-05-26］. http：//news.cnfol.com/chanyejingji/20230526/30205282.shtml.

3.1　连锁门店店长的资质要求和岗位职责

3.1.1　连锁门店店长的资质要求

随着数字经济的快速发展与消费需求的不断升级，整个连锁行业也在发生着深刻变化。用户的渠道选择更加多样化，越来越多的企业选择探索创新模式，运用新技术打造线上线下融合的新消费场景，与消费群体建立全渠道、多场景、多维度的对接。对店长而言，要打破时间和空间的界限，既要以用户为中心，聚焦体验，为他们提供更加全面、专业化的建议，做好有温度的服务呈现，又要做到一岗多能，抓好精细化运营管理和业绩提升。此外，店长还要在自媒体时代让门店利用好互联网工具，通过多种渠道真正实现销售多元化。这些都要求店长要有清晰的职业定位。

1) 店长的职业定位

（1）店长的角色认知。连锁门店店长主要是指连锁企业下属直营门店的最高负责人，又被称为"零售业职业经理人"。店长作为门店的最高管理者，发挥着"火车头"的作用。优秀店长既是出色的管理者，也是杰出的领导者。

（2）店长的职业化。门店易开，店长难求。目前许多连锁企业都意识到强化店长职业化的重要性。店长的职业化主要包括工作状态的标准化、规范化和制度化，即店长在合适的时间、合适的地点，以合适的方式说合适的话、做合适的事。店长的职业化可以从职业素养、职业行为和职业技能等方面的培训入手。

（3）店长的角色地位。店长的角色地位主要表现为以下八个方面：

①门店的代表者。就连锁企业而言，店长是代表连锁企业与顾客、社会有关部门建立联系的代言人；就员工而言，店长是员工利益的代表者，是门店员工需要的代言人。

②经营目标的执行者。连锁门店既要能满足顾客需求，又必须创造一定的经营利润。对于总部的一系列政策、经营标准、管理规范、经营目标，店长必须忠实地执行。店长是企业最大的财富，企业的业绩优劣最终要通过门店销售来体现。

③卖场的指挥者。连锁门店的区域有卖场、后场之分，其中以卖场最为重要，因为每天接触顾客最频繁的场所就是卖场。店长必须担负起总指挥的责任，安排好各部门、各班次服务人员的工作；店长指示服务人员严格依照总部下达的门店营运计划，运用合适的销售技巧将商品以最佳的面貌展现出来，以刺激顾客的购买欲望，提升销售业绩，实现门店销售的既定目标。

④门店士气的激励者。店长应时时激励全店员工保持高昂的工作热情，保持良好的工作状态，让全店员工人人都具有强烈的使命感、责任心和进取心。

⑤员工的培训者。员工整体业务水平的高低是关系到连锁门店经营好坏的一个重要因素。店长不仅要随时给自己"充电"，还要不断地对员工进行岗位培训，以促进门店整体经营水平的提高。

⑥各种问题的协调者。店长应具有处理各种矛盾和问题的耐心与技巧，并将其应用在与顾客沟通、与员工沟通、与总部沟通等方面。沟通是店长万万不能忽视的，店长应尽量注意运用技巧和方法，协调好各种关系。

⑦营运与管理业务的控制者。为了保证门店的实际作业与连锁企业总部的规范标准、营运计划和外部环境相统一，店长必须对门店的日常营运与管理业务进行强有力的控制。

⑧工作成果的分析者。店长应具有对经营数据进行计算和分析的能力，以便及时掌握门店的业绩，进行合理的目标管理。

2）店长的资质要求

（1）店长的素质要求。店长是门店的全面负责者，但又不是一个具有各方面决定权的决策者。店长应具备的素质条件包括：

①身体方面。门店店长最好是年轻力壮者，能承受得住高强度工作的考验和满负荷工作所带来的压力。

②品格方面。领导者的品格主要包括道德、品行、人格、作风等，优秀的品格会给领导带来巨大的影响力。诚实的品格是门店店长最基本的素质要求，是一切能力的基础，店长必须注意品格与修养。

③性格方面。店长要具备积极的态度、开朗的性格，以及较强的忍耐力和包容力。

④技能方面。店长要具备优秀的商品销售技能、实干的技能、良好的人际关系处

理能力、自我成长能力、教导下属的能力和卖场管理的基本能力。

⑤学识方面。店长需要拥有的知识主要体现在研判零售业变革、企业经营管理、员工培训方法、门店发展策略制定、数据统计分析和商业法规等方面。

（2）店长的能力要求。店长是门店的灵魂，店长的能力在很大程度上会影响到整个门店的经营绩效。由于各企业经营业态、门店经营模式以及对店长集权与放权程度的不同，店长岗位工作的内容有所差异，但店长必须具备的能力包括：专业能力、领导能力、协调能力、组织能力、危机处理能力、创新力、数据化管理能力、自我提升能力。

☑ **互动课堂3-1**　　　　　　**店长的不同类型及能力要求**

不同类型的门店对店长的能力要求也不同。根据不同类型的门店对店长能力的要求可以将店长分为销售型店长、教练型店长、管理型店长和经营型店长，不同类型的店长胜任不同的工作任务（见表3-1）。

表3-1　　　　　　　　　　　　**四种类型店长工作任务**

类型	能力专长	工作方式	工作任务
销售型店长	销售能力	亲自参与销售、提高成交率、客单价、高毛利商品占比	带领门店员工改善经营指标，持续提高单店盈利
教练型店长	培训新员工；辅导老员工提高绩效	培训新员工、提高新员工能力、提高员工销售业绩；通过辅导老员工，提高老员工销售能力，提高销售业绩	通过提升员工工作能力，提高人均销售收入，持续提高单店盈利
管理型店长	门店行政管理	通过日常营业、销售与服务、人事管理、财务管理、库存管理、突发事件处理，有序运营门店，保障门店经营	通过细致有效的门店行政管理工作，保障单店盈利持续提高
经营型店长	门店人、货、场、财全面经营	门店营运数据分析、经营目标制定，从市场、门店、商品、会员等维度开展经营计划制订工作，调度资源执行计划，完成经营目标	通过有效的经营方法，改善门店经营指标，持续提高单店盈利

请同学们结合资料思考：（1）针对不同类型的店长，能力要求有哪些不同？（2）你希望今后成为哪种类型的店长？

（3）店长的态度要求。其具体包括：成为门店的榜样；赢得下属的信赖和尊敬；自我检讨，改掉缺点；改善工作方法；促进组织内的良好沟通。

▷ **拓展阅读3-1**　　　　　　**2024CCFA金牌店长评选活动启动**

由中国连锁经营协会（CCFA）组织的"CCFA金牌店长"推选活动已连续开展了18年，零售、餐饮、生活服务等行业各主要业态的470余家企业的3 677位金牌店长（店总）获此荣誉。2024年度CCFA金牌店长推选活动相关内容如下。

（1）推选业态范围

金牌店长推选活动行业范围包括：

①超市及专业店（家电、家居等）。

②便利店。

③连锁餐饮。

④生活服务业（培训教育、连锁酒店、家庭服务、商务服务等）。

⑤汽车后市场。

⑥百货、购物中心及奥特莱斯。

⑦时尚零售与消费品牌专卖店、专业店、集合店等（包含品类：服装、鞋帽、针纺织品类；化妆品类；金银珠宝类；日用品类；运动体育、娱乐用品类；家用电器和音像器材类；文化办公用品类；通信器材类；书店等）。

（2）金牌店长推选条件及推选表

①金牌店长的推选条件。在本企业工作3年以上，从事店长工作2年以上的在职店长；所在门店运营时间不少于2年，业绩位居所在企业前列；所在门店在业绩提升、人员管理和顾客体验等方面有创新或突破，乐于分享经验；所在门店近一年无商品质量、食品安全等重大事故，无负面新闻报道；上年已获"CCFA金牌店长"荣誉的店长，本年度不得连续推荐。

②各业态《推选金牌店长基本信息及所在门店基本情况表》（节选）见表3-2、表3-3。

表3-2　　　　　　　　　　　　　　　　　超市业态

金牌店长本人信息						
店长姓名		性别		年龄		手机
学历		在本企业工作年限		从何时开始从事店长工作		年收入水平
从业经历		店长形象工作照				
业绩和荣誉		企业意见书				
企业与门店信息						
企业联系人		手机				
企业全称		门店名称				
开店年份		企业销售额（含税，万元）				
2023年门店营业情况						
门店销售额（含税，万元）		门店营业面积（平方米）				
门店年销售同比增长率（%）		人工费用总额（万元/年）				
其中：线上销售占比（%）		房租总额（万元/年）				
其中：门店生鲜产品销售额占比（%）		水电费总额（万元/年）				
其中：自有品牌销售占比（%）		绿色调研：本店年度用电量（万度/年）				
平均客单价		绿色调研：是否设置临期食品货架或专区？				
其中：线上客单价		绿色调研：生鲜食品损耗率平均比例				
其中：线下客单价		绿色调研：本店冷冻冷藏系统使用的制冷剂类型				
综合毛利率（%）		门店正式员工数（人）				
净利润率（%）		门店正式用工年度工时数（小时）				
库存周转天数（天）		门店灵活用工数年度工时数（小时）				

表 3-3　便利店业态

金牌店长本人信息							
店长姓名		性别		年龄		手机	
学历		在本企业工作年限		从何时开始从事店长工作		年收入水平	
从业经历			店长形象工作照				
业绩和荣誉			企业意见书				
企业与门店信息							
企业联系人			手机				
企业全称			门店名称				
开业时间		一天营业小时数		商圈主要竞对（列举2个）		经营模式 □直营 □加盟	
所在商圈（勾选）	□居民区　□商务楼宇　□交通枢纽　□学校　□医院　□加油站　□其他（请注明）：						
2023年门店营业情况							
门店营业面积（平方米）			经营单品总数（个）				
门店营业额（含税，万元）			销售及管理费用总额（万元）				
其中：香烟类占比（%）			其中：房租总额占比（%）				
其中：鲜食品占比（%）			其中：水电费总额占比（%）				
其中：线上销售占比（%）			门店正式员工数（人）				
线下平均客单价（元/单）			门店正式员工工时数（年总额）				
线上平均客单价（元/单）			门店灵活用工工时数（年总额）				
综合毛利率（%）			正式员工工资总额（万元）				
净利润率（%）			灵活用工工资额（万元）				
绿色调研：是否设置临期食品货架或专区？			绿色调研：本店使用的制冷剂类型				
绿色调研：经营的鲜食商品中因不符合货架期要求而被废弃，占比最高的品类是什么？			此品类平均年度的废弃量大约为？（单位：千克）				

资料来源　中国连锁经营协会. 2024 CCFA 金牌店长（店总）推选活动开始啦！[EB/OL].[2024-02-08]. http://www.ccfa.org.cn/portal/cn/xiangxi.jsp?id=445409&ks=金牌店长&type=1.

3.1.2　连锁门店店长的权力和岗位职责

1）门店店长的权力

（1）门店店长在人力资源管理方面的权力如下：

①有权参与门店人员的招聘及录用。

②有权对员工给予奖励或处罚。

③有权辞退不符合要求或表现恶劣的员工。

④有权根据员工的表现提出调动、晋升、降级、辞退的意见。

⑤有权对员工的日常工作表现进行检查和评定。

⑥有权对员工进行教育、指导和培训。

⑦有权对突发事件进行处理。

（2）门店店长在商品管理方面的权力如下：

①有权对总部的配货提出意见和建议。

②有权拒收有质量问题的货品。

③对货品调配有决定权。

④有权对门店布局和商品陈列进行检查、指导和督促。

⑤有权对商品损耗情况提出意见。

（3）门店店长在销售管理方面的权力如下：

①有权对促销商品和促销活动进行检查、分析和总结。

②有权根据实际情况对商品价格进行调整。

③有权对销售日报表、销售排行表、供应商结款报表和盘点结果进行分析、总结。

（4）门店店长在财务管理方面的权力如下：

①有权制定门店财务预算。

②有权监督收银员的收银工作，严格控制差错率。

③有权检查、核实本店进货票据。

④有权对各项费用和损益进行分析和管理。

（5）门店店长在资产管理方面的权力如下：

①有权进行门店的资产管理。

②有权进行门店的设备维护和维修管理。

③有权进行门店新设备的投资和管理。

2）门店店长的岗位职责

拓展阅读：
专业零售店
店长岗位
要求

根据《中国连锁经营协会团体标准制修订管理办法（试行）》及其实施细则的相关要求，《专业零售店店长岗位要求》（T/CCFAGS 047—2023）为中国连锁零售行业团体标准，自2023年11月24日起实施。

门店店长的岗位职责概括起来主要有三个方面：

（1）对整个门店负责。店长是门店的最高领导者，对卖场的资产、商品、人员、销售现场和财务等方面负有全部责任。店长应监督门店的商品进货验收、仓库管理、商品陈列、商品质量管理等有关作业。

（2）对全体员工负责。店长负责制定门店的各项规章制度，并严格执行；依据工作情况分配人员，对门店员工考勤、仪容仪表和服务规范的执行情况进行监督与管理；按时评估员工的表现，实事求是地向总部人事主管提交有关员工的人事考核、提升、降级或调动的建议，对员工的工作表现进行检查、评定及绩效管理。

（3）对经营业绩负责。门店店长的最高职责是实现经营目标。店长应对商品采购、陈列、销售、防损和安全等方面负责，要掌握每日、每周、每月的销售目标的完成情况，按时向总部汇报门店销售动态、库存情况以及新产品的引进和销售状况，并针对门店滞销商品的淘汰情况提出对策和建议，帮助总部制订和修改销售计划，降低损耗，提高业绩。某连锁门店店长岗位工作说明书示例见表 3-4、表 3-5。

表 3-4　　　　　　　　　　　某连锁店长岗位设置情况

部门名称	营运部			
岗位名称	店长	工作性质	□兼职　□专职	
上级岗位名称	区域总监	下级岗位名称	店员（行茶师和服务员）	
岗位任职资格	年龄	25~35 岁	性别	不限
	学历	大专以上		
	岗位经验	餐饮服务类门店管理经验		
	行业经验	餐饮服务类门店管理经验		
	知识要求	1.茶相关知识要求，参考行茶师知识要求 2.具备经营管理、市场营销、财务方面的知识与技能，能够运用在门店的运营管理实践中		
	能力要求	1.服务能力：熟练掌握茶馆客户接待流程，既能自己完成服务，也能做服务质量管控 2.销售能力：熟练运用销售话术和技巧实现产品成交、会员成交，并帮助店员完成销售 3.营销能力：拓展销售渠道、策划与实施营销计划、开发与维护客户关系		
	其他要求	1.深度理解和认同"成人达己，永不放弃"的企业价值观 2.有理想、有韧劲、有不断提高业务能力的学习意愿		
业务能力分级	级别	标准		岗位工资
	一级	系统掌握门店经营管理能力，能够为企业培养合格的店长，并且具有同时管控多家门店的能力		12 000 元
	二级	完成 A 级门店年度 KPI		8 000 元
	三级	完成 B 级门店年度 KPI		6 000 元
	四级	完成 C 级门店年度 KPI		5 000 元

资料来源　李卓澄.教你开一家年赚 50 万的小茶馆［M］.北京：东方出版社，2024.

表 3-5　　　　　　　　　　　某连锁店长岗位工作分析

重要性	工作内容	完成标准	占用时间
★★★★★	店内卫生与清洁	参考行茶师岗位工作分析表	10%
★★★	清洁与归置茶具	参考行茶师岗位工作分析表	5%
★★★★★	客户接待服务	参考行茶师岗位工作分析表	30%
★★★★★	茶叶销售	参考行茶师岗位工作分析表	10%
★★★★★	收银与会员销售	参考行茶师岗位工作分析表	5%
★★★★★	店内人员培训	1.确保店内所有工作人员明确责任，掌握工作店内人员技能 2.策划门店营销方案后，培训店员演练直至其掌握 3.精准地传递上级部门交办的信息	10%

续表

重要性	工作内容	完成标准	占用时间
★★★★	组织晨会	1.分配当日工作任务，确定责任人 2.朗读企业文化理念，确保价值观深入人心 3.激励团队，激发团队战斗力 4.及时发现问题并予以纠正 5.对正确的事及时表扬	5%
★★★★	库存管理	盘点货品入库和出库，确保所有货品可查询，表格清晰明了	5%
★★★★★	制订与实施运营和营销计划	1对门店业绩目标总体负责 2.将全年工作目标拆解成月计划、周计划，制订成运营和营销可执行的方案，并确保方案落实到位 3.策划市场活动和营销活动，向上级申请资源支持	机动
★★★★★	客户开拓与维护	1.与周边商家建立合作关系，交叉引流 2.与客户建立直接联系，深挖客户价值	20%
★★★★	汇报工作与总结	1.下班前检查店内设备，核对当日款项，做好日销售记录 2.每周形成周工作报告，做好数据分析，每周周会汇报经营情况	机动

资料来源　李卓澄.教你开一家年赚50万的小茶馆［M］.北京：东方出版社，2024.

3.2　连锁门店店长作业流程和管理重点

3.2.1　连锁门店店长作业流程

门店店长作业流程分日流程、周流程、月流程等。门店店长必须在有限的时间内把握门店营运与管理的重点，严格执行工作流程。

1) 门店店长工作日流程

一般超市的营业时间为早上7：00到晚上10：00，总计15个小时。为确保开店的态势良好，以及快速了解上一日的营业状况，店长通常是早班出勤，其上班时间为早上6：30至晚上7：30，以充分掌握中午及下午两个高峰销售时段的工作情况。门店店长工作日流程示例见表3-6。

表3-6　　　　　　　　　　门店店长工作日流程示例

编号	工作任务清单	类型	分析、决策、执行	时间计划
MD01	门店晨会	执行	每日目标制定与分解，昨日目标总结、员工激励；培训与沟通	每天早上
MD02	门店业绩跟进及反馈	执行	销售目标、销售额、客单价、客件数；追踪、改善、执行、培训、助销	红色客流 黄色客流
MD03	门店日常行政工作	执行	数据分析、信息收集、人员沟通、突发事件处理	绿色客流
MD04	销售辅助与辅导	执行	数据分析与人员能力分析；沟通、培训执行、激励	黄色客流 绿色客流

资料来源　李政隆.超级店长训练系统［M］.北京：清华大学出版社，2019.

店长每天的工作安排，需要以客为先，根据门店的客流状态安排工作，每个门店的客流状态不同，同一门店的客流状态也是动态变化的，不能一概而论。比如员工沟通，应该安排在绿色客流状态也就是员工人数多于顾客人数的时候。店长助销，适合安排在黄色客流状态也就是导购都在接待顾客的时候。

2）门店店长工作周流程

门店店长工作周流程示例见表3-7。

表3-7　　　　　　　　　　门店店长工作周流程示例

编号	工作任务清单	类型	分析、决策、执行	时间计划
MW01	周门店绩效与员工绩效分析	改善	门店与员工的销售数据、人员情况分析等；沟通与培训	周一
MW02	填写日志	改善	销售数据、商品数据分析	周一
MW03	周市场分析与总结	改善	分析客流、市场调查，制订活动计划；沟通与汇报、促销调整	周一、周二
MW04	周商品分析与计划整合	改善执行	分析商品品类单款销售、陈列、库存，制订计划；执行调货、并货	周三、周四
MW05	周目标的调整与分解	计划改善	月度销售目标完成情况、人员完成情况；培训与激励	周一

资料来源　李政隆. 超级店长训练系统［M］. 北京：清华大学出版社，2019.

3）门店店长工作月流程

门店店长工作月流程示例见表3-8。

表3-8　　　　　　　　　　门店店长工作月流程示例

编号	工作任务清单	类型	分析、决策、执行	时间计划
MM01	分析门店管理状态	改善	通过人员沟通、销售数据分析，全面了解反映门店管理状态的各项指标	每月最后两个工作日
MM02	本月门店绩效与员工绩效分析	改善	门店与员工的销售数据、人员情况分析等；人员沟通、互动	每月最后两个工作日
MM03	制定下月的销售目标	目标计划	根据年度目标规划、月度完成情况，季节因素等，制订门店月度目标；人员沟通、互动	每月最后一个工作日
MM04	填写日志	总结计划	销售数据、商品数据	每月最后两个工作日及次月首个工作日
MM05	目标分解与达成	目标计划	销售数据分析与人员能力分析；人员沟通、互动、培训、激励	每月2~3日

续表

编号	工作任务清单	类型	分析、决策、执行	时间计划
MM06	门店重点人员帮扶	计划执行	销售数据、商品数据、人员情况，沟通、培训	随时
MM07	参加月度运营会议	目标执行	市场数据、商品数据、销售数据，沟通、培训分析、汇报	每月5日之前
MM08	门店培训	运营会议	市场数据、商品数据、销售数据，培训辅导、激励	每月7日之前
MM09	市场分析与计划	改善执行	竞品信息收集、市场异动信息收集、会员与促销数据分析	随时
MM010	商品分析与计划	改善执行	商品销售额、售罄率、折扣率、毛利率、库存量、存销比、平衡率、陈列效率；培训与激励	每月最后两个工作日
MM011	日常行政工作	执行	门店日常行政工作，人、货、场管理	每日

资料来源　李政隆. 超级店长训练系统［M］. 北京：清华大学出版社，2019.

4）门店日周月目标跟进重点

门店经营需要以终为始，终就是门店销售目标，所有的工作计划都要从销售目标达成出发。因此，店长需要持续关注门店月、周、日阶段目标的达成状况，确保每个阶段目标的达成，各阶段目标达成了，总体目标就达成了。店长在不同时间节点的业绩跟进重点如下：

（1）每月跟进重点：导购月目标，熟客记录及会员终身价值提升；店长现场跟进及助销、培训指导、导购PK与激励。

（2）每周跟进重点：导购周目标，客单价、连带率、商品主推目标；陈列调整；店长现场跟进及助销、培训指导、导购PK与激励。

（3）每日跟进重点：导购日目标，时间段目标；门店氛围营造；客流与人员上班时间调整匹配；店长现场跟进及助销、培训指导、导购PK与激励。

确保每个阶段目标达成需要人货场协同，高效组织市场促销、会员营销、商品管理、人员销售、门店管理等各经营板块。各业务板块的工作重点如下：

市场促销：收集并提供同商圈竞争对手信息。

会员营销：分析顾客连带率、折扣率、客单价、复购率、购买频率等，提高服务质量，提高顾客终身价值和忠诚度。

商品管理：商品组合及连带、主推调整、陈列调整。

人员销售：分析门店人员销售技巧、工作态度、能力短板，业绩考核为主，以效果为导向。

门店管理：检查门店服务流程、标准化执行情况。

3.2.2　连锁门店店长管理重点

1）员工管理

（1）团队建设。门店的成功离不开每位员工的辛勤工作和全体员工的协作互助。店长要先提升认知，取得员工的信任、增强自身的说服力、激发员工的工作欲望，不断提升每位员工的工作效率和工作质量，发挥团队力量，再提升人效，达成门店经营目标。

（2）出勤管理。店长如果抓不好门店的出勤状况，就会直接影响门店的进货、出货、补货、陈列等日常工作，难以维持较佳的营业状态。店长应每天掌握员工出勤人数、休假人数、排班表、迟到、早退等状况，严格执行卖场管理制度。

（3）服务管理。一流的服务质量能够成为门店现场经营的优势，店长应对员工的仪容仪表、礼貌用语和服务态度等方面进行严格要求，以优质服务吸引顾客。

微课：连锁门店店长团队合作能力的训练

2）商品和销售管理

（1）缺货管理。缺货往往是造成营业额无法提升的直接原因。缺货会导致顾客的需求无法获得满足，使其不得不花费更多的时间去别处购买，卖场若常有此现象必定会使顾客大量流失，营业额亦会急剧下降。控制门店缺货率是店长管理的重点。

（2）鲜度管理。卖场的主力商品是生鲜食品及日配品，加强鲜度管理，使商品自厂商到卖场的整个流程都能维持在恒温状态下，并以新鲜的状态销售给顾客，将损耗降至最低，是商品管理的重点。

（3）陈列管理。商品陈列是连锁门店促进商品销售的利器，商品陈列的优劣决定了顾客对店铺的第一印象。从整体上看，达到整齐美观、商品丰富的效果，是卖场陈列的基本思想。陈列还要富有变化，不同陈列方式相互对照效果的好坏，在一定程度上左右着商品的销售数量。

（4）损耗管理。门店损耗通常分为内部损耗和外部损耗。损耗管理是节流管理中相当重要的一环，控制损耗就是在增加盈利。

3）收银管理

连锁门店的直接盈利来自门店的销售收入，连锁门店的销售收入最终要在收银台的交易中实现，因此收银管理非常重要，必须谨慎行事，门店店长需要关注每日收银工作。随着无人收银系统的普及，连锁门店的收银业务也随之分为收银员收银和自助收银两个板块。在收银员收银过程中，熟练的收银员，其收银差异率可控制在4‰以内；而新进的收银员，其收银差异率往往会超过10‰。在自助收银过程中，用户在扫描完商品后，可打开支付宝或微信等支付工具在线支付，从选购到下单付款都由用户独立完成，不需要收银员即可完成商品的售卖和收付款。但是也存在顾客不熟悉使用流程而使结账效率降低的可能，还会出现商品称重、扫描错误等问题。所以，连锁门店要在自助收银场所配置辅助收银人员，以降低门店收银过程中的损耗，提升顾客的满意度。

4）信息管理

目前，门店大多采用POS系统，该系统能够提供各种营运相关信息。店长应定时

（日、周或月）分析各种报表，以掌握营运动态。对店铺的销售指标负责，根据月度销售指标，进行店员个人目标的分解。每天统计各店员的销售业绩，进行每月业绩完成率汇总统计。督促并协助店员争取客源并达成交易。

（1）营业日报表，包括线上线下销售占比、部门类别、时段类别、销售比、营业额、来客数、客单价、客品项、品单价等。

（2）商品排行表，包括销售额、销售量、交叉比率、周转率、毛利率等。

（3）促销效果表，包括促销前后的营业额、来客数、客单价、促销品、毛利率等。

（4）顾客意见表，包括抱怨项目、抱怨件数、抱怨部门、支持项目、支持件数、支持部门等。

（5）费用明细表，包括各项费用金额、周转率等。

（6）盘点记录表，包括部门存货额、周转率等。

（7）损益表，包括营业额、毛利额、损耗额、费用额、损益额等。

5）顾客管理

（1）顾客对门店的意义如下：

①对任何门店而言，顾客都是最重要的人。

②并非顾客依赖我们，而是我们依赖顾客。

③顾客并没有打扰我们的工作，接受顾客的"打扰"是我们工作的目的。

④当顾客叫我们时是在帮我们，提供服务是应该的，而不是我们在帮助他。

⑤顾客是我们事业的中心，而非排除在外。

⑥顾客不是冰冷的统计数字，而是有血有肉的人，和我们一样有情感。

⑦顾客是一群对我们提出各种需求的人，我们的工作就是要满足他们的需求。

⑧顾客要的礼遇和殷勤的招待是理所当然的。

⑨顾客是让你获得利润的人。

⑩顾客是所有门店的生机。

（2）顾客管理的主要内容包括：顾客来自何处；顾客需要什么。

（3）建立顾客档案。为了掌握顾客活动的重要资料，与顾客建立长期合作关系，就要建立规范的顾客档案。

（4）加强顾客服务管理，提高顾客忠诚度。

店长应不断加强团队建设与人员能力培养，敏锐洞察用户需求，持续提升服务质量，拓展销售渠道，实现门店的正常运转，不断提高销售业绩。

▶拓展阅读3-2　　　　　　先提升认知，再提升人效

你是一位经理，当你接到上级领导布置的"提升人效"的任务时，你会怎么做？你是马上行动，还是先提出问题？事实证明，先明确什么是"提升人效"或许是个明智的选择。我们可以首先问自己三个问题：

第一，我们为什么要提升人效？（提升人效对应的当下的痛点是什么）

第二，我们要如何提升人效？（这是你弄明白痛点后的执行层面的问题）

第三，我们需要提升人效的哪些指标和节点？（这是梳理和聚焦要点的过程）

这就是"黄金圈法则"的思考模式。没有提问就没有思考，没有思考就没有认知，没有认知就没有正确的行动。听一遍就会的"学神"毕竟是少数，即使有，也是经历过无数次的提问、思考、认知和行动的过程锻炼出来的。"黄金圈法则"让我们从内向外思考问题，先要弄清楚为什么，再去思考如何做，最后才是做什么。why+how+what 这三个问题贯穿于我们工作、学习，乃至人生的全过程。

"人效"的"效"是指"效率"还是"效果"呢？还是"效率"和"效果"都要兼顾呢？这是面对"提升人效"的任务时，我们首先要提出的问题。有些业务迫在眉睫的是"效率"，而有些业务如履薄冰的是"效果"，还有一些业务，可能是竞争太激烈，也可能是顾客要求很高，行业"内卷"非常严重，我们需要"效率"和"效果"一同提升。

无论是提升"效率"，还是提升"效果"，或者是提升"效率+效果"，我们都需要支付"成本"。那么，接到这个任务的时候，你需要问问公司，我们有多少成本预算？这里的成本，绝对不仅仅是货币，还有比货币更重要的选项，它们可能是时间，是人力，是思考，是行动，是容错的边界……具体来看，它们可能是为了提升人效而进行的业务和文化培训，是对人员画像和对结果评估的方法，是改革和创新的激励政策，是总结和复盘的深度思考，是群体共存、共享、共创的智慧工作，是部门内部与部门之间互动、互助、互利的机制，是不折不扣地执行到底的定力、耐力和持恒力……请问，这些"成本"都准备好了吗？相比之下，货币成本的重要性就不那么突出了。

作为一名经理，他需要具有"逻辑力"，能有逻辑地将任务分解、分派、分权、分值、分润……他还要有能力对过程进行观察、比较、分析、综合、抽象、概括、判断、推理，采用科学的逻辑方法，准确而有条理地实现目标结果。

当我们面对"提升人效"的问题时，先提升认知，再提升人效。当所有提出的问题都被解决了，"提升人效"就只需"行动力"和"持恒力"了。

资料来源　董晓凯. 先提升认知：再提升人效［EB/OL］.［2023-11-06］. https://mp.weixin.qq.com/s/cSo5q8RDUZrBUk70BlFmSA.

【案例精析】　　　　优化门店服务，需要店长懂"关爱"

在河南省周口市郸城县，当地外出务工人员较多，许多中小学生由爷爷奶奶照顾。郸城优倍视作为主攻青少年视力健康的视光中心，为了给顾客提供更多便利，自2016年起，门店店长杜英就骑着电动车在中小学校之间穿梭，为顾客提供送眼镜上门的服务。8年来，共计有1万多人在该门店建立了视光档案。据杜英介绍，门店的顾客几乎遍布县内的每一所中小学校。

（1）以"关爱"洞察需求

扩大服务范围可以增加与顾客接触的机会，为门店带来更多可能性，而如何锁定范围则取决于对顾客需求的洞察。杜英意识到顾客对送货上门有实际需求，是源于一位老人从乡下骑了几十里的自行车跑到学校去取孙子的眼镜，又送到门店来维修，一来一回花了大半天时间。杜英深深地感受到了年迈家长的不易，萌生了"以后这趟路我来跑"的想法。在她的带动下，门店的同事们开始和她一起提供上门送眼镜、维修眼镜的服务。若是学生配镜后需要取货或者镜架损坏需要维修，家长会在微信上与杜英约好时间，她和同事们则趁着学生下课时在学校门口送取眼镜。至今，这种善意的行为已经变成他们的固定的服务项目，也成为该门店的特色之一。送货上门是视光门店扩大服务范围的一项优选，当顾客享受到这一服务带来的便利时，对门店的认可度、忠诚度也会随之提升，从而增强门店的黏性。同时，门店还可以自我社区化，在生活方面为顾客提供更多的帮助。凭借着对青少年的关爱，杜英将这一点落到了实处。来店里做近视理疗的学生们有什么想吃的，她都会买回来。她告诉学生们："想吃什么跟我说，我也是一位母亲，和你们的父母是一样的。"学生们都亲切地称她为"杜妈妈"。

（2）融专业于服务

随着国人对眼健康的重视度提升和眼视光业态的发展，越来越多的消费者有了建立视光档案的意识。对于消费者而言，视光档案可以帮助发现并防治后天视力发育问题，为以后眼部疾病诊治提供科学依据；对于门店来说，这是一个拓客、留客以及提供专业服务的举措。为提升门店竞争力，杜英很早就开始为所有到店顾客免费验光并建立视光档案，以便顾客在遇到视力问题时有回流机会。她曾在得知一位顾客想要验配门店没有售卖的隐形眼镜后，依然细心地为其验光，凭借着专业知识和工作经验，给出了具有参考价值的验配建议，并存留了一份视光档案，整个过程没有收取任何费用。出于对门店服务的认可，这位顾客向杜英推荐了不少有眼健康需求的亲朋好友。并非科班出身、半路进入视光行业的杜英，在用细节优化服务的道路上，也在不断通过培训和学习丰富着自己的理论知识。不仅自己学习专业知识，她还向广大消费者传输专业知识。在她看来，近视是大环境中出现的共性问题，需要家长、学校、学生等多方出力，而关键因素在于学生的自我管理。为了让学生们更好地接受近视防控观念，杜英和店里的工作人员与学生们打成了一片。学生们在门店做理疗、按摩时，会分享自己的生活与学习，工作人员在闲聊中了解到他们近期的视力状况，就根据实际情况调整方案。例如，许多高中生长时间看近处，眼睛的调节力欠佳，在做完理疗后，杜英结合他们的用眼情况介绍了一些恢复眼睛调节能力的方法。不少学生学会后，还向同班同学传授近视防控方法，并推荐他们到视光中心。在拓展新客上，学生们给予了这家门店很大的帮助。

资料来源　刘芮齐. 优化门店服务，需要店长懂"关爱"［J］. 中国眼镜科技，2023（11）.

精析要点：对于店长来说，处理好门店事务是主要的工作内容，而带领店员优化门店的专业服务水平，则是促进门店发展的关键。只有怀揣着关爱，使专业和服务更好地结合并落地，才能与顾客建立更紧密的联系。

【职业指南】　　　　　　　　　**店长职业生涯规划**

职业生涯规划就是一个人对自己所要从事的职业以及在职业发展上要达到的高度等做出规划和设计，并为实现自己的职业目标而积累知识、掌握技能的过程。它一般通过选择职业、选择工作组织、选择工作岗位，在工作中技能得到提高、职位得到晋升、才干得到发挥等来实现。连锁经营与管理专业大学生在进行店长职业生涯规划时应注意以下方面：

1.构建合理的知识结构

在进行职业生涯设计时，大学生要能够根据职业和社会不断发展的具体要求，对已有知识进行科学的重组，构建合理的知识结构，最大限度地发挥知识的整体效能，培养职业需要的实践能力。综合能力和知识面是用人单位选人用人的依据。用人单位不仅考核其专业知识和技能，还考核其综合运用知识的能力、对环境的适应能力、对文化的整合能力和实际操作能力等。大学生进行职业生涯设计，除了要构建自己合理的知识结构外，还要培养胜任本行业岗位基本能力和某些专业能力。

2.参加有益的职业训练

职业训练包括职业技能的培训、对自我职业的适应性考核、职业意向的科学测定等。大学生应主动积极地参加有益的职业训练，更早更多地了解职业，掌握职业技能，正确引导自己的职业设计。

3.培养良好的道德修养，提高心理素质

大学生在进行职业生涯设计时，应注意培养自身的道德修养，提高心理素质，比如正确对待择业挫折的心理素质和敢于竞争、善于竞争的心理素质等。

◈ 本章小结

店长作为连锁企业门店的最高负责人，其自身素质和作业化管理水平，直接影响门店的营运效果和效率。因此，店长要明确其岗位职责，按照作业流程开展各项工作，重点加强员工管理、商品管理、销售管理、信息管理和顾客管理，最终实现门店的销售目标和利润目标。

◈ 主要概念

店长 店长的职业化 缺货管理

◈ 基础训练

一、选择题

1.店长的素质要求包括（　　）。

A.身体方面　　　　　B.品格方面　　　　　C.技能方面　　　　　D.学识方面

2.店长的能力要求包括（　　）。

A.领导能力　　　　　B.专业能力　　　　　C.协调能力　　　　　D.自我提升

3.根据门店的不同类型对店长能力的要求，可以将店长分为（　　）店长。

A.销售型　　　　　　B.教练型　　　　　　C.管理型　　　　　　D.经营型

4.店长的工作流程包括（　　）。

A.时流程　　　　　　B.日流程　　　　　　C.周流程　　　　　　D.月流程

二、判断题

1.店长和店主一样，既是门店的所有者，又是门店的管理者。　　　　　（　　）

2.优秀店长既是出色的管理者，也是杰出的领导者。　　　　　　　　　（　　）

3.门店店长的最高职责是经营目标的实现，店长应对商品采购、陈列、销售、防损和安全等方面负责，降低损耗，提高业绩。　　　　　　　　　　　　　　（　　）

4.优秀的店长应该先提升认知，再提升人效。　　　　　　　　　　　　（　　）

三、简答题

1.店长的地位主要表现在哪些方面？

2.门店店长的主要工作职责有哪些？

3.门店店长的工作重点有哪些？

实践训练

【实训项目】

项目：根据所给资料——不胜任的店长类型，找出错误。

【实训任务】

项目：通过找错误，掌握门店店长应具备的素质和能力。

【实训提示】

项目提示：

1.划分小组，以小组为单位进行，各小组之间进行比赛。

2.针对不胜任的店长的不同类型，找出错误，分析不胜任的原因，提出改进措施。

【实训效果评价标准表】

"不胜任的店长"实训项目评价表见表3-9。

表3-9　　　　　　　　　　　"不胜任的店长"实训项目评价表

类　型	找出错误	改进措施	得　分
推诿责任的店长			
不栽培下属的店长			
报喜不报忧的店长			
有功独享的店长			
合　计			

得分说明：各小组针对不胜任的店长的不同类型，找出错误，分析不胜任的原因并提出改进措施。提出的改进措施的情况分为"很好""好""一般""较差""差"，相对应得分分值为"25""20""15""10""5"，将每项得分记入得分栏，全部单项分值合计得出本实训项目总得分。得分90~100分为优秀；75~89分为良好；60~74分为合格；低于60分为不合格；低于45分（含45分）为较差。

第4章
连锁门店卖场的布局和管理

■ **学习目标**

通过本章的学习，要求达到以下目标：

知识目标： 理解连锁门店卖场布局的原则与作用，熟悉连锁门店卖场布局的内容，掌握卖场磁石点的规划与管理。

能力目标： 树立连锁门店卖场人、货、场的有机结合的理念，学会区分连锁门店内、外部布局的不同特点和要求，能够通过更具吸引力的卖场设计和合理的布局，提高连锁企业门店的营业效率，并培养一定的卖场组织管理能力。

思政目标： 确定"为创造美好生活努力奋斗"作为本章课程学习的思政教育主题，通过引例、互动课堂、精选案例、拓展阅读、职业指南等栏目的学思践悟，帮助学生树立努力奋斗、服务消费的意识，践行绿色、低碳、环保理念，理解连锁门店要以消费者为中心的宗旨，将人、商品、空间有机结合，认识到连锁门店卖场布局设计是创造美好生活的重要途径，培养学生作为一名零售人的自豪感和责任感。

什么是好的布局

所谓好的店铺、好的布局就是"能卖出商品提高盈利"的店铺和布局。无论布局是U形、直线形还是曲线形，前提都是要卖出商品提高盈利。好的布局到底要满足什么条件？下面分别从不同角度进行探讨。

（1）从顾客的视角出发

布局要方便进门、方便走动、方便寻找商品、方便购物、方便出门。虽然已是老生常谈，但"从顾客的视角出发"的思路并没有错。如何能让顾客觉得方便，决定了通道宽度、卖场配置、货架排列长度、商品配置和器材高度等事项。

方便顾客的出发点是大众。这与将出发点放在企业定位（发展方向）或目标顾客群体上，结果是截然不同的。以低价型店铺和生活方案型店铺为例，前者为了推行彻底的自助服务，宜采用相对简单的直线形布局；后者因需要方案的展示空间（布置平台、平柜等），将会越来越多地采用斜线形或集市型布局。目标顾客群体不同，店内灯光的亮度（照度）也会发生变化。如果目标是老年顾客，店内更适合采用明亮的灯光。目标是年轻顾客时，店内灯光多少有些昏暗也没问题。目标顾客的身高如果不同，陈列的黄金线、陈列位置和器材的高度当然要随之改变。

（2）从卖场工作人员的立场出发

要时常注意缩短从作业场所到卖场的工作动线。不考虑作业便利性的异形布局是无法持久的。不仅是布局，重要的是在设计布局之前确定卖场的适当规模。这是因为工作量与陈列量（库存量）成正比，而陈列量又与卖场面积成正比。还有一点要考虑的是，布局是否容易提高销售额和盈利，换句话说就是是否不容易出现机会损失和降价损失。由于能卖出去的商品及其数量（陈列面）因四季变化和生活事件而不同，每个季度推出的商品也会改变，卖场空间必须能够扩大或缩小。长的货架比短的货架更便于应对卖场空间变化。同理，卖场的地板也不宜采用色彩不统一的铺装。

（3）从生意（店铺、企业）的观点出发

要平衡初期投入和维护成本。通常情况下，初期投入越大，维护成本也就越高。从长远角度考虑，为减少地板等维护成本而增加初期投入的情况也是有的。特别是超市，与其他业态相比成本高，这是因为与货柜、店内器材等看得见的成本相比，以生鲜食品为主所需要的设备和供排水系统等看不见的成本更高。店铺翻新使布局发生巨大变化，其投资额远不是非超市行业所能匹敌的。正因为如此，只靠更新硬件是不能成功提高店铺活力的。

综上所述，每次进行店铺对比等店铺调查时都会得出以下结论：方便调查的店铺（布局）就是方便购物的店铺、方便工作的店铺，就是能卖出商品、提高盈利的店铺；相反，不方便调查的店铺（布局）等同于不方便顾客购物的店铺，而不方便购物的店铺对卖场员工来说就是不方便作业的店铺，对企业而言就是即便能卖出商品也会造成众多损失的赚不了钱的店铺。

资料来源　铃木哲男. 零售工程改造老化店铺［M］. 智乐零售研习社，译. 北京：东方出版社，2023.

4.1　连锁门店卖场布局的原则和作用

连锁门店卖场一般是指门店内陈列商品供顾客选择的营业场所。卖场布局是一项十分复杂的工作，其成功与否直接影响顾客的购买行为和门店的经营成果。因为不同的卖场布局在顾客心目中产生的效果是不同的，所以对商品销售的作用也是不同的。尤其是从连锁企业的经营方针来看，卖场的布局技术更是重要的一环，它充分体现了连锁企业的经营方针。从本质上来说，卖场布局就是一个如何使人（顾客与员工）、商品（有形与无形商品）、空间（内外卖场）等实现最佳配合的问题。

4.1.1　连锁门店卖场布局的原则

连锁门店卖场布局的主要目的是能够有效地吸引顾客走进卖场，使顾客愿意在舒适的环境中自由地选购商品。为此，连锁门店卖场在布局时应遵循以下基本原则：

1）要充分体现科学性与艺术性的有机结合

卖场布局应该充分体现科学性与艺术性的有机结合。这是一个比较复杂的问题，涉及光学、声学、心理学、美学等多门学科。卖场布局要合理考虑商品种类、数量、经营者的管理理念、消费者的消费心理和购买习惯，以及卖场本身的面积大小等因素。例如，根据消费者的购物习惯、消费心理和格调品位来安排货位；根据人流、物流的大小、方向以及人体工学等来确定通道的走向和宽度等。

2）要突出卖场自身的特色

连锁企业可以有不同的市场定位和企业形象定位，但是成功的经营者总是把"突出自身特色，将消费者牢牢吸引到卖场里来"作为企业形象设计和卖场布局的一个基本内容来考虑。善于创造自身经营特色，善于突出自身与竞争者的不同之处，才能给消费者留下有利的、深刻的印象，才能在竞争中立于不败之地。

3）要充分运用 CIS 理论

大部分的零售卖场都是由专家进行规划设计的，大型卖场都设有企划部，有些则支付服务费用，聘请专业公司代为设计。无论采取哪种形式，都应该充分体现 CIS 理论在卖场中的运用，坚持做到有机统一，即内外形式统一、内在服务质量与外在服务形式统一、行为识别与经营理念统一等。

4）卖场的规划设计要满足空间需求

在进行卖场规划设计之前，经营者应该认真核算所需要的面积，涉及的商品、部门、组区、种类、数量等，要做到心中有数。同时，服务性设施所需的面积，如后勤区、收银台、办公室、收货区、通道等也应该计算出来。只有这样，才能预留足够的空间。

5）要充分发挥促销工具的作用

卖场布局的目标就是尽量使卖场对消费者产生强烈的吸引力，为其购物带来便利，进而使卖场在有限的空间内获得可观的销售量和利润。因此，在本质上，卖场的规划设计就是促进销售的一种工具，即借助规划、布局的调整，实现多种功能的充分有效利用，使商品得以充分展示。

4.1.2 连锁门店卖场布局的作用

连锁门店卖场布局的作用可以概括为以下几个方面：

1）彰显特色，吸引消费者注意

门店经营的结果取决于消费者的光顾次数和购买力。科学合理的卖场布局可以营造良好的卖场环境与氛围，给消费者留下美好的印象和感受，从而激发消费者的购买欲望，促进消费。

2）便利购买，方便顾客

门店卖场是消费者购物的场所。消费者穿行于卖场中，边浏览各式各样的商品边进行挑选。假如卖场布局不合理，就会给消费者自由选购造成障碍，而科学合理的规划可以极大地方便消费者流动，使消费者在浏览与选购中感到便捷。

3）合理分配面积，充分利用空间

一般而言，门店卖场的面积中包含"前方设施"、"中央设施"和"后方设施"等。科学合理的布局可以有效地分配面积，使布局符合最佳的经营要求。通常运用8∶2原则，对前场与后场的面积进行分配，以最大限度地满足顾客选购的空间和适应物流系统的要求，降低成本，增加营业额。

4）增强形象识别，营造卖场销售气氛

有创意的卖场布局可以将商品的陈列、灯光、色彩以及音响纳入其中，产生综合效果。消费者可以在温馨的氛围中轻松、自由地选购商品，极大地缩短卖场与消费者的距离，提高门店经营效益。

4.1.3 连锁门店卖场基本构成要素及布局理念

1）卖场基本构成要素

卖场基本构成要素主要是人（顾客与员工）、商品（有形与无形商品）、空间（内外卖场）。人与商品关系表现形态是一种资讯传递，即依靠员工的陈列技巧和服务作业流程，将商品资讯传递给顾客，达到有效展示效果。空间与商品关系必须依靠有形的器具、设施、设备等才能表现出最好的展示效果。

2）卖场布局基本理念

卖场布局基本理念主要有：方便顾客选购所需商品；卖场动线应以引导顾客为设计标准；卖场布局要以商品为基准；注意商品与陈列的互动关系；调整卖场构成要素来适应顾客需求；卖场布局必须考虑相关的经营效率等。

☑ 互动课堂4-1 穿透零售的"人货场"：不是商业模式，而是技术重构

人工智能、物联网、大数据等新兴技术分别从"人、货、场"赋能，引导零售行业进入新一轮变革期。以消费者需求为中心，融合AI、AR等技术手段，线上、线下实现全渠道融合，打造以"全场域、高效率、精准化"为主要特征的零售新业态，最终在消费端实现所需即所得、个性化、交互性更强的零售新体验。

（1）零售"货"的数据化，货流效率将得到大幅提升。随着AI和云计算等新兴技术的快速演进与应用，商品生产、进出货、供应链管理等后端的数字化改造将产生

巨大的挖掘空间，推动供应端数据在维度和量级两个方向上实现指数级增长，并结合智能化分析实现数据的价值创造，从而大幅度提升货流效率。

（2）零售"场"的全域化，"无域不场，处处可零售"将成为趋势。AI、AR、VR等技术迭代将推动虚拟空间和现实世界的加速融合，消费者在不同场景中对不同商品的需求都能通过技术迅速洞察并予以快速满足，实现"处处零售、主动零售"的场域构建。

（3）零售"人"的立体化，将倒逼商品供应链实现"柔性生产"。消费结构不断升级，社会主流文化转变与自我在社会中的认知变化都会影响消费者对商品的诉求。

资料来源　杨燕，李子心. 穿透零售的"人货场"：不是商业模式，而是技术重构［N］. 经济观察报，2021-01-15（3）.

请同学们结合资料思考：（1）如何认识新零售背景下的"人货场"？（2）人工智能、物联网、大数据等新兴技术会为连锁企业带来哪些改变？

4.2　连锁门店卖场外部布局

连锁门店卖场外部布局的理想状态，是要实现卖场的外观环境规划与设计对消费者产生强烈的吸引力。为此，要特别注重卖场外观的精心规划与设计。

4.2.1　连锁门店的门脸设计

一般情况下，与在其他地段开设的店铺相比，在繁华地段开设的连锁店铺没有极大的空间来表现外观，外观设计的资源空间有限。因此，在整体外观设计上，更要极力凸显所经营店铺的特色，通过图案、色彩等各种表现方式的运用来呈现一个具有吸引力的门脸。

微课：连锁门店的门脸设计

1）店门的基本类型

（1）封闭型。采用这种店门形式的门店面向大街的一侧多用橱窗或有色玻璃遮蔽起来，入口尽可能小些，顾客进出要开关门（或自动启闭）。封闭型店门突出了所经营贵重商品的特点——设计别致、用料考究、做工精细，使进店的顾客产生一种与众不同的优越感，突出门店的格调和档次。一般来说，黄金珠宝、名表店及高档次百货店多采用封闭型店门。

（2）半封闭型（半敞开型）。采用这种店门形式的门店设有商品陈列橱窗，入口适中，玻璃明亮，使顾客可以在路过时就能很清楚地看到商店的内部情景。经营中高档化妆品、服装等商品的门店多采用这种形式的店门。这种形式的店门也适合顾客购买频率不高，但顾客逗留时间较长的门店（如专卖店等）采用。

（3）开放型。采用这种店门形式的门店正对大街的一侧完全开放，没有橱窗，顾客出入方便，可以极大提高顾客的购买频率和速度。此种形式的店门适合出售日用品、食品的门店，以及顾客购买频次高、客流量大、商品价格低廉的门店采用，如连锁超级市场门店等。

2）店门设计应注意的问题

（1）中高档门店的店门设计。中高档门店的店门一般都比较大，店门设计就成为

重要的一环。店门的设计必须符合行业特点，在风格和外观上要反映店铺的经营特色，符合店铺的经营定位和客户的品位。

（2）店门要与店铺的装潢风格协调。通常情况下，大门店、大商场拥有豪华的外观装饰，具有现代感，而小店铺、小商场也拥有自己独特的风格和特点，因此在设计店门时必须根据店铺的具体情形而定。

（3）在设计店门时，不仅应考虑店门的门扇本身，还要考虑店门与其他设施的协调性。也就是说，要以人为本，方便顾客。如果店门处有楼梯，就会带给顾客一定的阻力感，特别是会给老年人和残疾人带来不便，那么此种情况下就要考虑利用斜坡过渡，或者设立扶手。

（4）要在门口采取安全措施。大理石地砖虽然漂亮，但在湿滑的情况下容易使人摔倒，所以门口最好采用防滑材料铺设。出入口要放置蹭鞋垫（上面附有店铺的名称），不仅可以避免顾客把脚上的泥土带到店内，还可以防止灰尘落到商品上，更好地保持店内清洁。

（5）店门设计要注意与有关的设备设计相配套。例如，夏天为防止苍蝇进店，就要挂上塑料门帘。有的店铺会选择安装空调，以保证冬暖夏凉，这时采用斜拉门就可以减少店内和店外空气的对流，有利于店内温度的控制。

4.2.2　连锁门店橱窗设计

在现代商业活动中，橱窗既是一种重要的广告形式，也是装饰商店的重要手段。一个构思新颖、主题鲜明、风格独特、清新脱俗、色调和谐、装饰美观的商店橱窗，与整个商店的建筑结构和内外环境构成了立体画面，能起到美化商店和市容的作用。而橱窗设计的难点，就在于怎样设计出有创意的、令人耳目一新的橱窗。

> **拓展阅读 4-1**　　　　　　**中国风元素在品牌橱窗展示中的运用**

中国风元素是具有中国传统文化特征的平面视觉符号，蕴含着中国文化、生活、艺术的视觉形式，充分地展示了具有中国特色的文化与民俗艺术，是具象的物质形态与抽象的精神内涵相融合的产物。中国风元素包含了中国本土诞生的各类事物的总和，优秀的中国风元素代表了中华民族传统文化精神，是能够体现出中国形象的符号。

中国风元素内涵丰富。首先，中国风元素寓意深厚，整体传神而且富有深意。其次，中国风元素的色彩讲究意义，以五行五色为代表，由主色赤、黄、青加以黑、白构成了中国风色彩体系，不同色系的组合展现了中华传统色彩观的脉络。最后，虚实相融的意蕴构图，讲求饱和、对称，对称让一切有条不紊，具有端庄融洽之美。

在将中国风元素应用于品牌橱窗展示设计的过程中，应注意以下三点：第一，要选择具有文化底蕴的中国风元素；第二，要在中国风元素的基础上进行内容的升华和设计的优化，使中国风元素具有较强的可识别性；第三，要进行趣味性、艺术性的展现，避免枯燥乏味、同质化的问题。

资料来源　曾思艺，朱俐. 中国风元素在品牌橱窗展示中的运用研究［J］. 美术教育研究，2021（5）.

1）橱窗陈列的分类

（1）综合式橱窗陈列。综合式橱窗陈列是指将许多不相关的商品综合陈列在一个橱窗内，以组成一个完整的橱窗广告。由于商品之间差异较大，设计这种橱窗陈列一定要谨慎，否则会给人一种"大杂烩"的感觉。

（2）系统式橱窗陈列。大中型连锁门店的橱窗面积较大，可以按照商品的类型、性能、材料、用途等元素分别组合陈列在一个橱窗内。

（3）主题式橱窗陈列。主题式橱窗陈列是指以一个广告主题为中心，围绕某一特定事件，组织不同品牌或同一品牌不同类型的商品进行陈列，向媒体大众传输一个诉求主题。例如，节日陈列、绿色食品陈列、奥运商品陈列等。

（4）特定橱窗陈列。特定橱窗陈列是运用不同的艺术形式和处理方法，在一个橱窗集中介绍某一关键产品。其主要包括单一门店商品特写陈列和商品模型特写陈列等，这类陈列适用于新产品的广告宣传。

（5）季节式陈列。季节式陈列是为时令商品而设置的，通常在季节更换或重大节假日来临前一段时间，根据顾客需求的交替及消费习惯，展示出适应季节及节日需求的商品，向顾客提示季节或节日的来临，提醒顾客及早购买相应商品，并通过更新橱窗陈列带给顾客一种新鲜的感觉，指导、刺激消费，引导顾客购物。

2）橱窗的搭建与设计

橱窗应在专人或专门机构的管理下，有计划、有重点地合理装饰布置。

（1）橱窗的搭建。橱窗横面的中心线最好与顾客的视平线处于同一水平面。这样，整个橱窗所陈列的商品都能够进入顾客的视野。

（2）选定橱窗的陈列对象。无论何种类型的橱窗设计，其最终目标只有一个：展示商品，吸引消费者注意，扩大销售，提升卖场形象。商品是设计的核心及展现的主体，因此橱窗设计第一步是选择商品。一般选择下列商品用于橱窗陈列：

①能充分代表商家经营特色的主打商品。

②新性能、新款式、新包装等新产品。

③换季之前或节日来临之际，需提醒顾客注意以便及时购买的商品。

④货源充沛，需要重点宣传及大力推广的商品。

⑤滞销积压品，可根据原因对症下药，重新树立产品形象，使顾客改变认识，建立起对商品的信心。

⑥符合消费趋势的流行性商品或名牌商品。

（3）陈列主题的构造。根据所选择的陈列对象及陈列对象相互之间的联系，展开大胆而丰富的联想，巧妙确立陈列主题。在此基础上，运用对称均衡、不对称均衡、重复均衡、主次对比、大小对比、远近对比等艺术手法，勾勒出均匀和谐、层次分明、疏密有致、排列新奇的具体商品整体陈列蓝图。

（4）陈列前的准备。正式陈列前要准备好陈列用具。陈列用具能使陈列对象更醒目、美观、有序，常用的陈列用具见表4-1。

微课：连锁门店布局之橱窗设计

表 4-1　　　　　　　　　　　　　　　　常用的陈列用具

陈列用具	特点/例子	
背　景	固定背幕	原有的背板如木板或玻璃板
	活动背幕	布景、图画、屏风
人体模型、布架、衣架	用于陈列各种纺织品，布架、衣架一般用镀镍金属制成，模特可用硬塑制成	
小型支架	多为镀镍金属制成，用于陈列领带、毛巾、提包等物件	
托　板	用于陈列乐器、五金用品、化妆品、文具、瓷器、食品等，可用木板、有机玻璃制成	
堆码台	用于陈列小型商品，通常由木料外涂浅色油漆制成	
橱窗铺底	色布、花纸、地毯、油漆木板等	
其他附设用具	花瓶、绸带等	

（5）陈列操作布置。按构想的蓝图布置橱窗，在操作时应注意以下方面：

①突出商品。重点商品应处于显著位置，切忌其他装饰喧宾夺主；商品陈列位置要适中，使顾客由远到近，由正面到侧面都能看到商品全貌；商品数量要适当，系统地分类并依主题陈列，使陈列效果干净利落，一目了然。

②合理照明。橱窗的灯光应照在重点商品上，灯色与商品及橱窗的色泽应和谐。灯光的强度按白天或黑夜及所陈列商品、商家档次等灵活确定，通常比卖场高出 2 ~ 4 倍，既要有足够亮度（营造销售气氛，触发购物意愿），又不能太刺眼。

③适当选择动态设计手法。运动的事物容易引起外界的关注，因此应善于运用物理手段及多种电子设备来增强橱窗的动感，将顾客的视线迅速吸引过来。

4.2.3　连锁门店外部环境设计

1）停车场设计

"停车难"问题让有车一族备受困扰。拥有停车场是现代化综合性百货商场、大卖场、仓储商场生存的基本条件之一。随着我国私家车保有量越来越多，开车购物也日趋成为大部分顾客所选择的购物方式，停车设施就自然成为顾客选择购物场所的重要参考因素。大型连锁店，如购物中心、百货店等业态，必须考虑停车的问题。很多超级市场、仓储式商场，由于在规划建设时对停车问题考虑不周，最终影响了顾客到店的人次。设计停车场需要考虑以下几点：

（1）停车场的大小要视连锁门店的面积而定。大多数连锁门店的停车场面积以门店面积的 15% ~ 30% 为宜；大型购物中心、仓储会员店可适当增加。

（2）停车费用问题。必须考虑停车场商业化收费的标准以及如何划分收费时间段的问题。

（3）停车数量问题。停车场全天累计停车数量，一般相当于最大停车能力的 3 ~ 5 倍。如果顾客在连锁门店滞留的时间平均为 1 小时，停车场累计停车量为最大停车能力的5倍。如果顾客滞留的时间为2小时，停车场累计停车量为最大停车能力的3倍。如果连锁卖场营业时间从上午9：00至晚上7：00，全天累计停车数量为5 000辆，则停车场的最大停车能力不应小于1 500辆。

（4）停车设施。无论大小购物场所都需要有停车设施，但其规模不同，停车设施的内容也各异。

（5）停车场的出入口。停车场的出入口不要选择在主干道上，而要选择在次干道上离主干道较近的位置。出入口应有专人负责管理和收费。

2）连锁门店周边道路、绿化、相邻建筑协调的设计

（1）连锁门店与周边道路的关系。连锁门店一般设在交通要道处，或位于大型社区的中心地带。它和道路的关系主要有以下几点：

①门店的车辆不能影响社会公共车辆的通行。

②为使顾客方便到达门店，国外许多连锁门店都设在高速公路的出口处。

③停车场出入口不设在主干道上，这是大城市规划的基本要求。

④门店前应有较多的换乘车站，以保证充足的客流量。

（2）连锁门店周边绿化的设计。连锁门店周边的绿化情况关系到整个店铺环境的优美程度。门店周边绿化存在的形式主要有树木、花坛、草坪等，设计得好可以起到美化门店形象的作用。公共绿化系统一般由点、线、面、环四大类组成。门店周边绿化可借鉴此类布局特点进行设计。

（3）连锁门店与周边建筑的关系布局。如果在较远的郊区建立大型连锁门店，周边建筑少，则可根据自己的特色进行规划、开工、建设；如果在人口稠密的城区建设，则必须考虑与周边建筑形成相得益彰、互相衬托的协调关系。其主要要求有以下几点：

①离道路的距离应远近一致，形成"横看一条线"的景观。

②高度上要一致，太高或太低都会有失协调。

③建筑风格应一致。不能将民族特色浓厚的建筑和具有现代化外观的大厦并肩而立，这样会造成反差太大，使顾客产生不愉快的感觉。

④在建筑物外观色彩上要协调，黑白、红绿等颜色的建筑不要搭配在一起。

☑ 互动课堂4-2　　　　　色彩在橱窗设计中的作用

《现代汉语词典》把"橱窗"界定为"商店临街的玻璃窗，用来展示商品"。橱窗既是一个品牌展示的窗口，又是商品促销的重要渠道。它可以充分吸引消费者的眼球，从而引导消费者购买商品。好的橱窗是对服饰、珠宝等品牌的一种无声的宣传，让顾客的眼睛在店面橱窗多停留5秒钟，你就获得了比竞争品牌多一倍的成交机会。色彩的形成是因为有光的存在，五颜六色都是通过各种光线对眼睛的影响而形成的。橱窗内的色彩传输要通过灯光，通常采用自然光和人造光相结合的方式。适当的光线可以使展品的造型、色彩、肌理等特性充分呈现在观众面前，光线和物体呼应，营造出一种温馨的气氛。合理地使用光线，可以很好地体现出橱窗的颜色。利用光线的艺术表现形式，将颜色的威力发挥出来，从而在不经意间激发观众的心理情感，激发起

人们的想象力。

（1）营造氛围

在橱窗设计过程中，合理运用颜色可以营造出不同的氛围。橱窗设计的色彩除强调部分形态之外，还要具备协调整体、区别用途、烘托环境、渲染情绪等功能。设计师经过对红、黄、蓝等颜色的调配，产生出五颜六色的色彩，为人们带来华丽、典雅、鲜艳、热烈、喜庆、欢乐等情调与美感。

（2）刺激消费

色彩是吸引行人注意、展现真实世界的一种直观的信息方式，只要使用得当，就能更好地凸显陈列的对象。例如，钻石珠宝商会选择暗沉的颜色来衬托自己的宝石，让它们看起来熠熠生辉，让人在错综复杂的对象陈列中认出商品。而流行色的使用，更能迅速地抓住顾客的心理，展现品牌的时尚感。比如，现在的人类正处在一个飞速发展的社会和经济的变革时期，由于生活和工作的节奏不断加快，人们的心情变得焦虑、急躁。因此，具有治愈性、能量性的颜色就成了当今的主流，将这类颜色应用于橱窗，必然会吸引顾客的眼球，从而刺激消费。

（3）调节空间

在橱窗设计中，合理运用色彩可以更好地"调节"空间大小。相同的空间，采用不同颜色，会产生不同的观感。例如，高明度、高纯度和暖色系的颜色，可称为"前进色"或者"膨胀色"。这种颜色会使人产生"前进"的感觉，空间视觉上会缩小。低明度、低纯度和冷色系的颜色，可称为"后退色"或者"收缩色"。这会使人产生"后退"的错觉，空间在视觉上就会扩大。在同一空间、同一色相下，橱窗颜色纯度越高，空间视觉越小；在同一空间、同一纯度和明度下，冷色系橱窗显得比暖色系橱窗空间更大。

（4）精神诉求

虽然色彩自身并无感情，但因人们生理、心理、阅历、风俗、地域等因素的不同，对于同一色彩的感受也会不同。东方人推崇红色，把它看成一种节日的颜色，而西方则普遍不喜鲜红。不同民族、不同人群对颜色的喜好不同。因此，在橱窗的设计中，使用颜色时要重点剖析不同部位的功能，并深度思考如何利用不同的颜色来调整人们的心情。

资料来源　骆春杉，林竟路. 可供性视角下服装橱窗消费的影响因素研究［J］. 设计，2024（2）.

请同学们结合资料思考：（1）店面设计应考虑哪些因素？（2）针对你经常光顾的门店，谈谈其店面设计有何特点。

4.3　连锁门店卖场内部布局

连锁门店卖场内部布局指卖场的内部环境，一旦顾客置身于卖场环境，卖场内部布局的诸多要素就会影响他们对卖场的感知。在卖场内部布局规划中，应特别注意卖场内的购物动线、货架、通道、颜色与照明、气味与声音、墙壁与天花板等处的设计。

4.3.1　连锁门店卖场购物动线设计

顾客对购物动线的要求通常是直接、简化，商品种类集中，因此在动线中商品种类不出现重复，以最少的动线完成购物，提高效率；门店对购物动线一般希望尽可能使顾客走较长的动线，尽量引导顾客浏览全部商品，提高顾客在店内的停留时间。卖场购物动线设计需要在门店和顾客两种要求之中寻求平衡，既要能够减少顾客的浏览路程，提高购物效率，又要能够使门店提高销售量。因此，购物动线设计应呈现为网状路线，使顾客有更多更丰富的路线选择，也给门店提供更多的销售机会。

1）一次动线设计

一次动线设计是指在动线设计中规划的从入口到出口之间最宽通道动线。

2）二次动线设计

二次动线设计是指科学地对整个卖场空间的平面进行布局再分配。

4.3.2　连锁门店卖场货架设计

货架是门店用来摆放商品的重要设施，也是构成卖场布局的重要因素。它包括门市货架和仓储货架两种，其制作材料有木材、镀铬铁架、玻璃和大理石等。门市货架主要用于门店的商品摆放，它的设置要视商品小包装的实物形态而定，要符合商品陈列和便于销售的原则。仓储货架主要用于库房储存商品，其货架规格要同商品原包装的箱、盒、件等相适应，便于按类存放和提取。

1）货架的规格

货架的规格，要根据门店的大小和所经营商品的不同而有所区别。一般来说，货架的高度为 180～190 厘米，宽度为 40～70 厘米，深度为 40～50 厘米。现代零售企业的货架形式越来越多，不管选用何种形式，各门店的货架规格应保持基本一致。货架的规格还应考虑人的正常视觉范围和视觉规律。人的正常视觉有效高度范围为从地面向上 30～230 厘米，通常地面以上 60～160 厘米为商品的重点陈列空间，160～200 厘米为商品的展示陈列空间。对隔绝式销售的柜台来说，其对应的货架上面有 3～4 层，下面大多设几个拉门，可以储藏更多商品或一些必要的包装材料，为现场销售提供方便。对敞开式售货的门店来说，顾客识别和选取商品的有效范围为地面以上 60～200 厘米，一般顾客选取商品的有效范围为地面以上 90～150 厘米。从高度来看，60 厘米以下是难以吸引顾客注意的部分，因而有的门店将其作为商品储存空间。

2）货架布局的类型

（1）格子式布局。作为传统的门店布局形式，格子式布局是指商品陈列货架与顾客通道都呈矩形布置，而且主通道与副通道宽度保持一致，所有货架相互并行或呈直角排列。这种布局在国内外超级市场中常可以看到，格子式布局的直走道和 90 度的转弯，可以使顾客以统一方向有序地走动。格子式布局如图 4-1 所示。

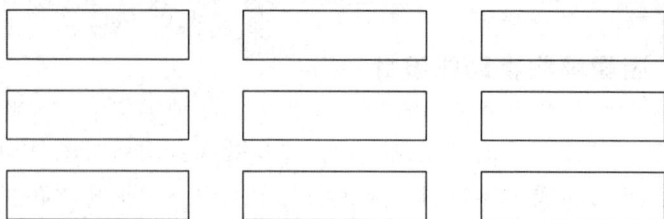

图 4-1　格子式布局

这种规则化布置一般采用标准化货架，便于顾客寻找货位，但也让顾客的自由选购受到限制。

格子式布局的优点包括：通道依据客流量需要而设计，可以充分利用卖场空间；由于商品货架的规范化安置，顾客可轻易识别商品类别及分布特点，便于选购；易于采用标准化货架，可节约成本；有利于营业员与顾客之间的交流互动，简化商品管理及安全保卫工作。

格子式布局的缺点包括：气氛比较冷淡、单调；当拥挤时，易使顾客产生被催促的不良感觉；室内装饰方面创造力有限。

（2）岛屿式布局。岛屿式布局是在营业场所中间布置成各不相连的岛屿形式，在岛屿中间设置货架陈列商品。这种形式一般用于百货商店或专卖店，主要陈列体积较小的商品，有时也作为格子式布局的补充。目前国内的百货商店在不断改革经营方式，许多商场都引入各种品牌专卖店，形成了"店中店"的布局。岛屿式布局被改造成专业店的布局形式得到广泛应用，它更符合当前顾客的要求。专业店布局可以按顾客"一次性购买钟爱的品牌商品"的心理进行设置。例如，在以前，顾客买某一品牌的西装、衬衣和领带需要走几个柜台，现在采用岛屿式布局就可以一次性买齐。岛屿式布局如图4-2所示。

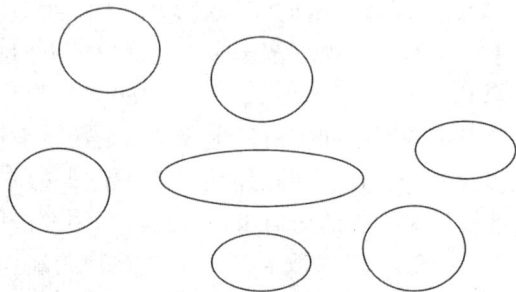

图 4-2　岛屿式布局

开架式销售常采用这种形式。它能营造出活跃、温馨的气氛，顾客四处浏览、无拘无束，他们被鼓励到达商店的任何地方，从而增加了随意购买的机会。但顾客寻找货位时不够方便，因此这种布局方式要求卖场的规模不能太大。

岛屿式布局的优点包括：可充分利用营业面积，在消费者畅通无阻的情况下，利用建筑物特点布置更多的商品货架；采用不同形状的岛屿设计，可以装饰和美化营业场所；环境富于变化，可以提高消费者购物的兴趣；迎合了消遣型消费者对某一品牌商品的全方位需求，对品牌供应商具有较强的吸引力。

岛屿式布局的缺点包括：由于营业场所与辅助场所隔离，不便于在营业时间内临时补充商品；存货面积有限，不能储存较多的备售商品；现场用人较多，不便于柜组营业员相互协作；岛屿两端不能充分利用，也会影响营业面积的有效利用。

（3）自由流动式布局。自由流动式布局是以方便顾客为出发点，试图把商品最大限度地展现在顾客面前。自由流动式布局既有格子式布局的特点，又有岛屿式布局的特点，顾客通道呈不规则路线分布。

自由流动式布局的优点包括：货位布局十分灵活，顾客可以随意穿行于各个货架或柜台之间；卖场气氛较为融洽，可促使顾客冲动性购买；便于顾客自由浏览，不会产生紧张感，增加顾客的滞留时间和购物机会。

自由流动式布局的缺点包括：顾客不容易找到出口；顾客拥挤在某一柜台，不利于分散客流；不能充分利用卖场空间，浪费场地面积。

这种布局方便了顾客，但对门店的管理要求很高，尤其是商品安全问题。专卖店、精品店和礼品店可以考虑采用自由流动式布局。在这种布局中，货架和商店分门别类，或者商品陈列在自由选取的货架上，为顾客创造了一个无结构特点的购物通道。陈列商品的货架可能具有不规则的形状，如半圆形或弧形等，这会鼓励顾客寻找商品，并让他们在感兴趣的商品前多逗留。

（4）斜线式布局。斜线式布局是指货架和通道呈菱形分段布局，具体如图4-3所示。

图 4-3　斜线式布局

这种形式的优点是可以让顾客看到更多的商品，活跃卖场气氛，顾客的流动不受拘束；其缺点是不能充分利用卖场的空间。

4.3.3　连锁门店卖场通道设计

1）连锁门店卖场通道的类型

连锁门店卖场通道可分为直线式通道和回形通道两种类型。

（1）直线式通道。直线式通道也称单向通道。这种通道的起点是门店的入口，终点是门店的收银台，顾客沿着货架排列的方向单向购物，以商品陈列不重复、顾客不回头为设计特点，它让顾客在最短的线路内完成商品采购，具体如图4-4所示。

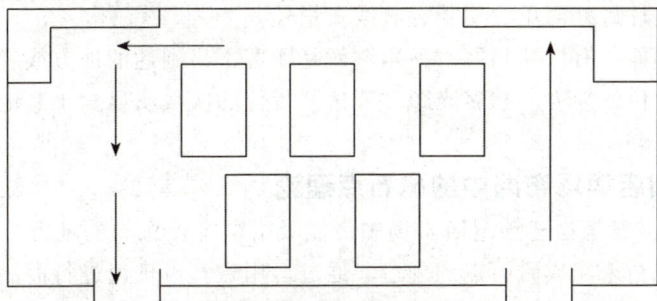

图 4-4　直线式通道

（2）回形通道。回形通道又称环形通道，通道布局以流畅的圆形或椭圆形按从右到左的方向环绕店铺的整个卖场，使顾客依次浏览、购买商品。回形通道分为小回形通道和大回形通道两种。

①小回形通道。它适用于营业面积在1 600平方米以下的连锁门店卖场。顾客进入卖场，沿一侧前行，不必走到头就可以很容易地进入中间货位，具体如图4-5所示。

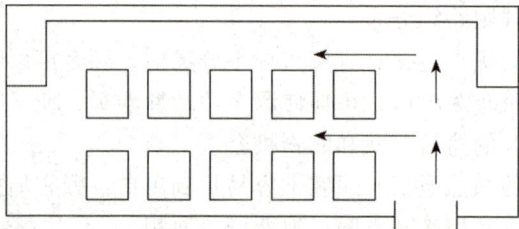

图4-5　小回形通道

②大回形通道。这种通道适用于营业面积在1 600平方米以上的连锁门店卖场。顾客进入卖场后，从一边沿四周浏览后再进入中间的货架。卖场内一侧的货位一通到底，中间没有穿行的路口，具体如图4-6所示。

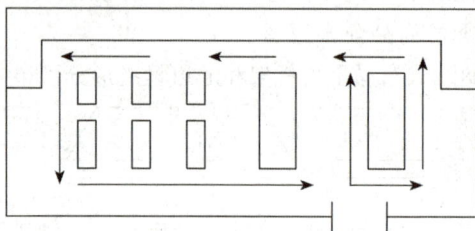

图4-6　大回形通道

2）连锁门店卖场通道的设计要求

在设计连锁门店卖场的通道时，主要有以下要求：

（1）通道宽度很有讲究，要求采用不同的设计规格。一般来讲营业面积在600平方米以上的门店，卖场通道的宽度要在2米以上，次通道的宽度要求1.2～1.5米，最小的通道宽度不能小于90厘米，即2个成年人能够同向或逆向通过。但也有人说东方人的身宽以60厘米较为适宜，所以卖场通道的宽度与通行人数有关：2人通过通道宽度不小于120厘米；3人通过通道宽度不小于150厘米；4人通过通道宽度要求在180～240厘米。卖场主通道、次通道设计应和门店规模成正比。

（2）通道设计最好简单、明了，直线式最佳。

（3）卖场不能留有"死角"。"死角"就是顾客不易到达的地方或者顾客必须折回才能到达其他货位的地方。顾客光顾"死角"货位的次数明显少于其他地方，非常不利于商品的销售。

4.3.4　连锁门店卖场布局中的磁石点理论

"磁石点"一般是指连锁门店卖场中最能吸引顾客注意力的地方。设计人员要通过商品的配置技巧来完成磁石点的创造。通过运用磁石点理论进行商品配置，在卖场中最能吸引顾客注意力的地方配置合适的商品以促进销售，并且这种配置能引导顾客

逛完整个卖场，可以达到提高顾客冲动性购买比重的目的。卖场内的磁石点通常有五个：第一磁石点、第二磁石点、第三磁石点、第四磁石点、第五磁石点。在卖场中应按不同的磁石点来配置相应商品，如图4-7所示。

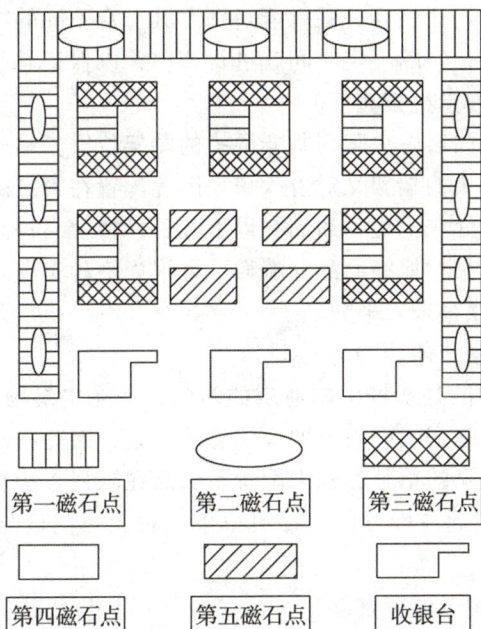

第一磁石点	第二磁石点	第三磁石点
第四磁石点	第五磁石点	收银台

图4-7 连锁门店磁石点分布

1）第一磁石点（展示主力商品）

第一磁石点位于卖场中主通道的两侧，是顾客的必经之地，也是商品销售状况最好的地方。此处配置的商品主要有以下三种：

第一种是主力商品，也是门店重点管理的商品。

第二种是购买频率高的商品。消费量大、消费频率高的商品是绝大多数消费者随时要使用的，也是时常要购买的，将其配置于第一磁石点位置可以增加销售量。

第三种是采购力强的商品。例如，将蔬菜、肉类、日用品等放在第一磁石点的位置可以增加销售量。

2）第二磁石点（展示观感强的商品）

主通路的末端、电梯出口处、道路拐角等能诱导顾客在店内购物的位置，称为卖场的第二磁石点。经验表明，凡是对卖场第二磁石点重视的商家，其经营效果大都是非常理想的。在陈列内容上，第二磁石点更注重店内主力商品的宣传以求更好地推动销售。因此，国外许多大型超市都力求突出在此位置商品的吸引力。第二磁石点上商品有诱导消费者走到卖场最里面的作用，此处配置商品主要有以下三种：

（1）最新的商品。消费者总是不断追求新奇。多年不变的商品，即使质量再好、价格再便宜也难以引起消费者的兴趣。将新商品配置于第二磁石点的位置，必会吸引消费者走入卖场最里面。

（2）时令商品。时令商品必定是最富于变化的，因此，门店可跟随季节的变化进行商品布置，以吸引消费者的注意力。

（3）明亮、华丽的商品。明亮、华丽的商品通常也是流行、时尚的商品。由于第二磁石点的位置较暗，所以应配置较华丽的商品来提升亮度。第二磁石点上的商品需要以最显眼的方式呈现，让顾客一眼就能辨别出其与众不同的特点。同时，第二磁石点上的商品应根据需要，间隔一定时间就进行调整，以保证其基本特征。

3）第三磁石点（展示端架商品）

第三磁石点指的是门店中央陈列货架两头的端架位置。端架是卖场中顾客接触频率最高的地方，其中一头的端架又对着入口，因此配置在第三磁石点上的商品就要起到刺激顾客的作用。此处应配置的商品有以下五种：特价品；高利润的商品；时令商品；购买频率较高的商品；促销商品。端架，可视为临时卖场。端架需经常变化（一周最少两次），以刺激顾客来店采购。

4）第四磁石点（展示单项商品）

第四磁石点通常指的是卖场中副通道的两侧，是充实卖场各个有效空间的地点。这是一个需要在长长的陈列线中引起顾客注意的位置，因此在商品的配置上必须以单项商品来规划，即以商品的单个类别来配置。商品在陈列方法和促销方法上要突出对顾客的表达和诉求，在此应配置的商品有以下三种：热门商品；有意大量陈列的商品；广告宣传的商品。

5）第五磁石点（展示促销商品）

第五磁石点位于收银台前的中间位置，是各门店按总部安排，根据各个节日组织大型展销、特卖活动的非固定卖场，以堆头为主。其目的在于通过多品种、大量的陈列方式造成一定程度的顾客集中，从而烘托出门店气氛。同时，随着展销主题的不断变化，也会给消费者带来新鲜感，从而达到促销的目的。

> **拓展阅读 4-2**　　　　　　　　　**特异空间的展现力**

唐吉诃德意图打造CVDA店铺：CV即Convenience，便利；D即Discount，折扣；A即Amusement，娱乐。简而言之，唐吉诃德就是为消费者提供便利、便宜且富有娱乐性的购物体验。

食品类商品和非食品类商品的毛利率不同。如何使这两大类商品形成互补，唐吉诃德也是经过了不断的试错过程。

食品价格哪怕仅相差1日元，消费者也会认真进行选择。消费者对食品价格的高低极为敏感，对非食品类商品的价格则不会锱铢必较。因此，同时销售食品和非食品的店铺，必须让顾客在进入非食品区后摒弃选购食品的思维模式。如何巧妙地区分食品和非食品，对超市而言一直是一个难题。在一些地方城市的超市内，食品旁边往往陈列着日用品。如此一来，消费者就会用对待食品的挑剔眼光去"审视"日用品，提不起购买欲望，或者只购买毛利率低的低价商品。

针对这一难题，唐吉诃德的做法是把食品卖场和日用品卖场分设在不同的楼层，并把食品卖场布置得相对有条有理。消费者进入日用品楼层后自然而然地就会转换心情。卖场深处迷宫般的通道，诱导消费者从购买食品的日常模式切换到购买其他商品的非日常模式。

要使消费者产生非日常的、身处特异空间的感受，切换消费情境，就需要在卖场巧妙地使用音乐、灯光和相应的商品陈列方式。店铺所在地的环境氛围也会影响到消费者的感受。

唐吉诃德对店内音乐的使用也是有选择的，杂货卖场使用日本流行歌曲，家居用品卖场和食品饮料卖场使用轻音乐，销售高端品牌的楼层播放的则是西方流行乐。同为唐吉诃德的店铺，音乐和灯光也各有不同，相同商品的卖场氛围也会因各家店铺客户群体的不同而有所变化。

资料来源 坂口孝则. 顾客主义：唐吉诃德的零售设计［M］. 智乐零售研习社，译. 北京：东方出版社，2023.

4.3.5　连锁门店卖场内貌设计

连锁门店卖场内貌是指卖场内部环境。顾客置身于卖场中，卖场内貌的诸多要素就会影响他们对门店的感知。因此卖场的内貌规划尤为重要，在卖场内貌规划中，要特别注意卖场地面、墙壁与天花板、色彩与照明、声音和气味的规划设计。

1）连锁门店卖场的地面设计

卖场地面设计，既要遵循总部的统一规划，又要在材料和风格的选择上符合业态本身的特性要求，不可千篇一律。卖场内的地面是门店基本装潢设施中和顾客接触最直接、最频繁的地方，要特别注意其带给顾客的良好触觉印象，还要顾及商品陈列与它的配合效果。地板在图形设计上有刚、柔两种选择。以正方形、矩形、多边形等直线条组合为特征的图案，带有阳刚之气，比较适合经营男性商品的零售卖场使用；而圆形、椭圆形、扇形和几何曲线形等以曲线组合为特征的图案，则带有柔和之美，比较适合经营女性商品的零售卖场使用。地板的装饰材料一般有瓷砖、塑胶地板、石材、木地板以及水泥等，可根据需要选用，其主要考虑因素包括零售卖场形象设计的需要、材料费用的多少、材料的优缺点等。

2）连锁门店卖场的墙壁与天花板设计

大型卖场内的墙壁设计装潢的总体要求是坚固、廉价与美观，使用的材质一般为灰泥，再涂上涂料或进行墙面喷塑。这是因为大型卖场的壁面绝大多数被陈列的货架和物品遮挡，相对于高档服装、电器连锁门店而言，大型卖场商品陈列与壁面配合的效果要求要低得多，所以在大型卖场壁面装潢上要尽可能节约一些，但材料必须坚固，主要是因为大型卖场经营冷冻食品，产生的水汽对墙壁有侵蚀作用。而高档服装等连锁门店则应该在墙面上多下功夫，重点考虑装饰材料的色彩。

天花板的作用不仅仅是把卖场的梁、管道和电线等遮蔽起来，更重要的是创造美感，打造良好的购物环境。卖场的天花板设计应力求简洁，在形状上通常采用的是平面天花板，也可以简便地设计成垂吊型或全面通风型天花板。天花板的高度应根据卖场的营业面积决定，如果天花板距离地面太高，顾客就无法在心平气和的状态下购物；天花板距离地面太低，虽然可以让顾客在购物时感到亲切，但也会产生一种压抑感，无法享受视觉上和行动上舒适和自由浏览的乐趣。所以，合适的天花板高度对卖场环境是非常重要的。卖场天花板的常见高度见表4-2。

表4-2　　　　　　　　　　　　　　卖场天花板的常见高度

营业面积	天花板高度
300平方米左右	3～3.3米
600平方米左右	3.3～3.6米
1 000平方米左右	3.6～4米

　　天花板的设计装潢除了要考虑到其他形式和高度之外，还必须将卖场其他相关的设施结合起来考虑，如卖场的色调与照明协调、空调、监控设备、报警装置、灭火器的位置等。

3）连锁门店卖场的色彩与照明设计

　　（1）照明设计。卖场内部照明一般分为三种：

　　①基本照明。采用天花板上配置荧光灯的方式，以保持整个门店的亮度均匀。设计门店的基本照明时，若以店内照度为准，并设它等于1，则其他各部分应取不同比例。店前照度约为其1/10，让消费者有个短暂的视觉适应过程，并引导消费者入店；店内正面照度约为其2.5倍，以展示商品；橱窗照度约为其3倍，以突出橱窗内的商品。

　　②重点照明。其也称商品照明，是对商品及陈列商品的货架进行照明，以方便商品的选购。一般情况下，采用聚光灯等进行定向照明，亮度为基本照明的4～5倍。需要注意的是，应根据商品种类、形状、性能采用不同照射角度。

　　③装饰照明。装饰照明是为提高门店装饰空间层次而使用的照明，主要采用彩灯、壁灯、吊灯、挂灯和霓虹灯等照明设备。例如，有选择地在商品货架上方设置霓虹灯广告牌，能表现出强烈的光线、绚丽的色彩，烘托购物氛围；营业厅中小格局式的店中店内装饰各种彩灯、壁灯等，也会带给消费者以赏心悦目的感受。

＞拓展阅读4-3　　　　　　规范"生鲜灯"使用，还食品"庐山真面目"

　　国家市场监督管理总局公布的《食用农产品市场销售质量安全监督管理办法》（以下简称《办法》），自2023年12月1日起施行。《办法》针对群众反映"生鲜灯"误导消费者的问题，增加了对销售场所照明等设施的设置和使用要求。

　　消费者苦"生鲜灯"久矣。所谓"生鲜灯"，是指通过调整光照颜色，使生鲜食品看起来更"新鲜"，更具"卖相"的一种灯具。近年来，"生鲜灯"几乎成为各大商场超市、生鲜市场上的"标配"。

　　经"生鲜灯"过滤"美颜"后，原本颜色发白的猪肉，经暖红色灯光照射，变得鲜嫩；西瓜上方安装红色灯，西瓜瓜瓤变得颜色红润；蔬菜在绿色、白色灯光照射下，显得新鲜水灵……一旦回到自然光或接近自然光的灯具下，消费者购买的这些商品，立马会原形毕露，黯然失色。

　　民有所呼，政有所应。《办法》中第七条明确提出，销售生鲜食用农产品，不得使用对食用农产品的真实色泽等感官性状造成明显改变的照明等设施误导消费者对商品的感官认知。

生鲜类食品不同于一般的商品，关系到食品安全，关乎普通老百姓的生命健康。对"生鲜灯"划定监管"红线"，进行强力规范，能切实保障消费者的合法权益。根据《中华人民共和国消费者权益保护法》的相关规定，经营者以广告、产品说明、实物样品或者其他方式表明商品或者服务的质量状况的，应当保证其提供的商品或者服务的实际质量与表明的质量状况相符；经营者向消费者提供有关商品或者服务的质量、性能、用途、有效期限等信息，应当真实、全面，不得作虚假或者引人误解的宣传。这意味着，对"生鲜灯"滥用现象进行合理纠偏，不仅能扭转消费者选购生鲜商品时不再被屡屡误导，更为重要的是，也能还食品"庐山真面目"。

必须看到，《办法》旨在规范"生鲜灯"使用，而不是将其"一棍子打死"。事实上，不少商家使用照明等设施，并非想遮蔽生鲜食品的缺陷，而是希望能营造一个良好购物氛围。像红光搭配冷白光的猪肉灯，能够"照出肉鲜嫩"；红光搭配暖白光的熟食灯，能够让"熟食显可口"；如果是卖披萨，用淡黄的灯光……这么说来，商家合理使用灯光，既能让食品的颜色显得更好，从营销学上来讲，也能激起人们的食欲，从而引发消费者的购买欲望。

规范"生鲜灯"使用，还食品"真面目"，关键在于《办法》落地生根。首先，国家相关职能部门应制定灯具生产、使用方面的行业标准和规范，从根源上杜绝影响消费者感官认知的"生鲜灯"流入市场；其次，明确责任主体，通过日常监管排查，强化对违规照明设备的处罚力度，最大限度地减少利用灯光为生鲜食品"遮丑"现象。此外，利用网络、短视频等形式，加强科普宣传，适时发布消费警示，全面提高广大消费者在购买生鲜食品时的辨别能力。

当然，作为商家，更要树立"诚信为本"的经营理念，主动放弃依靠灯光"扮靓"商品，选择合适、规范的光源，还商品"真面目"，从而让消费者放心、大胆地消费。

资料来源　吴睿鸫.规范"生鲜灯"使用，还食品"庐山真面目"[EB/OL]. [2023-07-24]. https://new.qq.com/rain/a/20230724A05NHY00.html.

（2）色彩设计。色彩可以对消费者的心情产生影响和冲击。从视觉上讲，彩色比黑白色更能刺激视觉神经，因而更能引起消费者的注意。彩色能把商品的色彩、质感、量感等表现得鲜活真实，因而也就增强了顾客对销售商品的信任感。不同的色彩会给人不同的感觉，因此在色彩设计时应注意色彩的变化与和谐统一，以及与连锁企业"标准色"的配合。色彩设计一般有以下几种方式：

①对比手法。充分利用标准色，与其他同类商店形成明显区别，并形成自己的风格，便于消费者识别。

②与商品本身特征相结合，利用色彩变化衬托商品。

③根据季节性变化，调节门店环境的色彩。

④根据不同年龄段的人对色彩的不同偏好，对相应商品陈列环境进行色彩设计。

色彩设计中的色彩感觉与色彩情感具体见表4-3，不同年龄段的人对色彩的不同兴趣偏好具体见表4-4。不同商品具有不同的色彩形象，一些大类商品的习惯色调具体见表4-5。

表4-3　　　　　　　　　　　　色彩设计中的色彩感觉与色彩情感

色彩	红色	绿色	青色	紫色	橙色	黄绿	青绿	紫绿	紫红
感觉	热	凉	较冷	中性	暖	中性	冷	较冷	稍暖
情感	刺激	安静	较刺激	少刺激	较安静	较安静	很安静	较刺激	较刺激

表4-4　　　　　　　　　　不同年龄段的人对色彩的不同兴趣偏好

年龄段	偏爱的色彩
幼儿期	红色、黄色（纯色）
儿童期	红色、蓝色、绿色、黄色（纯色）
青年期	红色、蓝色、绿色
中年期	紫色、茶色、蓝色、绿色
老年期	深灰色、暗紫色、茶色

表4-5　　　　　　　　　　　　大类商品的习惯色调偏好

商品大类	色彩感觉与感情	色彩运用
服装	时尚与适合	男性服装多采用明快的色彩 女性服装多采用和谐柔和的色彩
食品	安全与营养	多采用暖色彩
化妆品	护肤与美容	多采用中性和素雅的色彩
机电产品	科学实用与效益	多采用稳重、沉静、朴实的色彩
玩具和儿童文具	安全与健康	多采用鲜艳活泼的对比色彩

4）连锁门店卖场的声音和气味设计

气味与声音会影响顾客的情绪，常起到烘托卖场氛围的作用。百货商场的卖场利用一系列芳香的气味，可以营造出雅致的氛围，刺激顾客购物欲望的形成；超级市场的卖场利用节奏舒缓的音乐，可以使顾客感到更加温馨，在舒适的环境中放慢步伐，自由自在地选购所需要的商品。

（1）声音设计。音乐非常有益于商品的促销，零售卖场在入口处播放悦耳的音乐有利于吸引顾客到店。不同的音乐会起到不同的效果。一项调查显示，在零售卖场里播放柔和、舒缓的音乐，会使销售额增加40%左右，而快节奏的音乐会使顾客在卖场里的流连时间缩短，购买的商品减少。所以，卖场在闭店前一般都播放快节奏的音乐，促使顾客尽快离开。

（2）气味设计。卖场的气味设计至关重要，好的气味设计会营造出良好的卖场氛围，令顾客心情愉快，会有效地促进购买行为的发生。在卖场气味设计中特别要注意香型、香味的选择。一般在卖场中应选择清香型的香水，使卖场空间留有清新淡雅的香味，如香味过于浓烈，则可能引起顾客反感，会使顾客不愿在卖场久留。

> **拓展阅读 4-4**　　　　**气味的力量：商场加香系统如何潜移默化地影响消费者行为？**

近年来，一些商场为了营造更加舒适和愉悦的购物体验，纷纷引入了加香系统，让整个商场充满了各式各样的香味，如花香、果味等。那么，这些香味对于消费者的行为和心理会产生怎样的影响呢？

首先，加香系统可以提升消费者的购物体验和满意度。在商场内闻到香味的时候，人们的情绪会得到一定幅度的提升，使得其感觉更加舒适和放松。因此，商场的加香系统可以让消费者更容易流连忘返，从而增加在商场内逗留的时间和购物的频率。

其次，不同种类的香气能有效地改变消费者的行为。淡雅的清新香气能够让消费者更加舒适和愉悦，从而提升其购物的积极性和主动性；浓重的果香和薰衣草香味则可以有效地减轻消费者的压力和疲劳感，让消费者更加放松，从而诱导消费者去消费。

此外，商场的加香系统还能够潜移默化地改变消费者的消费偏好，特定香气能让消费者产生特定的情绪。比如，糖果香味通常能让人感到愉快和甜美，因此在消费者购买糖果和糕点时，加香系统就可以起到推动作用。

不过，加香系统并不是完美的。研究表明，香气过于浓重的商场会让消费者感到不适和失落，因此商场在进行加香的时候需要适量控制，不要让香气过于刺鼻。

总之，商场引入加香系统可以为消费者创造更好的购物体验，增加购物的频率和积极性，并促进消费者去消费。然而，商场在进行加香的时候也需要慎之又慎，合理控制香味的浓度，以取得最佳的效果。

资料来源　佚名. 气味的力量：商场加香系统如何潜移默化地影响消费者行为？［EB/OL］.
［2023-04-06］. https://www.sohu.com/a/663498843_100084283.

【案例精析】　　　　　　　　　**喜茶门店空间布局设计**

喜茶作为新式茶饮品牌和饮品店中的"网红"，除了给茶客们提供优质的茶饮外，更颠覆了传统茶饮空间带来的消费体验，重塑了另一种生活方式。每一家门店的空间设计，都是一个灵感诠释的过程。喜茶结合传统茶饮文化，将极简、禅意、美学等元素融入门店设计中，营造质感层次更加丰富的空间，为茶客们带来多维度的感官体验，让喝茶这件事变得独具魅力。"白日梦计划"首店位于深圳壹方城，秉承"相信就会相遇"的理念，特设 19 张大小不一的圆形客桌，以拼接的形式组合排列，拉近顾客间的距离，为社交互动增添更多可能性。每张桌子的衔接部分为了突出其"禅意"理念，特设绿植景观带，营造私密感的同时增添人文气息。"白日梦计划"第二店位于深圳深业上城，不同于首店的设计灵感，根据空间的特殊结构，融入古宴饮文化设计要素，结合"山水涧"的主题，设计出流水状的动感客桌曲线，搭配顶部特制玻璃，将地面稍作抬起形成小山坡，在室内利用高低差，打造视线变化的空间，形成一道独特的室内风景线。在这样一个"天人合一"的饮茶空间内，消费者也如古人一般，体验文人墨客的诗酒唱酬，打破了人与人之间的关系壁垒，增进了彼此间的交流互动。"白日梦计划"第三店，不同于前两家的空间设计，采用贯穿全店的茶桌将茶客齐聚。以起伏的山峦为灵感，突破传统意义上的平桌，打造凹凸不平、高低起伏的白色长桌，对应弧线形天花"苍穹"，营造云雾缥缈的意境，"山外山"的空间主题呼之欲出，使茶客仿佛置身于山水之中。喜茶通过将"山峰"感融入店内的设计方式，区分不同人群的聚散离合，证明其空间内多种社交方式的并存。天津大悦城的"白日梦计划"第四店，其空间以"云"为主题进行创新设计。20 片不规则的白色云朵布满整个空间，在变频射灯的投射下如同呼吸一般随时间的变化呈明暗变化，以或垂直或横卧等不同形式割裂空间结构，致使茶客间的距离既接近又疏远，似云朵一般灵动缥缈。在这银白色的造梦空间内，喜茶给茶客带来了无比美妙的空间体验。

资料来源　李晴，尚宇楠，丁文霞. 基于用户情感体验的第三空间设计探究——以星巴克与喜茶为例 [J]. 美与时代（上），2021（2）.

精析要点：喜茶的成功并非偶然，作为当下爆红的品牌，在迎合消费市场需求的情况下，其专注于表达空间内涵与品牌文化，结合流行时尚风格，在注入自我感受的同时将生活融入设计中，以用户的体验与感受赋予设计生命力。新式茶饮是近些年才兴起的，随着人们生活的水平的提高，对于品质的要求也随之提高，新式茶饮刚好符合了这一市场需求，因此新式茶饮的门店也就越开越多，基本遍及了我们商业、居住、学校的各个区域。新式茶饮有着独有的时代特点，它既保留了中国传统茶文化的独特韵味，又能够与现代各种水果材料或者饮品相结合，不断诞生出富有新意的口味。因此，销售这种新式茶饮的门店也具有了符合茶饮的独有风格。消费者不再满足于简单的物质享受，而是追求在感受体验中获得自我满足。喜茶通过旗下门店空间布局设计把人们对美好生活的向往很好地体现出来。

【职业指南】 为生活添些"绿"！华润万家 Ole'首家低碳实验店落地深圳

随着绿色、低碳、环保的理念在消费领域不断升温，不断进阶的绿色消费理念日益融入消费者日常生活，消费者对企业的可持续经营提出更精细化的需求与期待，越来越多的零售企业也将绿色发展融入企业经营管理，以回应不断升级的绿色消费需求。2023 年 4 月 30 日，华润万家 Ole'低碳实验店在深圳湾睿印 Rail IN 亮相，通过绿色营运、绿色采购与绿色消费三大维度，持续探索高质量可持续运营模式。这意味着华润万家在践行绿色发展理念、助力实现"双碳"目标上的进一步加速。

（1）聚焦低碳，打造更绿色的购物空间

在近 20 年的发展历程中，Ole'以代表"美好生活"的形象吸引众多消费者，并且从消费关系延伸到生活方式体验。围绕"永续"经营理念，此次的新店从建筑材料、能效减排和减塑去塑三个方向构筑绿色购物空间，向消费者传递低碳环保的生活理念。据介绍，店面立柱采用不含甲醛、使用周期更长的硅酸钙板为建筑材料，同时视觉化呈现出多元绿色消费场景，呼应门店低碳主题。店内装饰金属材料、货架、冷链等设备设施均可拆卸组装，进行循环利用。如果门店未来进行升级改造，这些设备可运用到新的场景。

另外，门店的冷链设备采用直流变频、环保制冷剂等节能技术，面包设备更换为低耗烤炉，灯光上选用群组式照明射灯结构，能更有效减少灯具的使用。消费者选购商品时，可以看到用电设备在显眼处的金属标识牌，直观地展现了门店的节能减碳效果。

（2）以商品为载体，多元诠释可持续生活

随着绿色消费理念的持续升温，越来越多的消费者会主动选择环保商品，且愿意为低碳排放和可持续商品支付溢价，消费者不仅关心产品是否"绿色"，也希望通过溯源、材料、量化等指标了解产品是否符合可持续标准。据了解，此次亮相的Ole'低碳实验店根据有益健康、获得有机认证、运用再生循环原料、对环境友好生产等标准引进超过1 000款环保商品，打造出"绿色低碳""环保可持续""减负自在"的三个消费场景，为更多追求绿色环保低碳的消费者提供健康可持续的购物选择。

（3）与更多伙伴迈向可持续未来

到达"可持续"未来，需要行业、品牌与消费者共同努力，一起探索可持续生活的最佳路径。自2021年起，Ole'发起"绿色伙伴"环保联盟，牵手超过100家环保行业、机构、品牌，以"永续生活"为理念，以合作交流的形式共同为可持续生活提出方案，输出消费者认可并喜爱的生活方式。在日常生活中，消费者常常忽略旧衣物、旧包装等物品的循环再生价值。为此，Ole'通过与回收公益平台"润智收"，探索生产-消费-回收的可持续闭环，鼓励消费者参与"回收再生产"，延长产品使用周期，用简单易行的善举为循环经济做出贡献。面对儿童肥胖、饮食不均衡等社会健康问题，Ole'联合CCFA打造儿童友好货架，聚焦儿童饮食和成长需求，筛选百余款有益儿童健康产品，制作有趣的卡通标签以及视觉元素，帮助儿童和家长能够直接获取更多自然、均衡、适量的食物。

资料来源　吴亚男. 为生活添些"绿"！华润万家Ole'首家低碳实验店落地深圳［EB/OL］.［2023-05-19］. https：//www.dutenews.com/n/article/7543005.

◈ 本章小结

连锁企业门店卖场设计规划十分重要，它不但可以为顾客创造出便利与舒适的购物环境，还会给顾客留下深刻的印象与感受，激发顾客购买欲望。为此，连锁企业应重视门店卖场规划设计与布局。从实质上来说，卖场布局就是一个如何使人、商品、空间等实现最佳配合的问题。

卖场布局主要包括外部布局和内部布局两部分内容。外部布局主要包括店门、橱窗设计、停车场设计、连锁店铺周边道路、绿化、相邻建筑协调的设计；内部布局主要包括卖场内的货架、通道、颜色与照明、气味与声音、墙壁与天花板等处的设计。另外，在布局中还应特别注意磁石点理论的运用。通过更具吸引力的卖场设计和合理的布局，提高连锁企业门店的营业效率。

主要概念

连锁门店卖场　卖场布局　外部布局　内部布局　磁石点

基础训练

一、选择题

1.连锁企业门店货架布局的类型有（　　　）。

A.格子式布局　　　　　　　　　　B.岛屿式布局

C.自由流动式布局　　　　　　　　D.斜线式布局

2.第一磁石点主要展示的商品有（　　　）。

A.主力商品　　　　　　　　　　　B.新上市的商品

C.购买频率高的商品　　　　　　　D.礼品装商品

3.《食用农产品市场销售质量安全监督管理办法》自（　　　）起施行，进一步规范食用农产品市场销售行为，保障食用农产品质量安全。

A.2023年12月1日　　　　　　　　B.2023年10月1日

C.2023年12月31日　　　　　　　　D.2024年1月1日

二、判断题

1.第三磁石点指的是主通路的末端。　　　　　　　　　　　　　　（　　　）

2.第二磁石点商品负有诱导消费者走到卖场最里面的任务。　　　　（　　　）

3.交易次数频繁、挑选性不强、色彩艳丽、造型美观的商品，一般比较适宜设在门店最深处。　　　　　　　　　　　　　　　　　　　　　　（　　　）

4.自由流动式布局能充分利用卖场面积。　　　　　　　　　　　　（　　　）

5.从实质上来说，卖场布局就是一个如何使人、商品、空间等实现最佳配合的问题。　　　　　　　　　　　　　　　　　　　　　　　　　　（　　　）

三、简答题

1.简述连锁企业卖场布局的原则。

2.简述连锁企业卖场布局中的磁石点理论。

3.简述通道设计时应注意的问题。

实践训练

【实训项目】

项目：五大磁石点规划。

【实训场景设计】

针对某超市的实际情况，结合卖场布局的具体原则，对超市的五大磁石点进行规划。

【实训任务】

通过运用磁石点理论进行商品配置，在卖场中最能吸引顾客注意力的地方配置合适的商品以促进销售，并且这种配置能引导顾客逛完整个卖场，可以达到增加顾客冲动性购买率比重的目的。请同学们结合书本中的知识找出超市中的五大磁石点的位置，并分析其利弊，提出合理化建议。

【实训提示】

五大磁石点及配置要点见表4-6。

表4-6 五大磁石点及配置要点

磁石点	店铺位置	配置要点	配置商品
第一磁石点	卖场中主通道的两侧	由于特殊的位置优势，不必特别装饰即可达到很好的销售效果	主力商品、购买频率高的商品、采购力强的商品
第二磁石点	穿插在第一磁石点中间	有引导消费者走到卖场各个角落的任务，要突出照明度及装饰	流行商品，色泽鲜艳、引人瞩目、季节性强的商品
第三磁石点	超市中央陈列架的两端	卖场中顾客接触频率最高的位置，盈利机会大，应重点配置	特价商品、高利润商品、时令商品、厂家促销商品
第四磁石点	卖场副通道的两侧	重点以单项商品来吸引顾客，需要在促销方式和陈列方法上体现	热门商品、大量陈列的商品、广告宣传的商品
第五磁石点	收银台的中间位置	能够引起顾客集中，烘托门店气氛，展现主题需要不断变化	用于大型展销的商品

【实训效果评价标准表】

"磁石点规划"实训项目评价表见表4-7。

表4-7 "磁石点规划"实训项目评价表

项 目	表现描述	得 分
参与性		
知识的运用		
分析情况		
建议情况		
合 计		

得分说明：根据学生在实训过程中的表现，分为"优秀""良好""合格""不合格""较差"，相对应得分分值为"25""20""15""10""5"，将每项得分记入得分栏，全部单项分值合计得出本实训项目总得分。得分90~100分为优秀；75~89分为良好；60~74分为合格；低于60分为不合格；低于45分（含45分）为较差。

第5章

连锁门店商品陈列管理

■ 学习目标

通过本章的学习，要求达到以下目标：

知识目标： 了解和熟悉商品陈列的作用，掌握商品配置表的功能及内容，理解新开店的商品配置表制作及商品配置表的修改，熟悉一般商品陈列的方法，理解生鲜品陈列的注意事项。

能力目标： 树立学生爱岗敬业、精益求精的大国工匠的精神，培养学生吃苦耐劳的品质，提升学生商品陈列的动手能力。

思政目标： 确定"民生意识"作为本章课程学习的思政教育主题，通过对商品陈列进行实操，传递商品陈列的艺术美感，引发学生理解商品陈列对满足人民群众的物质文化需求的重要性，培养学生紧扣民生问题、服务社会的责任和意识，进一步深化学生视觉营销理念。

引例

如何通过商品陈列盘活冷区?

有个开女装店的朋友抱怨:"我家店有200平方米,分区明确,款式众多,陈列得有模有样,但能把店全部逛完的顾客寥寥无几,到底为什么?"起初怀疑是选品的原因,经过了解,原来是店铺格局惹的祸。

你可能不知道,店铺越大,就有越多地方容易形成冷区。所谓冷区,就是在店铺中没有得到有效利用、无法发挥效果的场景和空间,因顾客很少会走到,我们又习惯把它称为"死角"。它既不能吸引顾客、带来销量,还在无形中增加了店铺陈列的成本。就因为它无法带来销量,我们就要放弃这个空间了吗?当然不行,可别小看这一块冷区,把它盘活了,可能多赚很多钱!

(1)哪些位置最容易形成冷区

①狭长形店铺的尽头。一般来说,狭长形的店铺其实占据很大的优势,因为顾客一进店里能够触及的视线范围很广,如果店里陈列做得好,其实对衣服的售卖是很有帮助的。但是,如果没有注意店铺冷区的打理,结果就会截然不同。太长的通道、太深的空间、过远的直线距离会让顾客不自觉产生疲倦感,如果远处没有吸引目光的磁石点,很多顾客会在店铺前端看过之后,就选择转身离店。

②不规则形店铺的拐角。不规则形店铺由于格局本身的原因,常常会使进店的顾客很容易忽略掉拐角处的陈列。不规则形店铺的拐角处通常是一个凸出的独立空间,如果没有吸引目光的磁石点,顾客只会远远地观望而不会靠近,这样就不易产生购物行为。

③柱子的后面等。冷区还可能形成于柱子的后方、大型物体的后方、物体下方、被物体遮蔽的空间等看不见或不容易看见的区域。

(2)店铺冷区盘活的方法

认识了上面这些容易形成冷区的地方之后,我们要怎么把其"救活"呢?

①展示色彩较强的商品。色彩对于人的感官刺激是最为直接的。当店铺内形成冷区后,在死角处展示色彩较强的商品,让死角变得醒目,算是最直接、最简单的方法了。

②增加海报。将冷区变成店铺的形象展示空间,张贴店铺的形象海报、最新产品的宣传图或者图样,也是将冷区盘活的好方法。除此之外,可以在死角处设置放映店铺形象片、最新时装周动态等的银幕,以把顾客的目光吸引住。

③设置PP做引导。所谓PP,也就是重点商品陈列。既然冷区无法给店铺带来效益,那么不妨在这里增加PP做引导。多加几个人模,将店铺最近的主推款提前做好搭配示范,然后进行PP展示,使得顾客在看到这些模特的时候更容易产生代入感。要知道,高达85%的顾客会在店铺内改变自己的购买决定。所以,要学会利用PP展示吸引顾客对感兴趣商品的注意,涌现对商品的好感,从而产生购买欲望。

这里需要注意的是,一定要在PP展示附近,让顾客容易找到相应的商品。因为,如果顾客看到了一套很喜欢的搭配,却怎么都找不到单品拿去试衣,那么她很有可能会因此打消自己的购买欲望。

④制造磁石点。磁石点简单来说就是顾客视线的焦点。经验表明，凡是能够在店铺冷区制造"第二磁石点"的，销售业绩大都比较出色。第一磁石点通常会位于店铺主通道的两侧，为了吸引顾客行走至店铺内部；第二磁石点通常位于店铺的最里面，起着诱导顾客走到卖场最里面的作用。店主可以选择在冷区打造一个场景化的区域，可以陈列一些新产品、当下大热的单品。同时，要注意陈列的整体色彩的搭配以及灯光的照明亮度，不宜太暗，甚至要比热区光线更加明亮。

⑤将冷区变成打卡点。将冷区变成展示空间有多种方法。比如，可以在冷区打造一个精致的打卡点，让前来购物的顾客都能注意到这个空间，甚至是拍照片发朋友圈，以达到一个自发宣传的效果。

⑥把冷区变成体验区或服务空间。有的店铺比较大胆，直接将冷区打造成喝咖啡的休息区。并不是每一位进入店铺的顾客都带着购物的目的而来，有些只是陪同。但我们可以在休息区的周围，通过一些主推款的强调展示，将这部分潜在顾客变成真实顾客。除了做成咖啡休息区，还能将其打造成儿童娱乐区、DIY定制区……如果做成儿童娱乐区的话，就能够给一些带着孩子来买衣服的妈妈等提供便利，也是一项加分服务。

所以，一家好的店铺，不应该有任何一平方米的地方是浪费的。以上几个方法，可以尽量减少店铺冷区的出现。

资料来源　陈列共和.店铺业绩杀手来了！如何盘活冷区？［EB/OL］.［2023-09-24］. https：//k.sina.com.cn/article_3937811117_eab63aad01900s2po.html.

5.1　卖场内的商品配置

当零售变革成为浪潮，"新零售"给人们日常生活带来的影响也越来越明显。与此同时，"新零售"成为各连锁门店促进新消费、打造新生活方式的关键动能。随之而来的，是一场连锁企业之间关于"新零售"商机的争夺。合理而高效的商品配置是连锁门店争夺"新零售"商机的关键环节之一。如果商品配置不当，就会造成顾客想要的商品没有，不想要的商品却太多，不仅浪费了陈列空间，也积压了资金，导致经营失利。连锁门店卖场商品的配置可以从以下几个方面入手：

5.1.1　商品位置的配置

要合理地确定商品的面积分配，必须对前来门店购物的顾客的购买比例做出准确的判断与分析，使门店内各项商品的面积分配与顾客的购买比例接近。下面是一份超级市场的商品面积分配的大致情况：水果与蔬菜10%～15%、肉食品10%～20%、一般食品10%、糖果饼干10%、调味品与南北干货15%、洗涤用品和卫生用品10%、小百货15%、其他用品10%。

商品位置的配置应该按照顾客购买每日所需商品的顺序做出规划，也就是说，要按照顾客的购买习惯和客流走向来分配各项商品在卖场中的位置。

一般来说，每个人一天的消费总是从"食"开始，可以以菜篮子为中心来设计商品配置。通常顾客在卖场中的购物顺序为：蔬菜水果—畜产水产类—冷冻食品—调味品类—糖果饼干—饮料—速食品—面包牛奶—日用杂品。

为了配置好超级市场的商品，可以将超级市场经营的商品划分到以下商品部。

1）面包及果菜品部

这一部门常常是超级市场的高利润部门。由于顾客在购买面包时也会购买部分蔬菜和水果，所以面包和果菜品可以采用岛屿式陈列，也可以沿着超级市场的内墙陈列。

在许多超级市场中设有面包和其他烘焙品的制作间，刚出炉的金黄色、热气腾腾的面包常常让顾客爽快地掏腰包，因而现场制作已成为面包的一个卖点。

2）肉食品部

购买肉食品是大多数顾客光顾超级市场的主要目的之一。肉食品一般应沿着超级市场的内墙呈 U 形陈列，方便顾客一边浏览一边选购。

3）冷冻食品部

冷冻食品主要用冷柜进行陈列，它们的摆放位置既可以靠近蔬菜，也可以设置在购物通道的最后段，这样冷冻食品解冻的时间相对较短，给顾客的携带提供了一定的便利性。

4）膨化食品部

膨化食品部包括各种饼干、方便面及各种其他膨化食品等。这类食品存放时间较长，只要在保质期内就可以销售。它们多被摆放在卖场的中央，用落地式的货架陈列，其具体布局以纵向为主，突出不同的品牌，满足顾客求新求异的偏好。

5）饮料部

饮料与膨化食品有相似之处，但顾客更加注重饮料的品牌。饮料应主要用落地式的货架陈列，货位要紧靠膨化食品部。

6）奶制品部

光顾超级市场的顾客通常最后才购买奶制品，所以奶制品一般被摆放在面包及果菜品部的对面。

7）日用品部

日用品包括洗涤用品、卫生用品和其他日用杂货，一般被摆放在超级市场的最后部分，采用落地式货架，以纵向陈列为主。顾客对这些商品有较高的品牌忠诚度，往往习惯于认牌购买。对这类商品开展以价格优惠为主的促销活动，会增加顾客购买次数和购买数量。

当然，连锁门店目标顾客群不同，商品配置也会有所不同。比如，华润 Ole' 精品超市九大中心的商品配置具体内容如下：

（1）家庭中心：家庭食品和用品。

（2）鲜食中心：水果蔬菜和肉类。

（3）速食中心：冷藏品和冷冻品。

（4）休闲糖巧中心：休闲零食巧克力。

（5）母婴中心：优质母婴用品。

（6）健康时尚护理中心：化妆品和保养品。

（7）酒窖中心：专业级酒窖，红酒、啤酒、白酒等世界各地的酒。

（8）美食中心：西式美食，如火腿奶酪等。

（9）面包水吧中心：健康的面包/蛋糕和咖啡。

5.1.2　商品配置表

商品配置表英文名叫"facing"，日文名称为"棚割表"，在某些门店也被称为台账图。Facing是"商品排面做恰当管理"的意思。在日文中，"棚"意指货架，"割"则是指适当地分割位置，棚割也就是商品在货架上获得适当配置的意思。因此，商品配置表可定义为：把商品的排面在货架上做出一个最有效的合理分配，并以书面表格规划出来。也就是说，把商品陈列的排面在货架上进行最有效的分配，用书面表格规划出来，以求达到有效控制商品品项、做好商品定位、适当管理商品排面、防止滞销商品驱逐畅销商品、使利益维持在一定水准上、实现连锁经营标准化等目的。由此可知，商品配置表在连锁门店管理中具有相当重要的地位。

1）商品配置表的管理功能

（1）有效控制商品品项。每个卖场的面积是有限的，所能陈列的商品品项也是有限的，为有效控制商品的品项，获得有效的控制效果，提高卖场效率，就要使用商品配置表。

（2）商品定位管理。连锁门店内的商品定位，就是要确定商品在卖场中的陈列方位和在货架上的陈列位置。这是连锁门店营业现场管理的重要工作内容。如不事先规划好商品配置表就进行商品陈列，就无法保证商品的有序性，而有了商品配置表，就能做好商品的定位管理。

（3）商品陈列的排面管理。商品陈列的排面管理就是规划好商品陈列的有效货架空间范围。在商品销售中有的商品销售量很大，有的则很小，因此可用商品配置表来安排商品的排面数，即根据商品销售量的多少来决定商品的排面数。对畅销商品给予较多的排面数，其所占的陈列空间较大；对销售量较小的商品则给予较少的排面数，其所占的陈列空间也较小；对滞销商品则不给排面，可将其淘汰出去。商品陈列的排面管理对提高卖场的效率有很大作用。

（4）畅销商品保护管理。在有的连锁门店中，畅销商品销售速度很快，若没有商品配置表对畅销商品排面的保护管理，常常会发生类似"劣币驱逐良币"的现象。当畅销商品卖完了而得不到及时补充时，就易导致不畅销商品甚至滞销商品占据畅销商品的排面，形成了不畅销商品甚至滞销商品驱逐畅销商品的状况。这种状况一方面会降低连锁门店对顾客的吸引力，另一方面会使连锁门店失去售货的机会并降低竞争力。可以说，在没有商品配置表管理的连锁门店中，这种状况时常会发生。反之，畅销商品的排面就会得到保护，不畅销商品甚至滞销商品驱逐畅销商品的现象会得到有效遏制和避免。

（5）商品利润的控制管理。连锁门店销售的商品中，有高利润商品和低利润商品之分。每个经营者总是希望把利润高的商品放在好的陈列位置销售，利润高的商品销售量提高了，连锁门店的整体盈利水平就会上升；把利润低的商品配置在差一点的位置来销售，可以控制商品的销售品种结构，保证商品供应的齐全性。这种控制商品利润的管理方法，就需要依靠商品配置表来给予各种商品妥当的配置陈列，以达到提高整个连锁门店利润水平的目的。

（6）连锁经营的标准化管理。连锁超市拥有众多门店，使各门店达到一致的商品陈列，是连锁超市标准化管理的重要内容。通过一套标准的商品配置表来进行陈列的一致性管理，整个连锁体系内的陈列管理就易于开展，同时，商品陈列的调整和新商品的增设，以及滞销商品的淘汰等管理工作就会有准备、有计划、高效率开展。

2）商品配置表的制作

（1）商品配置表的制作原理。商品配置应充分满足顾客便捷性需求的特点，因此在选择商品时要保证每个品类的产出满足顾客需求，注重商品精细化、营销精准化、运营精细化。制作商品配置表最重要的依据是商品的基本特性及潜在的获利能力，应考虑的因素主要包括以下5个方面：

①周转率。高周转率的商品一般都是顾客要寻找的商品，应放在较明显的位置。

②毛利。毛利高的商品应放在较明显的位置。

③单价。高单价商品毛利可能高也可能低，高单价又高毛利的商品应放在明显的位置。

④需求程度。在非重点商品中，具有高需求、高冲动性、高随机性特征的商品，一般陈列在明显位置。销售力越强的必需品，带给顾客的视觉效果越好。

⑤空间分配。运用高需求或高周转率的商品来吸引顾客的视线，贯穿于整个商品配置表的制作过程。避免将高需求或高周转率的商品放在视线的第一焦点，除非该商品具有高毛利的特征。高毛利且有较强销售潜力的商品，应摆在主要视线焦点内。销售前景较好的商品，就应该占有最多的排面。

（2）商品配置表的制作程序。商品配置表的制作，可分为新开店商品配置表的制作和已开店商品配置表的修正两种情况。

①新开店商品配置表的制作。新开店商品配置表的制作，是连锁门店商品管理全新内容的开始，一般可按以下程序进行：

A.商圈调查与消费者调查。商圈调查主要是为了弄清新店属地的市场容量、竞争者和潜在竞争者的状况。消费者调查主要是为了掌握商圈内消费者的收入水平、家庭规模及结构、购买习惯、对超市商品与服务的需求等。通过调查，决定商品组合及卖场面积。

B.商品经营类别的确定。在对商圈和消费者进行调查后，提出新开设门店的商品经营类别，然后根据营业面积大小将商品进行分类，规划大、中分类商品应占的面积。由采购部会同门店人员共同讨论决定每一个商品大类在门店中所占的营业面积及配置的位置，并制作出大类商品配置表。在商品大类的营业面积及配置的位置完成后，采购人员就要将每一个中分类商品安置到各自归属的大类商品配置表中去。

C.单品项商品的决定。完成了商品大类和中分类的商品配置表之后，就进入了制作商品配置表的具体工作阶段，需要根据商品的关联性、需求特征、能见度等因素确定每小类商品的位置，制作商品平面配置图。决定单品项商品如何导入卖场，此项工作分3个步骤进行：第一个步骤是收集每一个中分类内可能出售的单品项商品资料，包括单品项商品的品名、规格、成分、尺寸、需求程度、毛利、周转率、包装材料、颜色、价格等；第二个步骤是对这些单品项商品进行选择，决定经营品项，挑选出适合门店商圈消费者需要的单品项商品，并列出商品台账；第三个步骤是把这些单品项商品进行陈列面安排，并与门店周围的商店进行比较，在分析的基础上对单品项商品进行必要的调整，最后决定下来。

D.商品配置表的制作。在商品配置表上详细列出每一类商品的空间位置，每一个货架对应一张商品配置表。商品配置表决定单品项商品在货架上的排面数，这一工作必须遵循有关商品陈列的原则，运用好商品陈列的技术（如商品配置在货架的上段、中段还是下段等），还要考虑企业的采购能力、配送能力、供应厂商的合作等诸多因素，只有这样才能将商品配置好。商品配置表的制作是一项辛苦的工作，也是一项实践性和操作性很强的工作，需要采购人员认真钻研。在制作商品配置表时，采购人员应先进行货架的实验配置，达到满意效果后再制作最终的商品配置表，这也要求采购部门拥有自己的实验货架。由采购部门制作商品配置表下发至新开设门店后，门店将依据这些表来订货、陈列，并在货架上安置好价签。

根据商品平面配置图配置设备，前、后场设备应构成一个整体，同时要注意陈列设备的数量及规格的确定（参照商品品项资料）。按商品配置表进行陈列，安置好价签后，将实际陈列效果拍照留存。

观察并记录顾客对商品配置与陈列的反应，以便修正、调整；根据经营状况定期更新，一个月或一个季度更新一次，一年大调整一次，这样既可以确保门店具有活力，又增加了顾客对门店的新鲜感。

②已开店商品配置表的修正。任何一家连锁门店的商品配置都不是永久不变的，必须根据市场和商品的变化做出调整。站在顾客的角度考虑商品陈列的实操性，不断检讨展示方式，让商品更容易、更方便、更直观、更便捷地被陈列，提升门店整体运营效率，这种调整就是对原来的商品配置表进行修正。商品配置表的修正周期可以是一个月、一个季度，但不宜随意进行修正，避免出现商品配置凌乱和不易控制的现象。商品配置表的修正可按如下程序进行：

A.统计商品的销售情况。不管是单体店、附属店还是连锁店，都必须对商品每月的销售情况进行统计分析，目的是要找出哪些商品畅销，哪些商品滞销。

B.滞销商品的淘汰。经销售统计可确定滞销商品，但商品滞销的原因很多，可能是商品质量问题，也可能是受销售淡季的影响、商品价格不当、商品陈列得不好，更有可能是供应商的促销配合得不好等。当商品滞销的原因查清楚之后，要确定滞销的状况是否可以被改善，如无法进行改善就必须坚决淘汰，不能让滞销商品占了货架而无法产生效益。

C.畅销商品的调整和新商品的导入。对畅销商品的调整，一是增加其陈列的排面；二是调整其位置及在货架上的段位。对由于淘汰滞销商品而空出的货架排面，应导入新商品，以保证货架陈列充实。

D.商品配置表的最后修正。在确定了滞销商品的淘汰、畅销商品的调整和新商品的导入之后，这些修正必须以新的商品配置表的制定来完成。新下发的商品配置表，就是连锁门店进行商品调整的依据。

③商品配置表制作的技术要领。连锁企业的经营与传统零售企业不同，其技术含量较高，在商品配置表的制作上充分体现了技术性要求。以下为某知名连锁企业经营者总结出的商品配置表制作技术要领，掌握了这些要领将会较容易地完成商品配置表的制作。

A.决定每一个中分类商品的陈列排面。在规划完整个大类商品的配置后，每一个中分类商品所占的营业面积和陈列排面数要先确定下来，这样才能进行单品项的商品配置。例如，膨化食品要配置高165厘米、长90厘米、宽35厘米的单面货架3座，这样才能知道可配置多少个单品项商品。

B.商品陈列货架的标准化。门店所使用的陈列货架应尽量标准化，这对连锁门店尤为重要。使用标准统一的陈列货架，在对所有连锁门店每一分类的商品进行配置规划时，只要一种至多两到三种商品配置表就可进行某品类全部的商品配置与陈列管理，不至于出现一个门店一种配置或一种陈列的现象。

C.单品项商品的资料卡设立。每一个单品项商品都要设立资料卡，如商品的品名、规格、尺寸、重量、进价、售价、供货量等，这些资料对制作商品配置表是相当重要的。

D.设置商品配置实验货架。商品配置表的制作必须有一个实验阶段，即采购人员在制作商品配置表时应先在实验货架上进行试验性的陈列，从排面上来观察商品的颜色、高低及容器的形状等是否协调，是否对顾客具有吸引力，如果不协调和缺乏吸引力可进行调整，直至达到协调和具有吸引力为止。

E.特殊商品采用特殊的陈列工具。对特殊商品的陈列不能因强调货架的标准化而忽视了其特定的展示效果，要使用特殊的陈列工具，这样才能展示特殊商品的魅力。在连锁门店的经营中出现了这样的趋势：顾客对整齐划一和标准的陈列感到有些乏味，用特殊的陈列工具配置特殊商品，可以增强卖场的活性，改变商品配置和陈列的单调感。

F.单品项商品的陈列量与订货单位的考虑。一般来说，由配送中心送货到门店，门店的卖场和后仓的商品需要量是日销售量的2.5倍左右，对每一个单品项商品来说也是如此，即一个商品平均日销售量是12个，则商品需要量为30个。但每一个商品的陈列量还要与该商品的订货单位一起进行考虑，其目的是减少后仓的库存量，加速商品周转。每个商品的陈列量最好是1.5倍的订货单位。

如一个商品的最低订货单位是12个，则陈列量设定在18个，该商品第一次进货量为2个单位共计24个，18个上货架，6个进后仓。当全部商品最后只剩下6个在架时，再进1个订货单位即12个，则商品可以全部上货架，而无须再放进后仓，做到后仓的零库存。一个超市的商品需要量与日销售量的比例关系是该店销售的安全保有量。而单品项商品的陈列量与订货单位的比例关系，则是在保证每天能及时送货的条件下的一种零库存配置法。目前，很多超市由于受到交通条件和配送中心配送能力制约，还做不到这一点，因此后仓的商品需要量可适当增加。

商品配置表是以一组货架为制作基础的，一张配置表代表一组货架，货架的标准视每个门店的场地和经营者的理念而定。设计商品配置表的格式，只要确定货架的标准，再把商品的品名、规格、编码、排面数、售价表现在表格上即可。

（3）商品配置表的内容。商品配置表分为商品平面配置图和商品立体陈列表。一般来说，一张商品配置表会包含很多内容，如商品配置表的编号、覆盖区域、货架数量、货架宽度、生效日期、卖场内各类商品的部门配置、各部门所占面积的划分、商品价格、商品排面数、最小订货单位、商品空间位置、商品品项构成等。

图5-1为某门店的一张商品配置表，图中突出显示了其包含的具体关键词。表5-1展示了这张商品配置表所包含的具体内容。

台账图（商品配置表）模板的各个关键词

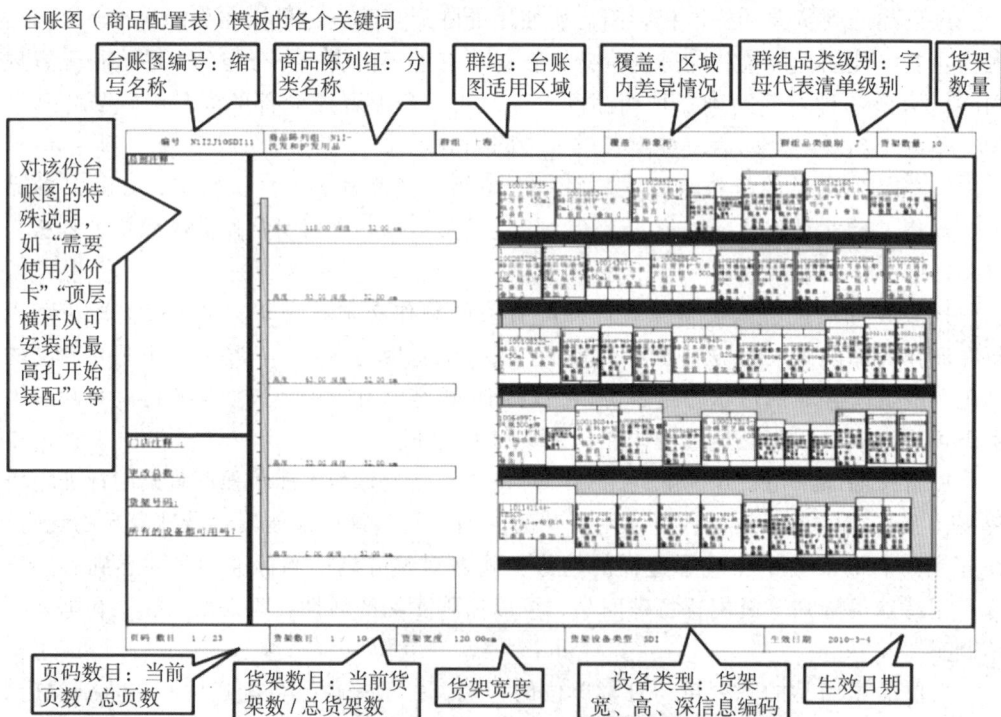

图5-1　商品配置表包含的具体关键词

表 5-1　　　　　　　　　　　　**商品配置表的内容**

商品分类　NO.洗衣粉		
货架NO.　　　　　制作人：×××		

厘米			
180 170 160	白猫无泡洗衣粉 1 000克 4F 12001 12.2	奥妙浓缩洗衣粉 750克 4F 12005 18.5	奥妙浓缩洗衣粉 500克 4F 12006 8.5
150 140 130 120	白猫无泡洗衣粉 500克 2F 12002 6.5	奥妙浓缩洗衣粉 600克 3F 12007 12.5	
110 100 90 80	白猫无泡洗衣粉 450克 2F 12003 2.5	奥妙浓缩洗衣粉 180克 3F 12008 2.5	
70 60 50	佳美两用洗衣粉 450克 4F 12004 2.5	碧浪洗衣粉 200克 6F 12009 2.8	
40 30 20 10	奇强洗衣粉 500克 4F 12011 12.8	奥妙浓缩洗衣粉 450克 4F 12010 4.9	
厘　米	10　　　　20　　　　30　　　　40　　　　50		

商品代码	规格 （克）	售价 （元）	单位	位置	排面	最小 库存	最大 库存	供应商
12001	1 000	12.2	桶	E1	4	3	8	
12002	500	6.5	袋	D1	2	15	30	
12003	450	2.5	袋	C1	2	20	32	
12004	450	2.5	袋	B1	4	32	50	
12005	750	18.5	袋	E2	4	12	40	
12006	500	8.5	袋	E3	4	8	20	
12007	600	12.5	袋	D2	3	15	45	
12008	180	2.5	袋	C2	3	25	90	
12009	200	2.8	袋	B2	6	35	90	
12010	450	4.9	袋	A2	4	4	40	
12011	500	12.8	袋	A1	4	12	42	

注：1.位置是最下层为A，第二层为B，第三层为C，第四层为D，最高层为E，每层从左至右为A1，A2，A3，…；B1，B2，B3，…；C1，C2，C3，…；D1，D2，D3，…；E1，E2，E3，…。

2.排面是每个商品在货架面向顾客陈列的面，即顾客的面对视线所能看到的商品陈列最大个数。一面为1F，二面为2F，依此类推。

3.最小库存以一日的销售量为安全库存量。

4.最大库存为货架放满的陈列量。

如图5-2、图5-3所示，商品配置表上的商品为方便面，"4 Facings wide"表示水平排面数为4；"2 High standard displays"表示高为2；"1 high capping-product position on top laying down"表示叠加为1，商品卧放在顶部。

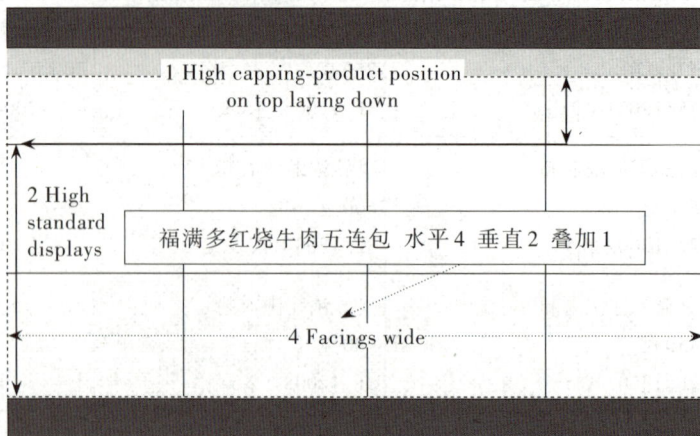

图5-2　商品配置表宽度、高度和叠加的平面图

注：标签上不显示陈列的深度，只在上架清单（Excel）上有显示。

图5-3　商品配置表宽度、高度和叠加的立体图

拓展阅读5-1　　　　　　　　陈列是门大学问

在实体店中，商品的陈列是一种无声的销售。当顾客进入实体店中，首先感受的就是店铺内的整体环境。合理的商品陈列能够起到展示商品、刺激消费、美化店铺环境等作用。在大多数店家眼中，商品陈列无外乎遵从分类、显眼、整齐等几个原则，比如，将同类商品摆放在一起，应季或热卖商品摆放在显眼处，避免商品胡乱堆砌等。然而，商品陈列并不止于此，它是一种以满足顾客消费习惯和心理为目的的学问。考量实体店商品陈列是否优秀的标准只有一个，那就是视觉效果。影响视觉效果的主要因素有以下几种：

（1）商品的陈列高度

一般实体店的货架高度大致为2米，按照顾客的平均身高，我们可以将整个货架

分为4个区域：1.7～2米为抬头区、1.5～1.7米为平视区、0.5～1.5米为低头区、0～0.5米为弯腰区。其中，平视区是最容易被顾客关注，也是最容易被接触的区域，该区域可陈列实体店的主力商品、重点商品、应季商品以及利润较高的商品。抬头区和低头区也属于易于被接触的区域。抬头区可陈列一些具有代表性的商品，如知名商品；低头区可陈列一些销售稳定的商品。弯腰区基本属于视线盲区且不易被接触，可陈列一些利润较低或者顾客刚需的商品。

（2）商品的陈列顺序

货架具有一定的深度，实体店的灯光无法很好地照射每一件商品，为了呈现最佳的视觉效果，需要根据商品的体积、颜色、价格等因素进行陈列。比如，体积小的商品在前，体积大的商品在后；颜色暗淡的商品在前，颜色明亮的商品在后；价格低的商品在前，价格高的商品在后等。

（3）商品的颜色分布

商品的包装五颜六色，仅根据商品分类陈列很容易产生视觉干扰，在顾客选购时很容易分散其注意力。在陈列过程中需将商品的色彩有效组合，才能带给顾客最舒适的视觉效果。在颜色方面可采用以下3种陈列方式：第一，彩虹式，即左右相邻商品之间按照彩虹的颜色顺序进行组合，适用于颜色较多商品品类。第二，琴键式，即左右相邻的商品之间按照深、浅、深的颜色进行间隔陈列，适用于商品系列较多的商品品类。第三，渐变式，即按照色系不同深浅进行陈列，在视觉上富有层次感，适用于服装等彩色梯度较多的商品品类。

（4）功能互补商品组合

这种陈列方式适用于主营服装、美食等商品的实体店，但此种陈列方式使用的货架不宜太多。对于一些主营商品之间联系较为紧密的实体店来说，将同类功能的商品进行陈列是效率较低的一种陈列方式。如果在商品陈列中将具有功能互补的商品组合在一起，更利于顾客进行选择。类似的还有电脑主机、键盘、耳机、显示屏等组合形式。

除了商品的陈列技巧，货架商品的维护同样重要，以保证货架商品时刻呈现最佳的陈列效果。商品陈列的维护工作主要分为以下3点：

第一，商品的检查工作。即便每次商品进店都会进行质量检测，但也无法保证货架上不会出现残次品，尤其是在长期的营业过程中，商品的搬运、陈列造成商品损伤，顾客挑选时出现污损等情况无法避免，因此在实体店运营过程中要重视商品的检查工作，将出现问题的商品及时下架，以免给顾客带来不好的购物体验。

第二，商品的整理补充工作。陈列整齐的商品经过顾客的挑选，很容易造成空缺或凌乱的情况，为保证商品陈列效果的有效性，需及时对货架上的商品进行整理和补充，保证货架商品以最完美的状态展示给顾客。

第三，主营商品的变更工作。当某种放在不重要位置商品的销售量发生很大增长时，需要及时调整该商品的陈列位置，也就是说，要将销售量大的商品摆放在最显眼、易接触的位置，以获取更高的销售量。

商品的陈列技巧很大程度上与顾客的心理和行为相关，因此在进行商品陈列设计时，不必拘泥于一些专业的陈列技巧，时刻以提升顾客的购物体验为最终目的才是最重要的。

资料来源　姿涵. 实体店爆卖实战手册［M］. 北京：中华工商联合出版社，2023.

5.2　一般商品陈列的原则和方法

商品陈列是门店为了最大限度地方便顾客购买，利用有限的资源，规划和实施店内总体布局、货架摆放顺序、商品码放方式、广告设计，合理运用照明、音响、通风设施，创造理想购物空间的活动过程。好的商品陈列可以在美化购物环境的同时，留住顾客的心。因此，商品陈列的目的，是将商品或品牌的所有物质及精神方面的属性通过艺术手段和设计技巧等形象化的语言完整地呈现在顾客面前，帮助顾客对商品或品牌形成整体印象，并对其产生兴趣、信任和偏爱，从而引起顾客的购买欲望和动机。"陈列是沉默的推销"，科学合理的商品陈列可以起到体现门店宗旨、塑造门店形象、传递商品信息、刺激消费、方便购买、节约人力、利用空间、美化环境等作用。

5.2.1　商品陈列的原则

商品陈列的基本要求是将顾客需求的商品准确无误地摆放在适当的位置，因此陈列的关键在于"商品的正确配置"。商品陈列必须满足5个要求：一要看得清；二要摸得到；三要容易选、方便买；四要品种全、个性强；五要分类型、分规格、分颜色、分大小、分价格。连锁门店商品陈列应遵循以下原则：

微课：商品
陈列的原则

1）安全性原则

排除非安全性商品，如超过保质期的、鲜度低劣的、有伤疤的、味道恶化的；在货架上方的临时存放区存放少量商品，保证陈列的稳定性，保证商品不易掉落，适当地使用盛装器皿、备品；进行彻底的卫生管理，给顾客一种清洁感。

2）显而易见原则

商品的陈列要醒目，便于顾客选购。商品的摆放要能迅速吸引顾客的注意，要使顾客一进卖场就能看到商品并看清商品。第一，必须注意陈列商品的位置和高度、商品与顾客之间的距离以及商品陈列的方式等。在商品陈列时，要注意按照人体工程学中对顾客的研究，将新商品、高单价、高毛利商品陈列在同一货架的右侧，引导顾客购买这些商品。通常人们无意识的观望高度为0.7～1.7米，上下幅度为1米，通常与视线成30度角范围内的物品最易引人注意，因此门店可根据顾客的观望高度与视角，在有限的空间里将商品陈列在最佳位置。顾客看到的商品越多，他们购买的可能性也就越大。但并不是说只能在此位置陈列商品，而是要以此为基线陈列。有些商品仰视角度更能吸引人，如工艺礼品、时装等；有些商品俯视角度更能吸引人，如化妆品、金银首饰等，尤其是儿童玩具，陈列位置过高不能引起儿童的注意和兴趣，只有低一点，使儿童一览无余，才能激起儿童拥有它的欲望。第二，陈列要整齐规范，标价应准确醒目。每一种商品都应该陈列在相应的位置上，正面朝向顾客，避免出现商品移位挡住其他商品的情况。

3）伸手可取原则

在商品陈列产生了良好的视觉效果后，顾客就有了触觉的要求，就会拿下来观察，对商品进行进一步的了解，最后做出购买与否的决定。因此，商品陈列在做到"显而易见"的同时，应使顾客摸得到、够得着商品，甚至能拿在手上较长时间，这是刺激顾客购买的重要环节。这也是近几年来敞开式销售方式受到普遍欢迎的主要原因。除非是易受损、小件易碎或极其昂贵的商品，否则应尽量采用这种方式，这样，商品自然会给人一种亲切感。

在运用敞开式销售方式陈列商品时，不能将带有盖子的箱子陈列在货架上，因为顾客只有打开盖子才能拿到商品，是十分不方便的。另外，对一些挑选性强又易脏手的商品（如鲜肉、鲜鱼等），应该有一个简单的包装和配有简单的拿取工具，以方便顾客挑选。商品陈列伸手可取原则还包含商品容易放回原处的陈列要求。如果拿到一个商品后放回去可能会使其受损，顾客就不愿去拿，就是拿到手也会影响顾客挑选观看的兴趣。因此，要特别重视商品伸手可取又能被很容易地放回原处的陈列要求。

4）分区定位原则

连锁门店经营的商品少则上千种，多则上万种甚至几十万种不等，如何让顾客很容易了解什么商品在什么位置，是商品陈列时要着重解决的问题。分区定位就是要求每一类、每一项商品都必须有一个相对固定的陈列位置，商品一经配置，其位置和陈列面就很少变动，除非因营销目的而修正。这样既达到了商品陈列标准化的要求，又便于顾客选购商品。

一般来说，可以将连锁门店的商品分为促销品、畅销品、特价品、新商品、高毛利商品、季节商品等。比如，门店入口区一般陈列特价品、促销品或是配置主题型季节商品，门店中央区陈列大众品/日常护理品，四周展架区陈列各大化妆品牌系列商品，收银台附近陈列方便顾客选购、易冲动购买的高毛利商品。

在对商品进行分区定位时，要注意以下问题：一是向顾客公布商品分布图，设置商品标识牌；二是为便于顾客购买日常生活小商品，实施面对面销售；三是相关商品的货位布置在邻近或对面，以便于顾客相互比较，促进连带购买；四是把相互影响大的商品货位适当隔开；五是把同类商品纵向陈列，即从上而下垂直陈列，使同类商品平均享受到货架各段上的销售利益；六是将商品货位勤调整，但调整不能影响整体布局，以便于顾客凭印象找到商品。

5）满货架陈列原则

不管是在柜台中还是在货架上进行商品陈列，都应显示出丰富性。从心理学规律来看，任何一个顾客买商品都希望从丰富的商品中挑选，看到柜台中或货架上只剩下为数不多的商品时都会产生疑虑，唯恐买到剩下来的"落角货"。

因此，商品陈列应尽可能地将同一类商品中不同规格、花色、款式的商品品种都展示出来，扩大顾客的选择面，也能给顾客留下一个商品丰富的好印象，从而提高所有连锁门店商品的周转率。从门店角度来看，如货架常常空缺，就白白浪费了卖场有效的陈列空间，降低了货架的销售与储存功能，又相应增加了商店仓库库存的压力，降低了商品的周转率。

门店应尽可能缩短商品库存时间，做到及时上柜、尽快上柜，以达到最好的销售效果。美国的一份连锁超市调查报告表明，商品满陈列的超市与非满陈列的超市相比较，其销售量按照不同种类的商品可分别提高14%～130%，平均可提高24%。

要使商品陈列做到丰富，品种多而且数量足，并不是一股脑儿地将所有商品毫无章法地摆放，将柜台、货架塞得满满的，而是要有秩序、有规律地摆放。商品之间可留有适当的空间，也可在摆放商品时组合成一定的图形图案（如米字线的形式），同时可以达到商品丰富的效果。一般连锁门店对货架上放满商品有两个规定：第一，长1米的陈列货架（每一格）一般至少要陈列3个品种；第二，按营业面积计算，卖场面积1平方米内的品种陈列量平均要达到11或12个。

即使由于客观原因造成某些商品品种缺货、断档，在陈列中也要努力消除这些不利影响。如可以将众多同类商品摆放出来或适当均匀加大陈列商品的间隔，或补上其他类型的商品。但要注意，一般门店不允许用相邻的商品来填补空缺，应该用销售率高的商品填补空缺，同时这个商品与相邻商品形成品种和结构之间的配合。

6）先进先出原则

商品在货架上的先进先出，是保证商品品质和提高商品周转率的重要控制手段，这一点对于运用敞开式销售方式的超市门店来说显得尤为重要。

当商品第一次在货架陈列后，随着商品不断地被销售出去，就要进行商品的及时补充陈列，补充陈列的商品要依照先进先出的要求进行。其陈列方法是先把原有的商品取出来，然后放入补充的新商品，再在该商品前面陈列原有的商品，也就是说，商品的补充陈列是从后面开始的，而不是从前面开始的。因为顾客总是购买靠近自己的前排商品，如不按照先进先出的原则来进行商品的补充陈列，那么陈列在后排的商品可能会永远卖不出去。许多商品尤其是食品都有保质期，顾客会很重视商品出厂的时间，用先进先出法来进行商品的补充陈列，可以在一定程度上保证顾客买到的商品的新鲜度，这是先进先出法保护顾客利益的一个重要方面。

此外，排在后面的商品比较容易落灰尘，所以要特别重视后排商品的清洁，一般可用掸子或抹布进行清扫。

7）关联性原则

许多商品在使用上具有连带性，如牙膏和牙刷、裤子和皮带等。为引起顾客潜在的购买欲望，方便其购买相关商品，可采用连带陈列方式，把具有连带关系的商品相邻摆放，以达到促进销售的目的。运用格子式货架布局的门店，非常强调商品之间的关联性。

我们常常看到许多关联性商品往往是按照商品类别来进行陈列的，即在一组中央双面货架的两面来陈列相关联的商品，而这种陈列法往往是错误的，因为顾客常常是沿着货架的陈列方向行走并挑选商品，很少再回头选购商品。所以，关联性商品应陈列在通道的两侧，或陈列在同一通道、同一方向、同一侧面的不同组别的货架上，而不应陈列在同一组双面货架的两面。

图5-4和图5-5分别表示错误和正确的关联性商品陈列法。

图 5-4　错误的关联性商品陈列法

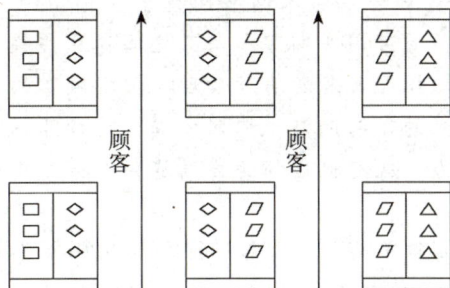

图 5-5　正确的关联性商品陈列法

在商品关联的陈列上，一是功能上的关联：把功能、用途相近或有关联的商品相邻陈列，诱导顾客浏览更多的商品，产生购买行为。二是同一品牌的关联：许多品牌下细分着许多品种，这些商品有着各自的功效。把这些不同功效的同一品牌商品关联陈列，便于顾客进行比较，方便他们选购。三是价格上的关联：一款高价商品搭配一款享受折扣的低价商品，顾客看到两款商品的价格加起来总价比原价低，就会觉得性价比提高，从而跟进购买。

▷拓展阅读 5-2　　　　生动陈列让商品"开口说话"

终端陈列是销售流程中非常重要的一个环节。如何促进商品销售，让顾客得到一个直观的印象，终端陈列的重要性不言而喻。陈列的目的是主动营造一种店铺的"势能"，润物无声地引导顾客，让顾客不由自主地按照设定好的陈列产生购买的行为。对销售终端而言，商品陈列成为一个吸引顾客注意、提高销售额的重要手段。好的陈列能有效地提高顾客的购买率，有助于提高店铺业绩。那么，如何为店铺打造具有美感、动感的购物氛围，让"不会说话"的商品和顾客进行沟通呢？

营造阵势，让商品"活"起来

想让商品"活"起来，就要在终端陈列时融合货架、商品、空间、道具、色彩、照明等诸多元素，营造一种店铺的"势能"，打造出让人耳目一新的视觉氛围，让路过的人驻足侧目，有种想过来看一看的冲动。商品是"死"的，但是要通过生动陈列让顾客感兴趣、对其有吸引力，让顾客产生购买行为从而达到销售这一终极目的。让终端陈列"活"起来，要做到有别具一格的横幅、吊旗或灯箱，有与众不同的堆头、箱套包装，有设计独特的造型，有别出心裁的别致陈列等。通过生动陈列，营造一种强烈的层次感，达到既能提升商品的价值，又能吸引顾客眼球的目的，从而让商品充满活力，提高返单量和客单价。

打造美感，让商品"动"起来

美感落地到零售空间中，更是一种品位的表现。当遇到一家有品位的店铺，顾客会比逛一百家普通店铺都要欣喜、激动，有品位的店铺能让顾客产生冲动性购买。创意陈列让普通的商品好像有了生命，更像给生活加了点调味料。创意陈列关键在于造型要美观，让人眼前一亮，给人留下深刻的印象。商品陈列代表了店铺的品位，富有美感的创意陈列，能让顾客保持新鲜度和兴趣度，充分地体现店铺的特色。

"让商品说话"，这是许多零售人的共同愿望。生动的陈列，不但可以让商品"活"起来、"动"起来，还可以在顾客和商品之间建立桥梁，拉动销售，给顾客带来更多的乐趣。只要用心揣摩顾客的消费心理，把握顾客的消费需求，找准店铺的商品定位，多多尝试不同的布局调整、陈列方式，从顾客不断变化和丰富的感觉出发，发挥想象力与创造力，就能把店铺的终端陈列做得更出色，为店铺的销售增光添彩！

资料来源　刘国文．商品这样陈列，店铺销量翻番！［EB/OL］．［2024-07-20］．https：//www.yan168.com/portal.php？mod=view&aid=5863.节选．

5.2.2　商品陈列的方法

在连锁门店中，运用一些富于变化的陈列方法可以打破常规陈列的单调感，活跃卖场气氛，尤其是对不处在主通道上的中央陈列货架更为重要，能够吸引顾客并打动顾客。连锁门店经营者必须多动脑筋，合理正确地运用陈列方法，才能创造出更高的利润。以下是线下连锁门店几种常用的陈列方法。

1）大量陈列

所谓大量陈列，是指在门店内大面积陈列数量足够多的单一品种或系列商品，或者将这些商品呈规律性陈列，以吸引顾客的注意，同时营造一种廉价感和热销感，以达到刺激购买的目的。这种陈列方法是有选择、有重点地用适量的商品陈列出较佳的量感效果，能更好地烘托卖场的购物氛围，达到促销的目的。实践证明，如果引导得当，顾客最终的购买量可能比正常消费量提高3倍左右。这种陈列法的关键在于，能使顾客在视觉上感到商品很多。

国外一项消费心理调查证明：如果逐渐加大某一种商品在货架上的陈列数量，就会发现在陈列数量未达到一个临界值以前，该商品的销售总量并没有明显的变化；而只有陈列数量超过了某个临界值，该商品的销售总量才可能呈现突破性急剧增长。这一现象就是心理学上所谓的临界爆发现象。实践证明，有些商品在其他促销条件相同的情况下，仅靠陈列数量大于临界值，即可增加销售额几倍甚至几十倍。因此商家必须努力实践，寻找和发现特定商品陈列数量的临界值。

（1）大量陈列的要点。大量陈列一般适用于食品杂货，以亲切、丰富、价格低廉、易挑选等特征来吸引顾客。它一般应用于下列情形：低价促销、季节性促销、节庆促销、新品促销等。

①选择适宜的商品。最好选择那些顾客习惯于批量购买且认知度较高的商品，以

及用途简单、消费价格适中的商品。

②有些类似的商品或相关的商品群，也可以采取在一个展台混合堆放的方式，以引起顾客争相选购的轰动性效果，但在这种情况下最好采取均一售价的方式。

③选择门店的差别化商品和具有经营优势的商品进行大量陈列。

④独家经营的特色商品及因供货渠道优势而价格相对便宜的商品，应轮番使用大量陈列的方法进行促销。

⑤在采用大量陈列的同时配合价格上的优势。如果属于顾客尚未熟悉的商品，也可以先按照略高的价格进行普通陈列，待顾客对这一价格产生初步认同后再推出折扣，同时配合大量陈列进行促销。

（2）大量陈列的种类如下：

①岛形陈列法。这是最常用的一种大量陈列方法。在主通道附近设置平台或推车堆放商品，可以起到吸引顾客注意、刺激购买的作用。如果平台的四面都能被顾客看到，可以大量陈列 3～4 种商品以吸引来自不同方向顾客的注意。但面对顾客的主要正面位置，应陈列最重要的商品，同时陈列的数量应最多。用于岛形陈列的用具不能过高，否则会影响整个卖场的视野，也会影响顾客从四个方向对岛形陈列商品的透视度。

②落地式陈列法。这种陈列方法多适用于带外包装箱的商品，顾客在取货时不会造成商品堆垮塌，取货也比较方便；也可以采用在主通道附近堆叠多层商品的方法，这样在售出部分商品后仍然能够保持足够的量感。具体操作时可将商品的非透明包装箱上部切除（可用斜切方式，一般从上部切除 1/3 左右），或将包装箱底部切下来，组成托盘式的商品陈列。这种陈列法不是将商品从包装箱里取出来一个一个地堆积陈列，而是将装商品的包装箱底部做盘状切开后留下来，然后以盘为单位堆积上去，适用于整箱的饮料、啤酒、调味品等，可以充分展示商品的促销效果。

③货架式陈列法。在通道两侧货架的较大空间内陈列同一种商品，也能起到很好的陈列效果，尤其是使用宽度较大的货架，密密麻麻地排列足量的商品，能营造很强的视觉冲击效果，但一定要对售出商品及时进行补充，以免显得凌乱。

2）展示陈列

展示陈列是指卖场内为了强调特别推出的商品而采取的陈列方法。这种陈列一般适用于百货类和食品类商品，虽然陈列成本较高，但能吸引顾客的注视和兴趣，营造门店的气氛。常用的陈列场所有橱窗、店内陈列台、柜台以及端架等。

（1）展示陈列的基本要求如下：

①明确展示主题，弄清楚要表现什么或要向顾客诉求什么。例如，新鲜还是营养，时尚还是廉价。

②要求商品陈列的空间结构、灯光照明等互相配合。例如，正三角形的空间结构给人以宁静、安定的感觉，而倒三角形的空间结构则给人以动态感、不安定感和紧张感。

③注意表现手法，采用一些独特的展示手法引起顾客注意。

（2）展示陈列的表现手法包括：

①突出陈列，即将商品放在篮子、车子、箱子或突出板等内，陈列在相关商品的旁边销售，主要目的是诱导和招揽顾客。突出陈列应注意以下问题：突出陈列的高度要适宜，既要能引起顾客的注意，又不能太高，以免影响货架上商品的销售效果；突出陈列不宜太多，以免影响顾客正常的动线；不宜在狭窄的通道内做突出陈列，即使比较宽敞的通道，也不要配置占地面积较大的突出陈列的商品，以免影响通行。

②悬挂陈列，即用固定并可以转动的装有挂钩的陈列架，将无立体感的扁平或细长的商品悬挂起来，以陈列缺乏立体感的商品，实现使用其他陈列方法无法达到的效果。悬挂陈列一般适用于日用小商品的陈列，如剃须刀片、电池、袜子、手套、帽子、小五金工具、头饰等的陈列。

③树丛式陈列，即用篮、筐或桶将商品随意插在里面，陈列于出入口或端头处，能使顾客产生实惠感，常用十分低廉的价格以整篮、整筐或整桶出售，一般门店特价或促销的商品采用这种方法。亦有反其道而行之的，如沃尔玛将一些世界知名品牌的商品，如袜子、内衣采用随机陈列的方法，给顾客价廉、可以承受的感觉，销售效果也不错。

④散装或混合陈列，即把商品的原有包装拆下，单一品项或几个品项组合在一起，往往以岛形陈列、以统一的价格出售。这种陈列方式也能使顾客产生实惠感。

3）端头陈列

端头是指双面的中央陈列货架的两端。在超级市场中，中央陈列货架的两端是顾客通过流量最大、往返频率最高的地方，这是销售力极强的位置。从视角上来说，顾客可以从3个方向看见陈列在这一位置的商品。因此，端头是商品陈列极佳的黄金位置，是卖场内能引起顾客注意的重要场所。同时，端头能起到接力棒的作用，吸引和引导顾客按店铺设计安排不停地向前走。引导、提示、诉求可以说是其主要功能，所以端头一般用来陈列特价品，或要推荐给顾客的新商品，以及利润高的商品。端头陈列的商品可以是单一品项，也可以是组合品项，以后者效果为佳。端头陈列做得好坏是关系到连锁门店形象好坏的一个主要方面，端头陈列做得好可以极大刺激顾客的购买欲望。端头陈列不仅可以引导顾客购物，缓解顾客对特价商品的怀疑和抵触，同时起着控制卖场内顾客流动路线的作用。

（1）端头陈列商品的分类如下：

①特卖商品。配合促销活动进行特卖、价格跌幅很大的商品。

②大量陈列商品。按照某一主题进行促销活动，或者为某种新商品的上市而大量布置的商品。

③门店规划商品。由门店根据实际情况进行规划，选择与促销活动主题有关的商品。

（2）主题性端头的主题设计内容包括：季节性陈述；品种陈述；用途陈述；厂家、品牌陈述；价格陈述；特卖活动陈述等。

（3）端头陈列的主题模式包括：

①对大型活动的宣传和介绍。

②开展销售。

③拟定题目，强调商品。

④在展览会上做宣传，突出商品群。

⑤以项目单和信息为中心，将销售条款化、形象化。

⑥有力地吸引顾客（降价、特卖等）。

（4）端头陈列的具体方法如下：

①单品大量陈列，体现出量感，给人以物美价廉之感。

②纵向分段陈列，每类商品占一纵列以体现色彩的调节作用。

③横向分段陈列，在突出某一主力商品时使用。

④拍卖式陈列，提供不同类别、价格一致的商品，让顾客随意挑选。

⑤平台式陈列，将商品放在平台上，一般为配合某一主题而进行促销。

⑥变化式陈列，经常保持商品陈列的变化。

⑦侧面陈列，体积较小的商品悬挂在货架侧面，刺激随机购买。

⑧关联相配陈列，突出主力推荐的商品，配以相关商品，巧妙搭配，突出平衡性和紧凑性，增强视觉效果。

⑨交叉陈列，错落有致地进行搭配，给人以新鲜、丰富的感觉。

（5）端头陈列的注意事项如下：

①每组端架陈列的品项不宜太多，一般以5个为限。

②品项之间要有关联性，不可将无关联的商品陈列在同一端架内。

③在几个品项的组合中可选择一个品项作为牺牲品，以低廉价格出售，目的是带动其他品项的销售。

④端头陈列应不断推陈出新，每组端架陈列时间以3～7天为宜，最长不要超过10天。

⑤端架的周围有宽敞的通道。

⑥尽可能向消费者明确优惠点。各部门的端头陈列需要注意的事项有所不同。如食品加工部应注意食谱的提供、调味品的价格等方面；而糕点部则要注意场面氛围，表现新鲜感和温馨的气氛；日用品部要注意表现色彩和谐、价格陈述等；杂货部要求注重体现购物便利性等。

4）比较陈列

比较陈列是指门店把相同商品按不同规格、不同数量予以分类，然后陈列在一起。比较陈列的主要意图是促使顾客理解门店薄利多销的特点，从而更多地购买商品。如一袋饼干2.1元，而旁边陈列的4袋装7.8元、8袋装14.8元，这样的比较陈列可使顾客比较出买得越多就越便宜，因而刺激顾客购买包装量较大的饼干。

值得注意的是，在进行比较陈列时，陈列架上要多陈列包装量大的商品，而包装量小和单品量就相应少一些，以明确为顾客指出购买的方向。一般来说，比较陈列必须事先计划好商品的价格、包装量和商品的投放量，这样才能保证既达到促销的目的又提高连锁企业的整体盈利水平。

5）定位陈列

定位陈列是指某些商品一经确定了陈列位置后，一般不再变动。需要定位陈列的商品一般是一些消费者经常使用且知名度高的品牌商品，顾客购买这些商品的频率高、量大，所以需要对这些商品给予固定的位置来陈列，以方便顾客尤其是老顾客购买。适合商品定位陈列的位置一般是变化不大的中央陈列货架。

关于线下连锁门店商品陈列的方法还有很多，比如狭缝陈列法、悬挂式陈列法、关联陈列法等，这里就不一一赘述。

☑ 互动课堂5-1　　　新零售背景下线上商店的商品陈列

新零售的精髓在于线上线下的融合，消费者无论是从线上还是从线下看到产品，都能在线上或线下成交。因此，线上商店的商品陈列也是吸引消费者下单、提升店铺销量的一个非常重要的手段。线上商店的商品陈列主要通过导航、首页和详情页的设计来体现。

（1）导航

导航条是线上零售店铺设计中不可缺少的部分，是指通过一定的技术手段，为店铺的访问者提供一定的途径，使其可以方便地访问所需的内容，可以快速地从一个页面转到另一个页面。利用导航条，消费者就可以快速找到其想要购买的产品，导航条的核心是做好商品分类。导航条的目的是让线上零售店铺的商品层次结构以一种有条理的方式清晰展示，并引导消费者毫不费力地找到商品等信息，让消费者在浏览店铺过程中不至于迷路。因此，为了让线上零售店铺的信息可以有效地传递给消费者，导航条的信息一定要简洁、直观、明确。在线上零售店铺的导航条设计中，还需要考虑导航条的色彩和字体的风格，应该从整个首页的风格出发，定义导航条的色彩和字体，因为导航条的尺寸较大，或者使用太突出的色彩就会喧宾夺主。鉴于导航条的位置都是固定在店招下方的，因此只要做到和谐统一，就能够创造出满意的效果。

（2）首页

网站的首页欢迎模块是对店铺最新商品、促销活动等信息进行展示的区域，位于店铺导航条的下方，其设计面积比店招和导航条都要大，是消费者进入店铺首页中观察到的最醒目的区域。由于欢迎模块在店铺首页占据了大面积的位置，因此其设计的空间也更大，需要传递的信息也更讲究。如何找到商品卖点进行创意设计，怎样让文字和商品等结合达到与店铺风格更好融合是首页设计需要考虑的一个问题。优秀的首页，其实就是消费者的购物导图。欢迎模块的设计通常具备3个元素，即背景的合理性、文案的优秀性和商品信息的醒目性。

（3）详情页设计

对于线上商家来说，店铺的优化是非常重要的，做好店铺的内部优化能够提高商品的销量。商品详情页是对商品的使用方法、材质、尺寸等方面的内容进行展示的页面，有的线上商家为了拉动店铺内其他商品的销售或者提升店铺的品牌形象还会在商品详情页中添加搭配套餐和商家简介等信息，以此来提高顾客的购买欲望。

做好商品详情页设计能让消费者留下深刻的印象，吸引消费者点击和下单，提高销量。

资料来源　姚嘉儿．玩爆电商运营：运营管理+美工营销+爆款引流+玩法转型［M］．北京：电子工业出版社，2021．

请同学们结合资料思考：（1）新零售背景下线上商店的商品陈列如何设计？（2）线上商店与线下商店商品陈列有何不同？

5.3　生鲜品陈列技巧

5.3.1　水产品陈列技巧

随着经济的发展，居民收入水平不断提高，水产品由于自身富有不饱和脂肪酸的特点，日益受消费者青睐。这类产品已成为连锁门店中最具市场潜力的产品之一。在连锁门店的处理中心或后场经过处理包装的水产品，可分为淡水鱼、海水鱼、虾贝类、水产干货四大类；按表面形态来区分，水产品可分为鲜活水产品、冰鲜水产品、冷冻水产品、水产干货四大类。不同的水产品应该采用不同的陈列方式。

1）鲜活水产品陈列技巧

活鱼、活虾、活蟹等水产品要以无色的玻璃水箱陈列。水中游弋的鱼虾等能展示出商品的活泼感和新鲜感，很受消费者喜爱。淡水鱼和咸水鱼要分开陈列，鱼池内的活鱼每3立方米面积不少于5千克陈列量，不能有翻肚的鱼、死鱼等在池内。

2）冰鲜水产品陈列技巧

冰鲜水产品即新鲜的非活着的水产品，是指出水时间较短、新鲜度比较高的水产品。这类水产品一般用白色托盘或平面木板进行陈列。陈列时在水产品的周围撒上一些碎冰，以确保新鲜度。摆放整鱼时，鱼头朝里，鱼肚向下，碎冰覆盖的部分不应超过鱼身长的1/2，不求整齐划一，但要有序，给人一种鱼在微动的感觉，以突出鱼的新鲜感。一些形体较大的鱼无法以整鱼的形式来陈列，则可分成段、块、片来陈列，以符合消费者的消费量。

3）冷冻水产品陈列技巧

冷冻水产品食用时需要解冻，一般陈列在冷柜内，多用塑料袋包装，但必须从外透过包装能看到其实体。有的商品如冷冻对虾、冻鱼等用小塑料托盘和保鲜袋塑封后进行冷冻陈列，以便于消费者少量选购。冷柜通常应是敞口的，并连续制冷，以确保冷柜内必要的温度水平。

4）水产干货陈列技巧

水产干货产品用食盐腌制过，短期不会变质，例如盐干贝类等。这类水产品多用平台陈列，以突出其新鲜感，有些则用标准货架陈列。由于地域的差异，我国北方许多消费者不习惯食用贝类水产干货，因此卖场应提供调味佐料和烹饪食谱，必要时还可以提供烹饪好的食物照片，以促进商品的销售。

5.3.2　蔬菜、果品陈列技巧

蔬菜、果品简称蔬果。蔬果部门是卖场中吸引顾客的最重要的部门之一，关系着门店经营的成功与否，其陈列方式直接影响着整个门店的购物环境和形象。通常，蔬果部门的销售额占超市整体销售额的8% ~ 20%，深耕生鲜板块的永辉超市生鲜商品销售额占比保持在44%以上。随着季节的变化，顾客可从中挑选自己所喜好的品种。蔬果区可以分为蔬菜区域和水果区域。蔬菜区域又可以分为叶菜区域、果菜区域、豆制品区域和其他区域，其中果菜区域可以分为瓜类、豆荚类、根茎类；水果区域又可以分为热带水果类、瓜类、柑橘类、浆果类以及其他类。蔬果质量关系到消费者的身体健康，所以蔬果在陈列前还需要经过冲洗、分类、分级、修剪、包装等程序，并区分为可常温保存的蔬果、需立即冷藏的蔬果、需特殊处理的蔬果3类，以确定储藏与陈列方式。蔬果的陈列方式主要有排列法、置放法、堆积法、交叠法、装饰法5种。

1）排列法

将商品有规则地组合在一起称为排列。排列法是指将蔬果有顺序地并排放置在一起，重点是将边面和前面排列整齐，如将蔬菜的根茎分别对齐，使其根齐叶顺，给人留下美观的印象。

2）置放法

置放法是指将商品散开放置在箱子或笼子等容器中，容器一般是敞口的。由于容器4个侧面和底部有隔板，商品不会散落或杂乱，但要注意将上面一层的商品摆放整齐。

3）堆积法

堆积法是将商品由下往上顺序堆砌，底层的商品数量较多，顶层的商品数量较少。堆积法既稳定又有立体感，能够体现商品纯正的自然色。堆积时，要注意前面和边面要保持一定的倾斜幅度。

4）交叠法

交叠法是指将大小不一、形状各异的商品进行交错排列或将这些商品放入包装过的袋子里组合起来等。交叠是为了美观，使商品看起来整齐一些。

5）装饰法

装饰法是指将一些商品放在另一些商品上，起到陪衬的作用。装饰的情形有两种：装饰的商品身兼销售与装饰双重作用；装饰的商品仅起装饰作用，真正要销售的商品则摆放在旁边。装饰的目的就是产生良好的视觉效果，使商品显得更为新鲜，更为整齐等，以达到促销的作用。例如，用荷兰芹或叶子镶嵌在商品的缝隙中，用假枝装饰水果，用小树枝装饰荔枝等。

蔬果一般都具有较丰富的色彩，陈列时适当组合、搭配，能充分体现蔬果的丰富性、变化性，既能给顾客赏心悦目、不停变化的新鲜感，又能较好地促进销售，这也是蔬果陈列的技巧所在。如绿色的黄瓜、紫色的茄子、红色的番茄的搭配，红色的苹果、金黄色的橙子的搭配等将产生五彩缤纷的色彩效果。

5.3.3　肉类生鲜品的陈列

据调查，消费者在超市购买肉类生鲜品的比例约为14.5%，超市肉类生鲜品（包括猪肉、牛肉、羊肉、便餐肉、熏肉、家禽肉及其他肉类食品等）的销量呈现出与日俱增之势。肉类产品变质的过程：第一阶段，分切后的肉暴露在空气中15 ~ 25分钟后，肉表的肌红蛋白与空气中的氧气结合生成氧合肌红蛋白，此时肉的颜色鲜红诱人，卖相极佳。第二阶段，肉继续暴露在空气中，肉表面水分散失变得干燥，空气中的氧气无法再进入肉内，氧合肌红蛋白变为变性肌红蛋白。肌肉中所含的二价铁离子被氧化为三价铁离子，肉的颜色变为褐色，此时肉开始腐烂变质。第三阶段，随着温度及湿度的变化，微生物大量繁殖，肉的颜色由褐色变为绿色，此时肉已经完全腐烂变质。另外，肉类生鲜品的人工附加值和包装材料成本占了60%，因此门店应对其处理作业及管理给予高度重视。温度是影响肉类生鲜品质量变化的主要因素，因此要对肉类生鲜品的储存温度进行管理。

1) 温度管理

适当的温度有利于肉品的维护与处理，而且可以减少损耗，延长肉品的销售时间。通常在适当的温度管理与控制下，能使耗损降低5%左右。

(1) 冷藏库的温度最好控制在-5℃～-1℃为宜。

(2) 切割处理区与肉品包装区的温度最好在15℃左右。

(3) 陈列柜（冷藏柜）的温度应维持在3℃左右。

(4) 熏肉、加工肉食品区则以1℃～2℃为宜。

(5) 需要-3℃以下温度冷冻的肉品，不适宜用保鲜膜包装。

2) 肉品陈列应注意的其他事项

(1) 要保持每一商品的最低陈列量并整理排面，使之整齐。

(2) 经常检查陈列的商品，如有不良的商品应及时拿出来。

检查项目有：肉品是否发生变质；包装是否完整；标识是否完整清晰；肉色是否变化；肉汁（血水）是否渗出等。

(3) 冷藏肉品的单品应避免重叠陈列挤压造成的变形。

(4) 陈列面不要超越装载线，避免堵塞通风口而影响展示柜的冷气对流。

(5) 商品标识要面向顾客，使顾客容易了解商品的包装日期、单价、数量及重量。

(6) 不同单品要以分隔板间隔，以明确种类划分。

(7) 牛肉、羊肉、鸡肉、鸭肉等肉品要划分单独陈列区域，关联产品要陈列在一起。

一般来说，体积大且重的商品要置于下层，以使顾客易选、易拿、易看。为了方便顾客选购，常将肉类生鲜品在陈列柜中大致按类分区陈列，例如分为排骨、肉片、肉丝碎肉、熏肉、加工肉、家禽肉等。不过，也有按家禽肉、牛肉、羊肉、猪肉、加工肉等类分开陈列的。以精分割肉为例，其陈列顺序大概是这样的：骨头、排骨、副产品、精肉、绞肉、加工肉等。

【案例精析】　　　　　**重回线下，陈列要以动销为本！**

新冠疫情三年，快消品行业从业人员有两大变化：一是三年间面对新冠疫情突发"封闭"的不确定性，一旦"解封"，从业人员的首要工作便是签订单、配送、压货，先保证渠道商有货，从而致使一些市场基本动作（如陈列生动化等）没有被严格地执行到位。二是三年间社区团购异常火爆，B2B的余热未散，以及封闭带来的"网红"效应不减，爆品、爆红、爆量等词汇冲击着从业人员，致使从业人员无法回归初心（线下）。目前，快消品厂商和零售商需要回归初心（线下），而真正的线下竞争离不开之前的"看家本领"，线下竞争的看家本领之一就是陈列。

（1）陈列的核心价值

首先正确的陈列不仅是让产品更好看，而且要好卖，没有动销逻辑的陈列毫无意义；其次人有五觉——视觉、听觉、嗅觉、触觉、味觉，线上传播只能解决前两种，线下陈列则可以打通与消费者连接的最后一米，不具备传播逻辑的陈列毫无意义。在区域市场要获得竞争优势，必须从三个方面入手：产品竞争力、渠道竞争力、消费者竞争力。陈列是塑造线下竞争力最好的推手。

①产品竞争力。把产品按照覆盖率和回转率进行标签化区隔，于是就产生四个维度。

维度一是核心产品：高回转率、高覆盖率。陈列对策：增加排面、多点陈列、堆箱、割箱等生动化陈列方式，以品牌陈列为主。

维度二是重点产品：高回转率、低覆盖率。陈列对策：加强网点开发和导入激励，增加商品陈列排面。

维度三是潜力产品：低回转率、高覆盖率。陈列对策：傍大款、对标第一品牌蹭流量，多做品类陈列。

维度四是机会产品：低回转率、低覆盖率。陈列对策：加强网点的标准性开发和导入，对标第一品牌的流量。

就产品竞争力而言，陈列的核心工作是依据产品现有的竞争情况，利用差异化、聚焦等手段，将产品从货架中凸显出来，有效地将产品信息传达到目标消费者那里，进而在市场竞争中处于领先地位。

②渠道竞争力。连锁门店要知晓不同竞争格局的产品市场陈列原则是不一样的。没有品牌的加持，缺少消费者"认知"的连接，该企业产品的"遍地开花"给到消费者的是"视而不见"。结果就是陈列在货架上的产品大面积临期、过期，退出市场。不是陈列失效了，而是市场的变化导致陈列开始有了适配性，什么样的区域、什么样的渠道商、什么样的渠道就匹配什么样的陈列策略。

比如，首先可以按照区域人口数和人均年消费金额将市场区块化，不同区块可以匹配不同的陈列策略；其次可以按照市场竞争格局，如竞争力强于竞品、和竞品持平、弱于竞品设计不同的陈列策略；最后可以根据经销商的能力和意愿维度设计陈列过程以及合理的监管策略等。

总之，从区域到渠道商，从渠道商到渠道，陈列逻辑要匹配，要更加贴近市场，这样才能让产品在渠道上获得竞争优势。

③消费者竞争力。拉新、复购、提高客单价等是打造产品竞争力的核心手段，此时陈列的核心就是根据不同的消费者推广活动制定相匹配的准则；陈列策略的目标是配合各式各样的消费者推广活动，布建与之匹配的场景、生动化要素等，以吸引和激发目标消费者的购买欲望。

（2）陈列如何有效落地

①品牌陈列VS品类陈列：重视大店的品牌陈列，加强小店的品类陈列。

②货龄管控：大店付费陈列存在大货龄产品消化处理，有损品牌形象。

③陈列标准与落地：陈列的跟踪和检核需要加强，有标准，落地需检核，需要建立陈列标准和落地之间保障执行力的组织。

④消费者促销品：消费者促销品选择要考虑消费场景，缺少消费者促销品，对拉新、复购、提高客单价很不友好。

⑤生动化布建：陈列时如果物料单一，氛围营造就会不够，销售场景和消费场景布建要进一步加强，可以采用生动化布建。

⑥市场借鉴：根据市场已有陈列，开展消费者的拉新、复购等。

⑦陈列价格体系：开展陈列操作时，价格方面要确保渠道正常利润，同时保持产品价格方面的竞争力，尤其是捆绑销售和零售价格体系的调整。

资料来源　海游.重回线下，陈列要以动销为本！［J］.销售与市场（管理版），2023（5）.

精析要点：商品陈列的初衷及最终目的都是让顾客在不经意间购买计划外的商品。对销售终端而言，商品陈列成为一个吸引消费者注意力、提升销售额的重要手段。在经历新冠疫情和资本市场的洗礼之后，快消品厂商和零售商应该快速回归线下，回归市场基本功，做好商品的生动化陈列，让自己的产品具备更多的竞争优势。

【职业指南】　　　　　**胖东来水果的量感陈列**

胖东来是河南省四方联采成员之一，也是河南商界具有知名度、美誉度的商业零售企业巨头之一，总部位于许昌市，创建于1995年3月。胖东来旗下经营业务涵盖专业百货、电器、超市等。河南本土零售品牌胖东来，其水果的商品陈列很具有艺术美。

利用假底可以增加商品陈列的丰满度和层次感，使灯光更加均匀地照在商品上，提升商品质感。

关联陈列可以使单品多样化，比如水果和果脯、饮料、花茶等搭配，尤其是应季的商品之间的搭配，更能突出主题，增强陈列艺术感。

季节性商品需要打地堆来陈列，制作形象堆头，利用氛围突出商品，单品陈列面积也要足够大，同时要增加顾客购买的良好体验感和方便性，做好商品不同分量的分切或成盒售卖工作，使服务达到润物细无声的精细化程度。

热带水果类损耗较大、不宜存放，要加快周转，可以以别致形象的异形堆进行陈列；进入夏季一定要注意及时补冰，建议制作需要补冰的蔬果明细表，每天及时补冰，保持商品的新鲜度。

夏季要做好水果的分切，果切类商品可以随时享用，科学的搭配还可以满足顾客不同的需要。现切水果上标注一、二、三、四等级，甜度依次递增，提示顾客可以依次体验。为了更好保证水果的口感，现切水果一定要陈列至保鲜柜进行保鲜，也可以用碎冰作为陈列假底。

根据商品特点打造商品的包装，这样的益处有：顾客购买时无须挑选和过秤，可以节省购买时间；可以降低商品损耗；可以使商品的陈列更加美观；可以使员工的规范操作加强等。但必须强调的是，商品的品质关系企业的声誉，筛选标准要统一规范。

山竹和红毛丹需要陈列在冰上，以保证商品的品质、品相及更好地控制损耗，透明的冰块也会显得商品更加晶莹透亮。单品要丰富，例如有国产蓝莓和进口蓝莓，以满足不同消费群体的购物需求，同时可以拉大商品的价格带。

好商品需要主动介绍，可以用商品介绍标牌，主要介绍商品的特点、产地、营养成分、适宜人群和糖度，用专业知识引领顾客的品质生活。比如苹果的酸甜度二维坐标折线图可以让顾客更直观地了解不同品种苹果的口感。"众口难调调众口，总有一种属于您。"

想要推出的爆款商品，需要集中陈列、分类陈列。

正确的食用方法能带来更佳的味觉体验，让网红试吃可以调动顾客的购买欲望；一物多吃是尊重商品价值的体现。

美观的陈列不仅可以让人获得视觉享受，还体现着对商品的尊重、对顾客的尊重。合理地利用货架端头，并擅长利用柜子的拐角处等，挑选网红商品、爆款商品、新品，打造自己的特色；使用小道具，把商品最美的一面展示出来。

柠檬类百香果类可以关联陈列，比如可以制作网红果茶，顾客喜欢的就是顾客的需求。草莓、枇杷、车厘子等浆果类商品皮软，易损耗，尽可能少量成盒销售，挑选时要严把质量关，尤其在夏季，顾客购买的时候要告知顾客及时保鲜储存、及时食用。

简单的提示，是胖东来润物细无声的服务。胖东来的小爱体现在细节之处，胖东来的大爱同样体现在细节之处！

资料来源　佚名. 胖东来水果陈列量感是怎么做出来的？［EB/OL］.［2023-10-15］. https：//www.sohu.com/a/728548047_121123722.

📖 本章小结

商品的陈列设计是连锁门店一项十分重要的工作。商品陈列的水平对消费者的购买量有直接影响，好的陈列设计可以刺激消费者消费。为了更好地进行商品陈列设计，本章主要介绍了连锁门店内的商品配置和陈列，主要包括商品配置表的制作，商品陈列的原则，线下商店一般商品陈列的方法，线上商店导航、首页、商品详情页的设计，生鲜品陈列的方法等内容。

📖 主要概念

商品配置表　大量陈列　端头陈列　展示陈列　比较陈列　关联陈列

📖 基础训练

一、选择题

1.大量陈列法包括（　　）。

A.岛形陈列法　　　B.落地式陈列法　　　C.货架式陈列法　　　D.展示陈列法

2.端头陈列的商品可分为（　　　）。

A.特卖商品　　　　B.大量陈列商品　　C.选购品　　　　　D.门店规划商品

3.线上零售店铺商品的陈列布置主要包括（　　　）。

A.导航设计　　　　B.店铺招牌设计　　C.首页设计　　　　D.详情页设计

4.商品可以进行（　　　）陈列。

A.功能关联　　　　B.品牌关联　　　　C.用途关联　　　　D.价格关联

二、判断题

1.对于极其昂贵的商品在陈列时应遵循伸手可取的原则。　　　　　　（　　　）

2.商品放满陈列的要求是货架每一格的品种越多越好。　　　　　　　（　　　）

3.采用落地式陈列法的多是带外包装箱的商品。　　　　　　　　　　（　　　）

4.线上零售店铺的首页是对店铺最新商品、促销活动等信息进行展示的区域。

（　　　）

三、简答题

1.展示陈列常用到哪些手法？

2.端头陈列应注意哪些方面？

3.卖场的生鲜食品应如何陈列？

四、案例分析题

某连锁门店大家电产品销售一直不佳，需要整改的地方主要有以下几个方面：

（1）因大家电业绩下降，供应商不愿意对大家电部门配备促销员，而小家电业绩相对比较稳定，门店建议将小家电与大家电位置对调，以吸引顾客，提升大家电的销售量。

（2）家电卖场内缩区陈列位置比较靠后，陈列家电的任何一个分类都没有太大意义，又给家电带来了库存压力，门店建议将此区域整改为小家电仓库（门店仓库在三楼，卖场在二楼，取货不太方便）。

你认为门店的分析和采取的相应措施合适吗？如果不合适，你认为应该如何做？

◈ 实践训练

【实训项目】

项目：进行端头陈列。

【实训场景设计】

端头陈列质量的优劣，是关系到连锁门店形象好坏的一个主要方面，中央陈列货架的两端是顾客通过流量最大、往返频率最高的地方。联系一家门店，分析其端头陈列的利弊，提出自己的意见，并设计合理的端头陈列。

【实训任务】

结合端头陈列的要点完成此任务，并掌握相关知识。

【实训提示】

1.中央陈列货架的两头，即卖场第三磁石点位置。

2.端头一般用来陈列特价品，或者零售店推荐给顾客的新商品，以及利润高的商品。

3.端头陈列法可以是单一商品的大量陈列，也可以是几种商品的组合陈列。

【实训效果评价标准表】

"端头陈列"实训项目评价表见表5-2。

表5-2   "端头陈列"实训项目评价表

项 目	表现描述	得 分
参与积极性		
知识掌握情况		
提出意见情况		
所设计端头陈列情况		
合 计		

得分说明：根据学生在实训过程中的表现，分为"优秀""良好""合格""不合格""较差"，相对应得分分值为"25""20""15""10""5"，将每项得分记入得分栏，全部单项分值合计得出本实训项目总得分。得分90～100分为优秀；75～89分为良好；60～74分为合格；低于60分为不合格，须补考；低于45分（含45分）为较差，必须重修。

第6章
连锁门店理货作业管理

学习目标

通过本章的学习，要求达到以下目标：

知识目标：了解和熟悉理货员的基本素质要求和岗位职责，掌握理货员的作业规范和作业要领，熟悉理货员应具备的商品和设备保养知识。

能力目标：树立学生吃苦耐劳、爱岗敬业的精神，培养学生团队合作的能力，能够独立开展商品上架等理货工作。

思政目标：确定"劳动价值"作为本章课程学习的思政教育主题，通过对理货作业流程进行实操，让智慧在手指间延伸，引发学生思考理货员岗位所体现的劳动价值，帮助学生树立从基层做起的劳动意识。

引例

超市理货员：平凡岗位乐在其中

临近春节，家家户户都在忙着置办年货，各大超市迎来一年中最为繁忙的时期。华龙乐购超市副店长张雯工作19年来，已经习惯了春节期间的这种忙碌，整日奔波在货架之间、仓库到卖场的路上，日均集中大量补货3次，需随时补货时更是拔脚就走，手机上的"微信运动"显示每天的步数都在2万步左右。

1月20日早晨7点半，天还没有大亮，张雯就早早来到超市办公室，迅速脱下羽绒服，一溜小跑赶往卖场。这几天，张雯和同事们都是直接把工装穿在外套里面来上班，"哪怕能节省一两分钟也是好事呀。"张雯笑着对记者说。

进入节前消费高峰期，超市各种蔬菜水果、干货副食的销量持续增长，前一天晚上需要备一部分货，第二天早晨也得提前一个小时来备货。从腊月廿三开始，华龙乐购超市后勤人员就都走上卖场一线，上货、理货、结账、打包……忙得喝口水都要挤时间。"我主要负责各类干货和蔬果的上货、称重、打包，或者哪里需要人手就去哪里。"作为超市食品区的临时理货员，张雯说，"这几天必须保证货品丰富，这样顾客在置办年货的时候才能有更多选择。"在和记者说话时，她手里的活儿一直没停，熟练地将一棵棵白菜拿起来称重、打包、贴标签、摆放整齐。

一个小时很快过去，上午8点半，虽然超市刚开门没多久，但顾客已络绎不绝，熙熙攘攘的客流让超市的年味又浓了几分。"这几天全天都是高峰期，晚上6点左右，客流量会达到最高峰。我们理货员需要随时观察货架台面，哪里缺货及时补上，除此之外早、午、晚还得集中大量补3次货。"张雯来来回回地在货架之间走动，检查货物摆放是否整齐、是否足量。"年底是最忙的时候，我们从早上站到晚上八九点，十三四个小时里只有20分钟的午饭时间。"张雯的一位同事说道。这几天他们的午餐都是在超市里解决的，随便吃桶泡面或啃个烧饼就算完事，赶快又投入工作。由于很多商品分量不轻，一天工作下来，他们累得胳膊都伸不直了，腿也遛麻了。张雯笑称"这几天运动量有点大"，自己和同事们承包了"微信运动"朋友圈的前10名。

张雯只是众多服务行业工作人员的一个缩影。在广大市民为春节购买年货、装扮家居、计划出游的时候，他们坚守在自己的岗位上，为给市民提供优质的服务、保障百姓节日消费需求而默默奉献着。

资料来源　王秋虹. 超市理货员：一天平均走2万步［EB/OL］.［2024-01-23］. http：//www.yq.gov.cn/ywdt/jryq/202001/t20200123_969939.shtml.

6.1　理货员的基本素质和岗位职责

门店卖场中的理货员看似其工作较简单、普通，但他们常常与顾客接触，他们的一举一动、一言一行无不体现着门店的整体服务质量和服务水平，他们的素质直接影响门店的生意和声誉，所以只有不断地提高理货员的素质和业务能力，才能使门店在激烈的市场竞争中获得更多的优势。

6.1.1 理货员的基本素质

1）理货员的职业定义和职业特征

（1）理货员的职业定义。理货员是指在敞开式销售的连锁门店内，通过理货活动，依靠商品展示与陈列、POP广告、商品标价、排面整理、商品补充与调整、环境卫生、购物工具准备等作业活动，与顾客间接或直接地发生联系的工作人员。

（2）理货员的职业特征如下：

①理货员没有特定的服务空间。理货员在指定的区域内与顾客共享一个空间，顾客可以充分自主地接触商品空间，这是敞开式销售的连锁门店的一个基本特征。

②理货员的工作重心是商品以及与商品销售服务相关的环境。

2）理货员的职业意识

（1）顾客意识。顾客意识的核心是要求理货员时时思考如何让顾客愉快地购物，以此作为工作指南。例如，沃尔玛提出理货员在与顾客进行沟通时要做到以下两条：第一，顾客永远是对的；第二，假如顾客错了，请参看第一条。

（2）目标意识。没有目标就没有动力，有了明确的目标，即使工作辛苦也会有不错的心情，这是做好工作的精神保证。理货员既要有目标地开展工作，又要具有不断向更高的工作目标努力的意识。

（3）形象意识。连锁企业是一个大家庭，每一个理货员的个人形象都会直接影响连锁企业的整体形象。例如，沃尔玛对员工提出以下要求：当你踏进沃尔玛时，你就是一个沃尔玛人，你的形象代表沃尔玛。

（4）品质意识。商品品质需要工作品质来保证，理货员应树立良好的工作态度，养成缜密的思考习惯，避免工作出现差错，以确保商品和服务的品质。理货员在理货过程中不仅要让商品顺利售卖出去，还要保证售卖给顾客的商品是有质量保证的，售卖的商品不会对顾客造成人身伤害等。例如，酒水区理货员在理货过程中，除了要掌握售卖的啤酒是有保质期的知识外，要掌握售卖的啤酒瓶也是有保质期的知识，过期的啤酒瓶可能会发生自爆。啤酒厂商在回收啤酒瓶时都有规定，要对啤酒瓶进行安全检测，如大理啤酒公司执行《啤酒瓶回收过程管理规定》，让啤酒瓶回收有章可循，确保啤酒瓶安全投入使用。

（5）成本意识。为顾客节省成本是成本意识的核心。只有降低成本才能向顾客提供质优价廉的商品和优质的服务。理货员在工作中要认识到"节约成本，人人可为；节约成本，人人有责"。例如，沃尔玛员工在工作中使用的材料是正反面打印的，但是用于顾客服务的设施是非常先进的。

（6）合作意识。理货岗位与总台、收银、防损和仓管都有密切联系，理货员只有主动与他人合作才能更好地完成工作。连锁企业的运营虽然类似于工业化大生产的流水线，但与之不同，它更像有血有肉的生物体，需要各个器官的有机配合才能维持整体的活力。在这个大家庭中，每一个员工都应该时时保持良好的合作意识，时刻准备与他人合作来完成工作。连锁门店要领跑新零售，就要打造新体验，理货员需要配合总台完成线上订单接单，优选新鲜、高品质商品，对其进行打包，并将其准确、及时交给总台等。

（7）问题意识。不要回避问题，要善于发现问题和有效地贯彻解决问题的办法。要能及时发现商品质量、商品标价、商品陈列等方面的问题，提出解决问题的方法并及时解决问题，避免和降低损失。

（8）规范意识。要按照理货岗位职责、工作流程和作业规范来进行工作。

3）理货员的职业道德修养

（1）形象修养。形象修养体现在语言、仪表、举止3个方面。语言方面：语言文明，谈吐得体，语速快慢适中，礼貌待客，合理称呼、问候，以诚相待，站在顾客的立场与顾客谈话。仪表方面：着装按门店要求穿统一配置的工作服，衣着应整洁，个人外表修饰应大方得体，以清洁、整齐为主。举止方面：举止大方、得体，注意细节，对顾客彬彬有礼，避免与顾客发生争吵，应以发自内心的微笑与顾客交流，动作迅速、准确、利落、专业，遵守卖场纪律，维护产品及卖场声誉，及时记录并反馈顾客的需求及意见。

（2）意志修养。认同顾客的意见：要求理货员有清晰的角色意识，知道应该做什么，不该做什么；应该说什么，不该说什么。具有一定的自制力：要求理货员冷静、沉着，不受顾客的情绪所影响，做到顾客发火，我耐心；顾客粗暴，我礼貌；顾客埋怨，我周到；顾客有气，我热情。要有一颗宽容的心：要求理货员宽以待人，得饶人处且饶人，把一切"面子"都留给顾客；有宽容心才能有效地自制。

（3）品质修养。在工作过程中，见物不贪、与人为善、做事求上，不义之财不可取。比如，克己自律应从第一次拒绝贪不义之财开始，有了第一次，就会有第二次、第三次……"做一天和尚撞一天钟"的工作态度和工作作风已不适合现代社会。只有在工作中学习，在学习中工作，才能把工作做得更好。总之，只有不断求上，才能有益于顾客，有益于公司，有益于社会，有益于自我，有益于家庭。

互动课堂6-1   夜幕下的坚守：超市理货员

陈睿是华润万家河北路店的家庭食品部经理，2020年新冠疫情期间，该部承担着方圆7公里范围内的市民生活必需品的线上供应。晚上11点，陈睿核对完一天的线上订单，分配给分拣员之后，晚上的补货工作才刚刚开始。陈睿告诉记者，现在每天线上的顾客订单量都在1 000单左右，从早上7点开始，拣单员就要开始按照顾客需求配货，那么到了夜里，陈睿就要和补货组核对好货架的货量，并且将货全部补充足。在凌晨1点，超市里灯火通明，每一个档口，理货员都在紧锣密鼓地整理着次日的货品，从货场到卖场，来来回回一忙起来，就到了夜里两三点钟。每天超市货源充足，这种充足，此时更是一种信心的传递。

资料来源 乌鲁木齐广电融媒体. 夜幕下的坚守：超市理货员［EB/OL］.［2023-08-25］. http://www.xinjiangnet.com.cn/2020/0825/2252990.shtml.

请同学们结合资料思考：（1）理货员在保障人们日常生活用品市场供应充足方面发挥哪些作用？（2）如何在平凡岗位培养吃苦耐劳、爱岗敬业的精神？

6.1.2　理货员的岗位职责

1）部门日常工作

（1）认真执行商品配置表定位陈列规范，做好商品的货架陈列、落地陈列及冷柜陈列。做到商品陈列丰足，商品质量符合销售要求，标识包装符合要求，正确掌握商品标价知识，标好价格。

（2）排面、堆头陈列调整；排面、堆头补货。

（3）接待顾客的咨询，了解顾客的需求，做好现场促销，提高销售。

（4）负责做好商品销售记录、账目核对等工作，按规定完成各项销售统计工作。

（5）及时提出订货建议，保证商品种类丰富、数量充足，避免商品的脱销、滞销、积压。

（6）削价、报损商品处理；促销商品陈列、POP广告跟进；联营供应商商品管理。

（7）跟进商品订货，加快库存周转，跟进商品到货情况。

（8）协助收货部门，完成本部门商品的来货验收工作。商品保质期检查，商品仓库管理。

2）其他工作

（1）参加盘点，保证盘点准确性。

（2）协助做好门店安全保卫和防损工作，维护所负责范围的商品安全，随时注意设备运行状态，若有异常，立即通知当班经理。

（3）做好货架与通道责任区域的卫生，按使用说明安全使用设备。

（4）为顾客提供专业、时尚、互动、友好的服务。

（5）积极参加商品专业知识、员工专业技能的培训。

＞拓展阅读6-1　　　　　　电子商务部理货员岗位说明书

电子商务部理货员岗位说明书举例见表6-1。

表6-1　　　　　　　　　　电子商务部理货员岗位说明书举例

一、基本数据					
所属部门	电子商务部	岗位名称	理货员	直属上司	
岗位职级		岗位编制	2人	制定时间	
二、岗位设置目的					
保障日常的商品进出库管理及简单的商品维护工作					
三、岗位职责概述					
1.负责对进仓商品盘点核对，及时补仓上架					
2.根据订单进行商品配货，并做好打包、扫描、出库等工作					
3.对每月商品出入库情况，以及快递发货情况进行及时统计核对					
4.维持仓库环境的整洁和卫生					

续表

项目	序号	内容	工作频率					
			年	季	月	周	天	随时
工作具体内容	1	每天上午到岗后首先进行货架的整理、仓储区域的卫生清理					☐	
	2	有商品入库时做好清点和上架工作						☐
	3	根据每日的提货单进行商品的配货、分拣、打包、贴面单等工作。每日16点之前拍下的订单需要当天完成发货，16点之后的订单需要次日12点之前完成发货。每日需完成两次发货，上午和下午下班之前各一次					☐	
	4	配合快递公司进行商品的出库确认并做好系统内的扫描出库操作					☐	
	5	每日下班前巡视仓储区域的防火防盗情况，关闭不需使用的电器设备					☐	
	6	简单的商品返修工作					☐	
沟通协调	1	对商品库存的异常情况进行处理						
	2	对仓库设施的异常情况进行处理						
	3	对发配货订单的异常情况进行沟通，协助处理						
	4	日常工作中突发事件的处理						
权限	1	有权拒绝和阻止他人的一切影响仓库商品安全的行为						
	2	有权拒绝一切未经核准的商品领用申请						
	3	有拒绝不合格商品入库的权利						
	4	有权调阅存档的相关发货单据						

四、工作内容

五、任职资格

1. 学历：中专以上学历

2. 经验：1年以上工作经验

3. 技能：了解物流配送相关流程，具有简单的商品装配技巧

4. 素质：工作细心，认真负责；吃苦耐劳，踏实；有协调沟通能力

5. 培训：相关岗位知识培训

6. 特殊要求：熟练操作Word、Excel等办公软件

六、关键绩效指标

1. 每月发货总单量

2. 漏发、错发单数量

3. 商品包装问题投诉量

4. 仓库卫生、整洁情况评估得分

七、作业文件

文件名称：《库存盘点单》《异常库存报告》

使用表单：日常工作涉及表单

八、批准

签名	在岗人员	直接上级	分管上级	核准
日期				

资料来源 佚名. 理货员岗位说明书［EB/OL］.［2024-03-29］. https://www.doc88.com/p-13947116701158.html.

6.2　理货员的作业规范和作业要领

6.2.1　理货员的作业流程和作业规范

1）理货员的作业流程

连锁门店理货员的一举一动、一言一行无不体现着连锁企业的整体服务质量和服务水平，他们素质的好坏，将直接影响企业的收益和声誉，所以做好理货员的工作非常重要。理货员一天的作业流程可分为营业前、营业中和营业后 3 个阶段。每一个阶段的工作内容见表 6-2。

表 6-2　　　　　　　　　　　　　　　理货员的作业流程

作业阶段	作业内容
营业前	参加早会，打扫责任区域内的卫生；检查劳动工具；查阅交接班记录；补满货架、堆头及端架商品；检查 POP 广告价格牌；清理通道中的空纸箱、栈板及垃圾
营业中	巡视责任区域内的货架，了解销售动态；根据销售动态及时做好领货、标价、补货上架、货架整理、保洁、损坏退回商品集中堆放等工作，保持商品陈列的美感和商品的鲜度，保持通道清洁畅通；方便顾客购货，回答顾客询问，接受友善的批评和建议等；协助其他部门做好销售服务工作，如协助收银、排除设备故障，协助总台完成线上订单的接单、拣选、打包；注意卖场内顾客的行为，用合理的方式提防或中止顾客的不良行为，以确保卖场内的良好氛围和商品的安全
营业后	对责任区域内货架、堆头及端架商品进行检查，集中补货；收集并归位弃购商品；对责任区域内贵重商品进行日盘；打扫责任区域内的卫生；整理劳动工具，归位物品及器材；整理商品单据，填写交接班记录

2）理货员的作业规范

（1）待客作业。待客作业包括等待顾客，主动接近顾客，倾听顾客意见、建议和抱怨，与顾客沟通，送客等多项活动。

（2）礼仪服务。理货员上岗必须按照门店统一规定，身着整洁的工作服，并佩戴工号牌；在营业中，对于顾客的任何询问，应以礼貌的态度耐心听清之后，给予具体的回答，并能主动使用礼貌用语。

（3）日常作业规范：

①上班时间务必穿着工作服，佩戴工号牌，保持服装仪容整洁。

②上班提前 5 分钟到达工作岗位。

③服从部门主管的命令和指示，接受指导和监督。

④上班时间不与他人争吵，不能打架。

⑤严格遵守休息时间。

⑥爱护门店内一切商品、设备、器具。

⑦价目卡要如实填写，以免误导顾客。

⑧接触商品要轻拿轻放，按规定要求进行补货上架和商品陈列。

⑨随时维护卖场的环境整洁。

（4）商品整理和货架清洁规范：

①为了让顾客在挑选时有个干净的环境，理货员在巡视时干净抹布不能离手。

②做好商品的前进陈列，即当售出第一排商品、排面出现空缺时，必须将后排商品移到第一排空格处，体现出商品的丰足感。

6.2.2　理货员的作业要领

1）领货作业要领

领货是指根据卖场内的商品销售情况，由理货员去后仓领取商品以补充货架的过程。理货员必须凭领货单领货，领货单上理货员要写明商品的大类、品种、名称、数量及单价；对仓库管理员所发的商品，必须按领货单上的事项逐一核对验收，以防止提错。

洗发水被塞进调味品货架，速冻水饺被遗弃在无人认领的购物车里，火腿被放在文具区……像这样被顾客随手丢弃"异地安置"的商品并不少见，超市业内人士将其形象地称为"孤儿商品"。理货员在理货过程中经常会遇到孤儿商品。孤儿商品是指被顾客遗弃在该商品非正常陈列位置的单个或者多个商品。孤儿商品产生的原因主要有：结账的时候顾客认为该商品价格错误，放弃购买；结账候时太久造成顾客整篮或者整车商品都放弃不买；结账的时候，发现商品无条码或者商品条码无法扫描或无法输入而造成无法销售；结账的时候，顾客临时改变购买计划而将商品遗弃在商品的非正常陈列位置等。为了最大限度地解决孤儿商品问题，连锁门店设立了丢弃商品回收站，在收银台附近还特别设立了顾客弃选商品暂存区，按照食品、非食品等种类进行了划分，顾客若选了不想要的商品，可以按照提示，将商品放置进去，但是孤儿商品回收效果并不明显，这就需要理货员按时巡逻并及时处理孤儿商品。

理货员在遇到孤儿商品时可以采取以下办法处理：收银台人员及时将收银区域的孤儿商品送回该商品所属的柜组，理货员尽快回收孤儿商品；收回的孤儿商品能够继续销售的，可以直接摆回该商品的正常陈列位置；破包、残次或者存在其他质量问题的孤儿商品绝对不可以直接摆回该商品的正常陈列位置，应依照门店的有关规定处理；无法扫描或者无法输入条码的商品必须重新贴标签或者贴码；需要保温或者冷藏的商品，因为长时间失温而导致无法销售的，绝对不可以再摆回原来的陈列位置，避免造成顾客投诉等不良后果。

2）标价作业要领

标价是指商品代码（部门类别和单品类别）和价格以标签方式粘贴于商品包装上或放置在货架上的工作。每一个上架陈列的商品都要标上价格标签，既有利于顾客识别商品售价，又有利于门店进行商品分类、收银、盘点及订货作业。

（1）价格标签的类型及内容。随着无线射频技术的发展和应用，商品的价格标签可以分为两大类：纸质价格标签和电子价格标签。

纸质价格标签主要有：

①货架价格标签。该标签用于陈列商品的货架上，一般是可以活动的，上面有指示方向，基本用于标示在正常销售的货架上的商品价格。由于存在不同类型的商品价

格，价格标签多采用几种不同的颜色进行区分。标签上的主要内容包括商品名称、产地、等级、规格、计价单位、售价、大组号/小组号、条码、货号、供应商编号等。

②价格牌。其主要内容包括商品的名称、商品的型号和规格、商品的原价、商品的现售价、商品的变价日期等。价格牌通常放在货架上的价格标牌的位置，如果吊挂或置于不锈钢的支架上，则优先选择放在商品的上方，如有需要也可放在商品旁边或正中间等。

③POP广告。广告字体标准，信息也比较丰富，除必要的商品名称描述、规格和价格外，还包括其他内容，形式活泼幽默，极富吸引力。

④价格吊牌。服装、鞋类等商品由于很难采用同一商品的标价方式，必须采用单品标价的方式，因此每一件商品上都必须有含有价格信息的价格吊牌。吊牌上的价格信息可以印刷或使用打价枪打印，注意吊牌上标注的价格要与收银系统价格一致。

图6-1为商品的纸质价格标签和电子价格标签举例。

图6-1 商品的纸质价格标签和电子价格标签举例

电子价格标签是一种在超市、便利店、药房等场景显示价格信息的电子类标签，主要放置在货架上，替代传统纸质价格标签的电子显示装置。每一个电子价格标签通过无线网络与商场计算机数据库相连，实时、准确地显示商品最新的价格信息。电子价格标签成功地将货架商品价格管理纳入了计算机程序，通过自身硬件特性与拓展应用，摆脱了手动更换价格标签的状况，实现了收银台与货架之间的商品价格一致性，解决了门店因商品频繁变价带来的问题，降低了人工成本，提升了门店运营效率，而且节能环保，被广泛应用于新一代零售领域。电子价格标签从店内形象提升、现场的运营、成本的管理、用户体验和互动等多个方面给门店带来了全新的改变。现如今市场上的电子价格标签主要有6种屏幕尺寸：1.54寸、2.13寸、2.9寸、4.2寸、5.8寸、7.75寸。

国内许多零售企业开始使用电子价格标签。目前，物美、屈臣氏、苏宁概念店等已使用电子价格标签，上海华润万家超市有限公司Ole'精品超市的电子价格标签使用率高达95%以上。盒马鲜生由阿里集团投资，主营生鲜商品和餐饮服务，线下线上同时经营。线下门店承载的功能较传统零售门店进一步增加，集"生鲜超市+餐饮体验+线上业务仓储配送"于一体。盒马鲜生开业时，其日配百货、蔬果区以及面包区便已经使用电子价格标签。现在，店内95%的商品使用了电子价格标签，剩下的5%为餐饮烧烤商品。盒马鲜生线上订单配送范围为体验店周围5公里内，通过电子价格标签等新技术手段保证线上与线下同品同价，通过门店自动化物流设备保证门店分拣效率，最终保证顾客通过App下单后3公里内30分钟内送达。

微课：电子价签的使用方法

（2）标价作业应注意事项：

①打贴前要核对商品的代号和售价，核对领货单据和已陈列在货架上商品的价格，调整好打价机上的数码，先打贴一件商品，再次核对无误后可打贴其余商品，同样的商品上不可有两种价格。

②标价作业最好不要在卖场内进行，以免影响顾客购物。

③价格标签纸要妥善保管，以防止少数顾客偷换标签，以低价格标签贴在高价格商品上。

标签打贴的位置：一般商品的标签最好打贴在商品正面的右上角，如右上角有商品说明文字，则贴在右下角；罐装商品标签打贴在瓶盖上方；瓶装商品标签打贴在瓶肚与瓶颈的连接处；礼品标签则尽量使用特殊标价卡，最好不要直接打贴在包装盒上。

3）变价作业要领

变价是指门店营运主管针对店内的商品售价提出调整申请，对门店内的商品进行售价变更的过程。商品都有最有价值的时间段，当因天气影响销售造成积压，订货过多、鲜度下降等时，就需要对商品进行变价（降价）作业，以减少损耗。连锁企业必须规范门店执行变价的作业流程，确保商品以正确的价格销售。

（1）变价的原因。变价的原因可分为两种：

①内部原因，如商品临近保质期的降价、促销活动的特价、连锁企业总部价格政策的调整、商品质量有问题的折价销售等。由于临近保质期商品快到保质期但还未过保质期，为了确保顾客的利益，减少企业的损耗，连锁门店应指派理货员定期清理临近保质期商品，并尽快做出处理。

②外部原因，如总部进货成本的调整、同类商品供应商之间的竞争、时令商品的价格变动等。

（2）变价时的标价作业。商品价格调整时，如价格调高，则要将原价格标签去掉，重新贴价格标签，以免顾客产生抵触心理；如价格调低，可将新的价格标签贴在原价格标签上。每一个商品不可并排贴有两个不同的价格标签，这样会招来麻烦和争议，也往往会导致收银作业的错误。

一般来说，门店商品变价包含4个步骤，具体见表6-3。

表6-3　　　　　门店商品变价的步骤

	步　骤	时　间
1	门店发现价格错误	开店前半小时完成
2	填写"商品改价申请单"	需要改价时
3	通过商品在线系统变价	
4	打印新的价格卡并放在货架上	

DM竞争店跟价也会迫使门店变价。DM竞争店的跟价清单见表6-4。

表6-4　　　　　　　　　　　DM竞争店的跟价清单

门店海报			竞争者			
商品名	入包装数量	价格	商品名	入包装数量	价格	价格照片

当门店的商品处于高库存状态时，也需要变价以降低库存。此时需要填写门店高库存商品变价申请单。门店高库存商品变价申请单的格式见表6-5。

表6-5　　　　　　　　　　　门店高库存商品变价申请单

门店号							采购		
大分类号	货号	品名	库存	单价	建议价	同意变价		不同意变价的原因
						变价时间	价格	

4）商品陈列作业要领

商品陈列作业是指理货员根据商品配置表的具体要求，将规定数量、标好价格的商品摆放在规定货架的相应位置的作业。

（1）商品陈列位置要准确、摆放要整齐。

（2）商品陈列要符合先进先出的要求。货架上的商品卖出后，需要不断地补充商品，这就涉及前面介绍的先进先出原则。对一些保质期要求很严的商品采用先进先出的方法补充，既可以保证顾客所购买商品的新鲜度，又不会使排在后面的商品超过保质期而给商店造成损失。

（3）商品价格标签位置要正确。

（4）商品陈列一般要遵循从左到右、从上到下的顺序，做到前进陈列。前进陈列是指当第一排商品售出，排面出现空格时，必须将后排商品移到第一排空格处，体现出商品的丰足感。

生鲜商品的理货略不同于其他商品，由于消费者的购买频率较高，生鲜商品的保质期较短，所以对生鲜商品的理货，分高峰期和低峰期两个时段。高峰期时快速挑出残次商品，保持台面清洁，确保不为顾客所接受的商品绝对不出现在正常品的销售台面上。低峰期时进行翻堆整理，将残次（小的、卖相不佳）的商品全面挑出并在合适的时间折价销售，减少商品陈列量，将商品摆放整齐，朝向统一，充分展示商品的品质与新鲜度。

5）补货作业要领

补货作业是指理货员将标好价格的商品依照商品各自既定的陈列位置，及时地将商品补充到货架上去的作业。补货时需提醒顾客注意避让，确保顾客的安全。

（1）商品补货的原则如下：

①要根据商品陈列配置表，做好商品陈列的定位工作。

②严格按照连锁企业总部所规定的补货步骤进行商品补货。

③注意整理商品排面，以呈现商品的丰足感。

（2）商品补货作业的主要步骤如下：

①先检查核对一下需补货货架的价格卡是否与要补充的商品售价一致。

②将货架上原有的商品取下。

③补货的同时清洁货架（这是彻底清洁货架里面的最好时机）。

④将准备补充的新货放至货架的后段。

⑤清洁原有商品。

⑥将原有商品放于货架的前段。

（3）商品补货顺序如下：

在日常销售中，需按一定补货顺序执行补货。例如，某门店的补货顺序如下：排面（包括排面促销商品）；主题促销区；端架、地堆或地笼；厂商特殊陈列架（主通道）；收银线；自动扶梯区；其他（生鲜冷柜区的特殊陈列）。

（4）补货时间。补货时间主要有5种：收货后直接补货、空缺商品补货、低库存商品补货、二次开店补货、闭店前补货。

①收货后直接补货。收货后商品在暂存区分拣，对到货量较少（到货1~2箱）的品项优先补货，大量到货的品项选取1~2箱用于排面补货。完成到货商品补货后，剩余库存优先存放在临时存放区，再分类存放于后仓。

②空缺商品补货。按空缺扫描作业规范在上午8：30—10：30，营运部门根据非零库存商品空缺明细，检查后仓库存，确认补货商品并立即进行补货。

③低库存商品补货。按低库存扫描作业规范在下午1：00—3：00，营运部门进行低库存扫描，根据低库存报表在后仓核对补货商品，在排面进行补货。

④二次开店补货。各店根据下午的不同营业高峰，完成二次开店补货，确保应售品项均有陈列/包装、条码，促销商品不缺货，商品质量良好，无过期商品及坏品，商品有合理出样/展示/功能说明，商品容易拿取。

⑤闭店前补货。每日闭店前一个小时，开始进行闭店前的排面整理及补货作业，对于排面畅销缺货商品，需到仓库找货，将排面补满，确保第二天开店时货架满陈列。

对冷冻和生鲜食品的补货要注意时段投放量的控制，可以采取3段式补货策略。一般补充的时段控制量是在早晨营业时将所有品种全部补充到位，数量占当日预计销售量的40%，中午再补充30%的陈列量，下午营业高峰前最后补充30%的陈列量。

缺货是连锁门店最大的敌人，而高效的补货可以降低缺货的概率。缺货导致门店的销售业绩下降，顾客不能买到所需要的商品；缺货降低了服务顾客的水平，不利于连锁企业形象的维护；缺货过多导致顾客不信任门店，甚至怀疑该公司的商品经营实力；缺货导致货架空间的浪费等。理货员在理货过程中，如果发现商品缺货，要逐次对缺货商品进行审核，确定是否是真的缺货，查找缺货的原因；若重点商品缺货，经主管同意用可以替代的类似商品进行补货或进行促销等，以减少缺货带来的损失；保证所有缺货商品全部有缺货标签；确定所有处于缺货状态或准缺货状态的系统库存。

6) 卖场巡视和商品整理作业要领

卖场巡视和商品整理作业需要重点关注以下方面：

（1）商品是否有灰尘？

（2）货架隔板、隔物板贴有胶带的地方是否被弄脏？

（3）标签是否贴在规定位置？

（4）标签及价格卡售价是否一致？

（5）POP广告纸是否破损？

（6）商品最上层是否存放太高？

（7）商品是否存放在规定位置？是否容易被拿取、容易被放回原处？

（8）展柜之间是否间距适中？

（9）商品陈列是否做到先进先出？

（10）商品是否做好前进陈列？

（11）商品是否接近报警期？

（12）商品是否有破损、异味等不适合销售的状态存在？

7) 线上订单拣货作业要领

新零售的本质还是零售，零售业开展的O2O项目，不管是第三方代购还是商超自营，拣货一般都是在卖场货架进行。因此，理货员在工作期间还需要快速高效地完成线上订单的拣货作业。线上订单到门店后，门店必须做拣货、打包、出库操作，这要求理货员必须熟练地完成拣货和打包等工作。例如，盒马鲜生在接收到顾客的线上订单后，理货员使用手中的拣货枪点击接单，并按照顾客的订单信息开始逐一拣货，拣货完成后交由核验员核验，之后装袋并打印出货单，递交第三方配送员或让顾客到店自提。理货员的精准拣货是"顾客→订单→门店→配送→顾客"线上订单配送闭环的完成不可或缺的环节。

▷ 拓展阅读6-2　　　　　　　×××广场商品价签管理规定

为规范商品价签管理，确保商品正常销售，更好地为顾客提供服务，特制定本规定。

（1）商品价签的定义

商品价签是经市发改局批准、市物价检查所监制，印有"××市××商品交易有限公司"标志的商品价格标签。

（2）价签的分类及使用范围

①×××广场价签共3种：大号价签、中号价签、小号价签。

②大、中、小号价签适用范围。大号价签：适用于男装、女装、手机、大号箱包、钢琴、家电、档口餐饮等，主要体现价格清晰醒目。中号价签：适用于鞋类、男女背包等，为了体现美观，鞋类、箱包可以配上价签托衬托。小号价签：适用于

服装配饰、内衣、钱包手包、家居小物件等。

（3）填写商品价签内容

①品名：商品的全称（商品的品牌加上商品属性，例如，阿莱女装或阿莱上衣）。

②编码：本专柜的商品码。

③产地：按商品标示中的实际产地填写，精确到市；国外进口国内组装的，产地要写国内。

④规格：商品的销售规格。

⑤等级：只填写"合格"字样。

⑥单位：商品的最小出售单位，如瓶、个、件、双、条等。

⑦质地：填写详见吊牌（鞋类、家居用品等除外）。

⑧零售价：商品价格精确到分，需要用与价签规格相匹配的数字章盖价格，数字之间要紧凑，并保留小数点后两位，且小数点后两位应略高于左侧数字。

（4）商品价签管理的基本要求

①商品价签标价准确，标示醒目，一货一签，货签对位，商品价格变动时及时更换。

②价签书写要字迹工整（使用黑色碳素笔书写），价签要干净平整，不皱褶、不破损、不得涂改。

③不同品名或相同品名的商品有下列情况之一者，实行一货一签：产地不同、规格不同、等级不同、材质不同、包装不同、商标不同。

④商品价签所示价格不得高于生产厂家外包装所标注的价格。宣传海报等价格标示，必须与商品价签保持一致。

⑤价签的摆放应横平竖直，依据价签的大小及经营场所的实际情况，做到美观整洁。

⑥柜组内小商品不能使用正常价签的，可用打码器打印价格，因材质不能使用打码器的，如真皮手包，可把价签放入包内侧。

⑦所售商品的正挂、展台、模特及中岛架必须按价签管理规定悬挂价签。

⑧每月由业务部、现场部定期组织商场经理及主任进行联查，针对发现的问题进行整改和通报。

⑨因标价有误或管理不善造成经济损失的，追究当事人及其直接管理者责任。

资料来源　新零售运营管理项目组.商场超市卖场服务与生鲜管理［M］.北京：化学工业出版社，2021.

6.3　理货员应具备商品和设备保养知识

6.3.1　理货员应具备商品知识

1）蔬果质量管理要求

（1）蔬果质量管理的首要工作是保鲜，其关键是做好温度管理和湿度管理，实行低温管理，以抑制发芽、微生物活动、过熟和发酵作用等。

（2）每天早上开始营业之前，以及下午营业高峰来临之前要对蔬果进行鲜度检查。

（3）加工处理能够提高蔬果的商品价值，如洗净后再予冷藏，用塑料袋、保鲜膜包装保鲜，用托盘包装，按颗粒大小、品质好坏分级包装等。

（4）注意事项：蔬果进货时要尽早降温；避免急剧的温度变化；叶菜类要直立保管，有切口应朝下；设立生鲜库，温度为5℃，湿度为95%；最好不用纸箱，而用硬质容器；应避免冷风直吹蔬果等。

微课：商品包装的作用与分类

2）肉类商品特性

（1）慎选原料厂商及成品供应商，并以冷冻或冷藏方式运输储存原料、半成品与成品，运输的车辆须保持清洁。

（2）肉品处理室的温度要加以控制，一般为12℃～18℃，并且加工处理要迅速，以免肉品中心温度上升。

（3）肉品表面不宜长时间受冷气吹，分装原料肉时需要以保鲜膜包装后再储存或销售。

（4）要控制展示柜的温度，冷冻柜的温度应控制在-18℃以下，冷藏柜的温度应控制在3℃左右。

（5）加强作业场所、作业人员、作业设备的清洁卫生管理工作，以减少商品受污染，使鲜度下降。

（6）营业前、营业中、打烊时均应检查肉品新鲜度，可以通过闻味道，看颜色、组织弹性、表面状态等办法检查肉品质量。

3）产品标识

产品标识是指用于识别产品及其质量、数量、特征、特性和使用方法等所做的各种标识的统称。产品标识可以用文字、符号、数字、图案以及其他说明等表示。

微课：如何识别产品标识

（1）产品应当具有标识（裸装产品除外）。

（2）产品标识应当标注在产品或者产品的销售包装上。

（3）产品标识所用文字应当为规范中文。

（4）产品标识应当清晰、牢固，易于识别。

（5）产品标识应当有产品名称。

（6）产品标识应当有生产者的名称和地址。进口产品应标明产品的原产国/地区，以及代理商或者进口商、销售商的名称和地址。

（7）国内生产的合格产品应当附有产品质量检验合格证明。合格证明有合格证书、合格标签和合格印章3种形式。

（8）国内生产并在国内销售的产品，应当标明企业所执行的国家标准、行业标准、地方标准、团体标准或者经备案的企业标准的编号。

（9）产品标识中使用的计量单位，应当是法定计量单位。

（10）实行生产许可证管理的产品，应当标明有效的生产许可证标记和编号。

根据产品的特点和使用要求，需要标明产品的规格、等级、数量、净含量、所含

主要成分的名称和含量以及其他技术要求的，应当相应予以标明。净含量的标注应当符合《定量包装商品计量监督管理办法》的要求。

限期使用的产品，应当标明生产日期和安全使用期或者失效日期（保质期超过18个月，产品质量相对稳定并符合产品标准规定的可以不标保质期，但生产日期必不可少）。使用不当，容易造成产品本身损坏或者对人体健康和人身、财产安全有害的产品，应当有警示标志或者中文警示说明。性能、结构及使用方法复杂、不易安装使用的产品，应当根据该产品的国家标准、行业标准、地方标准、团体标准的规定，附有详细的安装、维护及使用说明。

> **拓展阅读6-3**   **果蔬的加工处理作业规范**

（1）目的

为增加果蔬的商品价值，对其进行加工处理，特制定本规范。

（2）适用范围

门店生鲜部果蔬员工。

（3）工作程序

①蔬菜加工处理（见表6-6）。

表6-6   蔬菜加工处理

品名	处理包装
小白菜	（1）去除枯黄叶、老化叶、小叶、折断叶 （2）将整理完成的小白菜过秤，分成小份，每份250～300克 （3）将完成包装的小白菜分别过秤后贴上标价签，放在陈列架上售卖
空心菜	（1）用刀切去根部及组织老化部分 （2）用水洗净叶面及茎部的泥土，去除黄叶 （3）沥干水分后，将整理好的空心菜过秤，分成小份，每份250～300克 （4）用胶带捆扎好，贴上标价签，放在陈列架上售卖
芹菜	（1）用水洗净根部及茎部的泥土 （2）去除折断的茎，沥干水分 （3）过秤，分成小份，每份250～300克 （4）用胶带捆扎好，贴上标价签，放在陈列架上售卖
茼蒿	（1）去除枯黄叶及损伤叶 （2）去净泥土，再将整理好的茼蒿过秤，分成小份，每份250～300克 （3）用胶带捆扎好，贴上标价签，放在陈列架上售卖
大白菜	（1）用刀切除凸出的茎部以及绿色外叶 （2）用保鲜膜直接包装好，过秤后，贴上标价签，放在陈列架上售卖
豆苗	（1）去掉老化的叶子 （2）过秤，分成小份，每份150～200克 （3）用托盘或塑料袋套装、封口 （4）贴上标价签，放在陈列架上售卖

续表

品名	处理包装
香菜	(1) 用水洗净根、茎、叶上的泥土 (2) 去除枯黄的叶子，沥干水分 (3) 过秤，分成小份，每份100克，并将根部对齐 (4) 用胶带捆扎好 (5) 贴上标价签，放在陈列架上售卖
油菜	(1) 用水洗净泥土，去根 (2) 去掉枯黄的叶子，沥干水分 (3) 过秤，分成小份，每份250～300克，并排列整齐 (4) 用胶带捆扎茎部，使其成束状 (5) 贴上标价签，放在陈列架上售卖
萝卜	(1) 用丝瓜布擦洗去表面泥土 (2) 用刀修整叶缨，沥干水分 (3) 用胶带捆扎 (4) 过秤后，贴上标价签，放在陈列架上售卖
胡萝卜	(1) 放入水中，用丝瓜布擦洗去表面泥土 (2) 用刀修整叶柄，沥干水分 (3) 用保鲜膜将2～3根包在一起 (4) 过秤后，贴上标价签，放在陈列架上售卖
青葱	(1) 用刀切除根部，但不要切到葱白部分 (2) 留约5厘米长的茎叶，其余可切除 (3) 用塑料袋包装4～5根，或用胶带捆扎茎的中间部分 (4) 过秤后，贴上标价签，放在陈列架上售卖
洋葱	(1) 用手剥除即将脱落的外膜 (2) 按大小分级 (3) 用塑料袋包装，并封口 (4) 过秤后，贴上标价签，放在陈列架上售卖
韭菜	(1) 去掉枯黄的叶子 (2) 过秤，分成小份，每份250～300克，并将根部对齐 (3) 用胶带捆扎好 (4) 贴上标价签，放在陈列架上售卖
姜	(1) 用水洗净，沥干水分 (2) 用托盘盛装，并用保鲜膜包装 (3) 过秤后，贴上标价签，放在陈列架上售卖
苦瓜	(1) 每根直接用保鲜膜分装 (2) 过秤后，贴上标价签，放在陈列架上售卖
四季豆	(1) 除去细小的豆类 (2) 用托盘盛装，并用保鲜膜包装 (3) 过秤后，贴上标价签，放在陈列架上售卖

续表

品名	处理包装
玉米	(1) 用刀切去老梗，去除外叶，仅剩3～4片叶子，使1/4的玉米露出 (2) 去除遭受病虫及未成熟的玉米 (3) 以2根为单位，直接用保鲜膜分装 (4) 贴上标价签，放在陈列架上售卖
辣椒	(1) 用湿布擦去表面泥土 (2) 按"小的3个，大的2个"的方式，用保鲜膜打包 (3) 过秤后，贴上标价签，放在陈列架上售卖

②水果加工处理（见表6-7）。

表6-7   水果加工处理

品名	处理包装
香蕉	(1) 采收后加工追熟 (2) 整串香蕉，用刀切成4~6根为一小串 (3) 用刀切去每一小串的茎头 (4) 置于托盘上，并用保鲜膜包装，或用胶带捆扎中间部位 (5) 称重标价后，置于常温柜上销售
木瓜	(1) 用布将表皮擦拭干净 (2) 称重后，可将标价签贴于果体上，也可先用胶带捆扎果实中间部位再将标价签贴在胶带上面 (3) 果蒂朝下，尾端朝上，竖立于常温柜上销售
凤梨	(1) 用胶带捆扎果实中间部位 (2) 称重后，将标价签贴在胶带上 (3) 果蒂朝下，尾端朝上，竖立于常温柜上销售
阳桃	(1) 每个M2托盘盛装2个，并用保鲜膜包装 (2) 称重标价后，置于开放式冷藏柜上销售
柠檬	(1) 用干布擦拭表皮，使之亮洁 (2) 依大小分成2级 (3) 每个M2托盘盛装4个或6个，并用保鲜膜包装 (4) 称重标价后，置于开放式冷藏柜上销售
葡萄柚	(1) 用干布擦拭表皮，使之亮洁 (2) 按大小分成2级 (3) 每个M5托盘盛装4个，或每个M2托盘装上2个，并用保鲜膜包装；或用红色网袋装，每袋约1.8千克 (4) 称重标价后，置于开放式冷藏柜上销售
番石榴 （芭乐）	1.国产芭乐 (1) 依大小分成2级 (2) 大果每个M2托盘装2个，小果每个M3托盘装4个，并用保鲜膜包装 (3) 称重标价后，置于开放式冷藏柜上销售 2.泰国芭乐 称重后，直接标价于所包的白色网袋上（如没有白色网袋，可直接用保鲜膜包装），然后置于开放式冷藏柜上销售

续表

品名	处理包装
莲雾	(1) 依色泽及大小先分级 (2) 同等级者每个M2托盘盛装6个，并用保鲜膜包装 (3) 称重标价后，置于开放式冷藏柜上销售
香瓜	(1) 初产期，用布将表皮擦拭干净，依大小分成2级，每个M1托盘盛装2个，并用保鲜膜包装，称重标价后，置于开放式冷藏柜上销售 (2) 盛产期，用布将表皮擦拭干净，置于常温平台上，由顾客取包装袋装入，称重销售
西瓜	1.较小西瓜 (1) 用布将表皮擦拭干净 (2) 称重后，将标价签贴于表皮上，置于常温平台上销售 2.无籽西瓜 (1) 无籽西瓜较大，用布将表皮擦拭干净 (2) 用西瓜刀切成两半 (3) 每份用保鲜膜包装，称重标价后，置于开放式冷藏柜上销售 3.大西瓜 (1) 用布将表皮擦拭干净 (2) 用西瓜刀切成两半或4份，每份用保鲜膜包装，称重标价后，置于开放式冷藏柜上销售
洋香瓜	(1) 用布将表皮擦拭干净 (2) 用胶带捆扎果实中间部位 (3) 称重后，将标价签贴于胶带上面 (4) 成熟度高者置于开放式冷藏柜上销售，成熟度低者置于常温平台上销售
枣子	(1) 用布将表皮擦拭干净 (2) 依大小分成两级 (3) 用M2托盘盛装，排列整齐，蒂部朝上，并用保鲜膜包装 (4) 称重标价后，置于常温平台上销售
小番茄	(1) 用水洗去表皮的污泥 (2) 沥干 (3) 将小番茄盛放在托盘上，并用保鲜膜包装 (4) 称重标价后，置于开放式冷藏柜上销售
荔枝、龙眼	(1) 用剪刀剪去落果的枝，剔除不良果粒 (2) 左手握枝，取600克左右，使果粒靠近，右手拿胶带捆扎枝处 (3) 用剪刀修整，使上部的枝平齐 (4) 也可用网袋套装已捆扎的原料 (5) 称重标价后，置于开放式冷藏柜上销售

资料来源　新零售运营管理项目组. 商场超市卖场服务与生鲜管理［M］. 北京：化学工业出版社，2021.

6.3.2　理货员应具备设备保养知识

1）卖场设备保养维护的范围

（1）卖场设备（设施）是指空调、冷冻柜、冷藏柜、日光灯、货架、精品柜台、购物车、购物篮、办公台、电脑、监控设备等。

（2）卖场设备（设施）保养维护的主要责任人为各设备（设施）所在区的理货员及主管。

（3）卖场设备（设施）故障报到维修组后，一般故障维修组要第一时间（在8个工作小时内）到达故障现场进行检修，并提出维修方案，属于自行维修的要确定完成时间，属于保修或委外维修的要立即进行咨询并确定预计完成时间；紧急故障按《应急处理工作规范》执行。

2）卖场设备保养维护工作要求

卖场设备保养维护工作可以参照表6-8实施，并在交接班时做好相关记录。

表6-8　　　　　　　　　　　　卖场设备维护项目表

类　别	维护要求（项目）	备　注
冷　柜	食品冷柜日常保养工作规范	建立设备（设施）档案
空　调	经常清洁、防潮、防尘等	建立设备（设施）档案
货　架	保持清洁卫生，经常检查接口处是否松动并及时处理	
精品货架	保持清洁卫生，轻拿轻放	
购物车	保持清洁卫生；经常检查车轮、螺丝是否松动，有松动的要及时处理；定期对车轮进行润滑	润滑工作1个月至少1次
购物篮	保持清洁卫生，检查把手是否能够正常使用	

以连锁门店中使用的冷柜（立柜/倒柜）为例，设备在使用中要注意：

①多层柜商品陈列不能遮挡风口。

②卧柜商品陈列不能超过警戒线。

③每2个小时检查一次冷柜温度。

④确保自动除霜功能的正常运行（防止蒸发器结霜造成蒸发器翅片堵塞而不能制冷）。

冷柜清洗流程：

①清洗前先切断电源。

②取出柜内商品，分别储存于冷库内。

③用中性洗涤剂和软布擦搁板与风口，擦净后将搁板拉起，用湿布清扫底部垃圾。

④再用小水冲洗结霜部位（如出风扇片、管路及下水口）。

〉拓展阅读6-4 部分设备维护及保养知识

（1）冷藏展示柜

①冷藏展示柜的使用场合一般要求室温低于25℃，湿度低于60%。在温度和湿度更高的条件下，冷藏展示柜的运行会受到影响。

②冷藏展示柜在使用过程中，电压的变化应保持在±10%范围内。

③冷藏展示柜周围应不靠近热源，不受太阳直晒，自然风流动速度小于0.2米/秒，周边通道及风口平时关闭，防止破坏风幕，影响制冷效果。

④冷藏展示柜在除霜过程中，短时间柜内的温度会上升。柜外湿热空气与柜内表面冷的食品相遇，食品表面会凝露。除霜过程结束，开始制冷时，大多数的露会被除去，有些露仍然留在食品上，属正常现象。

⑤柜内货架每平方米可承受大约50千克的重量，过多会损坏货架。

⑥食品摆放时应留有一定的空隙，不要超出货架的负载线，因为食品的堆积超过负载线会干扰柜中空气流动，影响食品的储存效果，增加能耗。

⑦出风口和回风口摆放食品也会干扰柜中空气流动，造成上述不良后果。

（2）冷库

①冷库是用隔热材料建成的，具有怕水、怕潮、怕热气、怕跑冷的特性，要把好冰、霜、水、门、灯5关。

②穿堂和库房的墙、地、门、顶等都不得有冰、霜、水，有了要及时清除。

③库内排管和冷风机要及时扫霜、冲霜，以提高制冷效能。冲霜时必须按规程操作，冻结间在规定时间内至少要做到出清一次库，冲一次霜。冷风机水盘内和库内不得有积水。冷库内严禁多水性作业。

④没有经过冻结的货物，不准直入冻结物冷藏间，防止损坏冷库。

⑤要严格管理冷库门，商品出入库时，要随时关门，库门如有损坏要及时维修，做到开启灵活、关闭严密、防止跑冷，减少冷热空气对流。

⑥不得把商品直接散铺在地坪上或垫子等上冻结；拆肉垛不得采用倒垛的方法；脱钩和脱盘商品不准在地坪上摔击，以免砸坏地坪，破坏隔热层。

（3）水热熟食展示柜

①水热熟食展示柜，有自动测温、控温和控水功能，所以在使用过程中要特别注意补水的位置，必须将水加注到设定好的水位线上，否则会使加热管由于干烧而损坏，影响设备正常使用。

②请先将水加入水池内，当水位达到规定最高水位后停止加水，检查有无漏水现象。确认无漏水现象后，打开电源开关，此时红灯亮，为加热状态，当温度达到设定值时，红灯熄灭，绿灯亮，为保温状态。

③当水池内的水位低于规定最低水位时，工作台停止加热并报警提示补水，水补满后方可继续工作，否则会使加热管由于干烧而损坏，影响设备正常使用。

④用户在操作水热熟食展示柜时可根据不同的地方、不同的水质情况确定其清

理周期，一般一周应清理一次，并且在使用中若发现柜面上有水或脏物时应用抹布擦拭干净。

资料来源　佚名. 设备维护及保养知识［EB/OL］.［2024-06-01］. https://www.doc88.com/p-24161875176563.html?r=1.

3）卖场设备报废处理

（1）卖场设备（设施）报废标准如下：设备使用功能丧失且不能再被利用；设备使用期已超过国家法定使用年限；设备在使用期间维修费等于或大于重置费用。

（2）卖场设备（设施）报废程序及要求如下：

①申请。负责卖场设备使用和维护的工作人员根据设备的实际使用情况，对满足报废标准的设备向卖场管理部门提出报废申请，并将需要报废的设备集中存放和妥善保管。

②审核。卖场管理部门审核后，交财务部门审批。

③处理。财务部门对报废设备进行残值核定和财务处理，行政管理部门负责对报废设备实物进行处理。

④归档。行政管理部门对报废设备相关资料进行归类和存档。

【案例精析】　　　　胖东来理货员工作方法，值得你学习

缺货是超市的大忌，很多时候，商品卖得不好，一个重要原因就是理货补货工作不到位。那么，问题怎么破呢？提高理货员的综合素质。理货员的一举一动、一言一行无不体现着超市的整体服务质量和管理水平，其素质好坏，直接影响超市的生意和声誉，我们来看看胖东来的理货员是怎么做的？

（1）基本职责

①熟知责任区的商品位置和商品知识（即商品的名称、标志、等级、用途、产地、保质期、使用方法等）。

②了解有关商业法规并执行门店作业规范。

③掌握商品标价知识，能熟练使用打码器，正确打、贴价格标签。价格标签应打在商品固定位置，如商品正面的右上角。

④注意商品的保质期，防止过期商品上架销售。

⑤了解门店的整体布局和商品陈列的具体原则，熟悉商品的陈列图表，随时整理商品。

⑥了解商品的销售动态，及时提出补货建议，并开出补货单。

⑦有强烈的责任心，注意商品的安全，做好商品的防盗防损工作。

⑧了解门店主要设备的性能及使用和维护知识，并能排除一些常见的简单故障。

⑨搞好卫生，包括通道、货架和商品卫生等。

⑩对顾客的合理化建议，及时记录并向主管汇报。

（2）补货原则

①商品缺货和营业高峰前、结束营业前必须进行补货。

②补货以补满货架、端架和促销区为原则。

③补货区域的先后次序：堆头→端架→货架。

④补货品项的先后次序：促销品项→主力品项→一般品项。

⑤当商品缺货但无法找到库存时，必须首先通过对系统库存数据的查询进行确定，确定属于缺货时，将缺货标签放置在货架上。

⑥有保质期限制的商品必须遵循先进先出的原则。

⑦补货时必须检查商品的质量、外包装以及条码是否完好。

⑧补货时必须检查价格标签是否正确。

⑨补货以不堵塞通道、不妨碍顾客自由购物为原则。

⑩补货时不能随意变动陈列排面和陈列方式，依价格标签所示陈列范围内补货。

⑪补货时同一通道同一时间的放货栈板不能超过3块。

⑫补货时所有放货栈板均应放在通道同一侧。

⑬货架货物补齐后，第一时间处理通道的存货和垃圾，存货归回库区，垃圾送往指定地点。

⑭补货时有放货栈板的地方，必须同时有员工作业，不允许有通道堆放栈板，但无人或来不及安排人员作业的情况。

⑮促销人员可以补货，但不能改变其陈列的位置和方法。

⑯当某种商品缺货时不允许用其他商品填补，要保留其本来占有的空间。

（3）理货原则

①货物凌乱时，需做理货。

②零星散货的收回与归位是一项重要工作。

③理货区域的先后次序：堆头→端架→货架。

④理货商品的先后次序是：快讯商品→主力商品→易混乱商品→一般商品。

⑤理货时必须将不同货号的商品分开，并与其价格标签的位置一一对应。

⑥理货时必须检查商品包装、条码是否完好，缺条码则应迅速补贴，破包装要及时修复。

⑦退回商品及破包装等待修复的商品，不能停留在销售区域，只能固定存放于指定库存区。

⑧理货时每个商品有其固定的陈列位置，不能随意变动排面。

⑨理货一般遵循从左到右、从上到下的顺序。

⑩补货的同时进行理货的工作。

⑪每日销售高峰期之前和之后，必须有一次比较全面的理货。

⑫理货时做到非销售单位、非销售包装的商品不得零星停留在销售区域。

⑬每日营业前理货时，做好商品、货架、通道清洁工作。

（4）与其他部门员工的关系

①与总台的关系：顾客所购商品发生退换情况，理货员应主动积极配合，并办理好退货或换货有效手续；总台发放赠品或促销商品时，如有短缺或其他问题，理货员应积极配合。

②与收银员关系：当收银员在给顾客结算时发现商品标价错误，理货员应积极协助查找原因，如自己发生标价错误应马上纠正并主动承担相关责任。在每天下班时，应到收银处收起当天顾客未结算的商品并办好有效手续。

③与保安和防损员的关系：应主动积极配合保安和防损员做好本部门商品的防损工作，发现可疑人员及时报告并做好跟踪工作。发现盗窃人员应交保安处理，和保安搞好销售以外的商品出入手续。

资料来源　佚名．胖东来理货员工作方法，值得你学习［EB/OL］．［2024-01-06］．https：//zhuanlan.zhihu.com/p/342278203.

精析要点：理货员看似工作比较简单、普通，但他们的一举一动、一言一行无不体现着连锁门店的整体服务质量和服务水平，因此理货员只有具备良好的职业道德和基本素质，掌握理货员岗位职责要求和作业流程规范，才能更好地为顾客服务。

【职业指南】　　　　　理货员的职业操守

理货员是在连锁超市发展过程中产生的员工需求，其岗位层次类似于柜式服务商店中的售货员。理货员的职业操守主要包括意志修养与品质修养。

理货员的意志修养包括：

（1）认同，即要求有清晰的角色意识。理货员务必认清应该做什么，不该做什么；应该说什么，不该说什么。角色认同的基本要求是：用"假如……"的思路将心比心，推己及人，设身处地，进行角色互换，站在对方的角度来思考和处理问题。

（2）自制，即要求冷静、沉着，不受对方的情绪所影响，做到：你发火，我耐心；你粗暴，我礼貌；你埋怨，我周到；你有气，我热情。

（3）宽容，即要求宽以待人，得饶人处且饶人，把一切"面子"都留给顾客。有宽容心才能有效地自制。

（4）平衡，即要求理智、观念与情感、情绪保持平衡。

理货员的品质修养包括：

（1）见物不贪。人人都需要赖以生存、发展和享受的物质财富，但在追求物质财富时有4点需要特别注意：①聚财不贪。"家有黄金万吨，一日不过三顿。"②享乐不可极。享乐是一种诱惑，必要的享乐能使人生更丰富多彩，能使工作更充满活力，但乐极往往生悲。③不义之财不可取。不义之财是一种诱惑，只有反抗诱惑，才能有更多的机会做出高尚的行为来。④贪不义之财没有第一次。克己自律应从第一次拒绝贪不义之财开始，因为有了第一次，就会有第二、第三次……

（2）与人为善。人人都需要他人的友情、关爱、帮助、支持、鼓励、赞扬、指教、尊重和依赖等，与人为善，就能达到这个目标。

总之，只有积极向上，才能有益于顾客，有益于公司，有益于社会，有益于自我，有益于家庭，才有可能达到和谐的道德境界。

资料来源　佚名．理货员的职业操守［EB/OL］．［2023-10-22］．https://wenku.so.com/d/a08919871012aa6584385332a0019641？src=www_rec.

本章小结

理货员是指在敞开式销售的连锁门店内，通过理货活动，与顾客间接或直接地发生联系的工作人员。理货员要明确其基本素质和岗位职责要求，其每天的作业流程可分为营业前、营业中、营业后3个阶段。理货员的作业规范包括待客作业规范、礼仪服务规范、日常作业规范、商品整理和货架清洁规范等。理货员的作业要领包括领货作业要领、标价作业要领、变价作业要领、陈列作业要领、补货作业要领、线上订单拣货作业要领等。理货员还应具备一定的商品知识和设备保养知识。

主要概念

理货员　商品标价　前进陈列　先进先出　电子价签

基础训练

一、选择题

1.以如何让顾客愉快地购物作为工作指南是（　　）的核心。

A.顾客意识　　　　B.目标意识　　　　C.形象意识　　　　D.品质意识

2.理货员的工作内容包括（　　）。

A.标价作业　　　　B.排面整理作业　　C.陈列作业　　　　D.补货作业

3.商品陈列一般要遵循（　　）的原则。

A.从左到右　　　　B.从上到下　　　　C.先进先出　　　　D.前进陈列

4.理货员可以通过（　　）判断肉品鲜度。

A.味道　　　　　　B.颜色　　　　　　C.表面状态　　　　D.组织弹性

二、判断题

1.理货员的工作重心是商品以及与商品销售服务相关的环境。　　　　　（　　）

2.搞好商品、设备、货架与通道责任区的卫生，也是理货员的工作。　　（　　）

3.理货员不需要具备商品知识和设备保养知识。　　　　　　　　　　　（　　）

4.电子价签从店内形象提升、现场的运营、成本的管理、用户体验和互动等多个方面给门店带来了全新的改变。　　　　　　　　　　　　　　　　　　　（　　）

5.由于线上订单拣货属于新零售业务，因此不是理货员的作业内容。　　（　　）

三、简答题

1.理货员日常作业规范有哪些要求？

2.蔬果质量管理要求包括哪些方面？

3.理货员进行商品陈列作业时的要领是什么？

4.如何理解理货具有美观、盘损、临近保质期商品的处理、为订货和退货提供依据的作用？

5.为什么有的门店理货员只负责往货架上补货，有的门店理货员除了负责往货架上补货还需要对商品进行陈列分析？

6.理货员的职责包括查看商品的保质期吗？你是如何看待专业打假师的？

7. 你认为门店经营过程中会出现货架上商品存在缺货的现象吗？是什么原因导致货架上商品缺货？如何降低门店货架商品的缺货率？

8. 从4月份开始，天气渐热，啤酒消费也进入旺季，在关注啤酒质量的时候，你作为理货员是否需要留意啤酒瓶的保质期？理货员为什么需要了解商品知识？

四、案例分析题

张女士在桂林市中山中路一家超市购买了一些商品，到收银台付款时，收款小票显示的某品牌500克奶粉价格为14元，而奶粉的标签价格是11.7元，相差2.3元。她立即向收银员质疑，当班经理得知后解释，这种奶粉价格的确是14元，11.7元是上周的促销价，今天停止促销而价签还未更换，请原谅。如此一说，张女士便按14元付了款。

3天后，张女士再次到这家超市购物，她意外发现那种奶粉的价签上仍标注11.7元。她问营业员："这奶粉一直是这个价格？没搞过促销价？"营业员回答："这种奶粉才销售20多天，价格一直是每袋11.7元，没有搞过促销价。"对此，张女士认为超市的做法属于欺诈，于是向市消协投诉，要求加倍赔偿。市消协调查时，超市总经理解释，超市的计价系统没有问题，的确是促销活动结束忘了换回原价格标签，这位没有做过促销的营业员刚来不久，不了解情况。他表示今后要加强管理，防止标签价格和收银系统价格不一致的情况发生。同时对张女士表示歉意，退还多收的2.3元并赠送两袋奶粉作为补偿。虽然张女士接受了调解，但她仍认为超市有欺诈之嫌。

试分析该超市的失误在哪里。

实践训练

【实训项目】

项目一：理货员岗位的情景模拟。

项目二：理货员对商品知识的掌握。

【实训场景设计】

1. 当顾客来购物却拿不定主意，而且将商品弄得很凌乱时，你该怎么做？

2. 一顾客抱怨前天购买的商品口味差，理货员应该如何去做？

3. 某顾客挑选了一个西瓜，促销价格为1.98元/千克，在排队过秤后，发现电子秤价格是2.56元/千克，于是在秤台前大发脾气，你该怎么处理？

【实训任务】

项目一：通过理货员岗位的情景模拟，掌握理货员应具备的素质和能力。

项目二：在学习案例的基础上，查找并掌握如何鉴别真假麦片、如何鉴别麦片等级的相关知识。

案例：同样是饮用塑料杯，由于杯子的底部标志不一样，使用环境也是不一样的。图6-2为杯子底部常见的几个标志。

图6-2 杯子底部的常见标志

1号PETE：耐热至65℃，耐冷至-20℃，常见于矿泉水瓶、碳酸饮料瓶等，耐热较低易变形，加热后有对人体有害的物质析出，不能放在汽车内晒太阳。

2号HDPE：一般指高密度聚乙烯，常见于白色药瓶、清洁用品、沐浴产品，不能再用来做水杯，或者用来做储物容器装其他物品，不能重复使用。

3号V：中文名为聚氯乙烯，常见于雨衣、建材、塑料膜、塑料盒等，可塑性优良，价钱便宜，故使用很普遍，只能耐热至81℃；高温时容易有有害物质产生，不能用于储存食品，不能循环使用，最好不要购买。

4号LDPE：耐热性不强，常见于保鲜膜、塑料膜等，高温时有有害物质产生，有毒物随食物进入人体后，可能引起乳腺癌、新生儿先天缺陷等疾病，所以在微波炉加热时应将保鲜膜或保鲜袋去除再加热。

5号PP：可耐热至120℃，中文名为聚丙烯，常见于微波炉餐盒、保鲜盒、豆浆瓶、优酪乳瓶、果汁饮料瓶等，熔点高达167℃，是唯一可以放进微波炉的塑料盒，可在小心清洁后重复使用，需要注意的是有些微波炉餐盒，盒体以5号PP制造，但盒盖却以1号PETE制造，由于PETE不能抵受高温，故不能与盒体一并放进微波炉。

6号PS：又耐热又抗寒，中文名为聚苯乙烯，常见于碗装泡面盒、快餐盒，不能放进微波炉中，以免因温度过高而释放化学物质；装酸性、碱性物质后，会分解出致癌物质；避免用快餐盒打包滚烫的食物，不可用微波炉加热碗装方便面。

7号OTHER：中文名为聚碳酸酯，常见于水壶、太空杯、奶瓶等容器。

以燕麦片为例，不同的燕麦片营养价值、适用人群都是不一样的，请查阅资料，对燕麦片的等级进行鉴定和介绍。

【实训提示】

项目一提示：

1.微笑着走上前，询问是否需要帮助，尝试向他推荐所需要的商品，并告诉他商品的准确位置。

2.认真倾听顾客的意见；热情大方地询问顾客是否正确存放或加工了商品，并介绍相关食品的储存知识；感谢顾客提出的宝贵意见，并表示以后会在食品的色、香、味、形等各方面有所提高，希望顾客继续关注。

3.首先因工作失误对顾客表示歉意，同时做好解释工作，第一时间通知主管或值班经理，以便及时调价。对顾客应微笑服务并做好安抚工作，保证顾客满意。

项目二提示：（略）

【实训效果评价标准表】

"理货员岗位的情景模拟"实训项目评价表见表6-9。

表6-9　　　　　　　　　"理货员岗位的情景模拟"实训项目评价表

项　目	实训表现描述	得　分
主动服务意识		
语言表达		
处事灵活性		
理货专业知识		
合　计		

得分说明：将理货员岗位的情景模拟情况分为"很好""好""一般""较差""差"，相对应得分分值为"25""20""15""10""5"，将每项得分记入得分栏，全部单项分值合计得出本实训项目总得分。得分90~100分为优秀；75~89分为良好；60~74分为合格；低于60分为不合格，须补考；低于45分（含45分）为较差，必须重修。

第7章

连锁门店进存货和盘点管理

■ 学习目标

通过本章的学习，要求达到以下目标：

知识目标：了解连锁门店商品的进货原则，熟悉商品的进货模式、验收与存货控制，掌握盘点的原则、方法。

能力目标：树立连锁门店进货、存货和盘点工作流程规范意识，掌握进货、存货、盘点管理的方法和要点，并能结合实际提高存货及盘点管理能力。

思政目标：确定"社会主义核心价值观"，尤其是"爱岗、敬业"以及"精益求精的工匠精神"作为本章课程学习的思政教育主题。通过本章引例、拓展阅读、案例精析、职业指南等的学思践悟，树立"干一行，爱一行"的观念，教育学生要热爱并严谨认真地对待工作、忠于职守、遵守职业道德、坚忍不拔、积极进取、勇于创新，而且能将工匠精神中"敬业、精益、专注"的品质运用于未来的工作实践和理货岗位中。

引例

永辉一号工程上马，下注买断式采购

（1）买断式采购

①新型供应链建设就是永辉2021年的"一号工程"。永辉要从过去购销模式转为订单模式（买断订单），从原来相对零散的产地合作，变为深度介入产地，深度做产地资源整合与标准化。

②源头包货、内供外销、分级分品。永辉计划在每个省成立一个新的供应链公司做产地生意，对接产地供应商，将其变成合作者，或让其加入永辉。做的方向则是本地特色商品，比如闽北花猪、富平柿饼等。先从沿海省份布局，再辐射内地。源头订货、包货，等于就是买断订单，出厂后再分发给渠道销售，近期是对永辉自有门店网络销售，远景目标会针对外部市场销售。这与盒马鲜生近期做的数字化农业有点类似，永辉借鉴学习了盒马鲜生，但加入了自己的特长。永辉要相比过往更深度参与产地运营，走订单农业方向，到一定阶段，永辉也可能变成了一个供应商、经销商。

（2）供应链

直连产地，做产地标准化、源头包货、分级分品，是当下生鲜零售行业的发展趋势。

首先，去源头做供应链、做标准化，能做好生鲜品质，更能做好差异化，进而能保障毛利，并实现规模化、效率化发展。也就是说，做产地供应链，能提升生鲜流通效率，稳定供应和品质，加速周转，赢得规模效应和差异化，具有利润空间。

其次，有增量市场、成长空间可挖掘。市场正变得越来越碎片化。技术的进步、消费习惯的变化都会带来越来越多的供给渠道、越来越细分的市场，以及越来越低门槛化的准入。

以上会带来两个商业趋势：一是零售商需要多业态全渠道发展来满足日益多元化、细分化的消费需求。但是每个业态的供应链存在很多差异，基于过去供应模型是无法支撑多业态发展的，会有很大的瓶颈，导致无法满足市场细分需求，进而失去市场份额。这就需要迭代供应链，源头做订单农业、做标准化、做加工、做分选分级分品。二是市场也会变得越来越碎片化。小商家正在大量出现，他们能聚集一批订单，但每家的订单总量不多且分散。这就决定了他们没有能力做品控和标准化，供应能力不强，就像直播卖货的就老翻车。当下游日趋碎片化，市场就可能需要一个强大的供应平台，来满足这些碎片化的需求。这块就是增量市场，但要挖掘这块增量市场，需要架构出新型供应链体系和竞争力，需要去产地做分选与标准化，需要建立效率化的、能快速反应履约、能覆盖全国的流通网络。

资料来源　商业观察家．永辉一号工程上马，下注买断式采购［EB/OL］．［2024-02-02］．https://baijiahao.baidu.com/s?id=1690638718787862825&wfr=spider&for=pc.

7.1　连锁门店进货作业管理

7.1.1　进货作业概述

1）进货的概念

进货是门店为销售而购进货物或引进货物。它是连锁企业从编制进货计划开始，经过供应商的选择到确定供应商、进行合同的签订和执行，到商品到货、验收入库的完整业务经营过程。门店的进货就是依据订货计划向总部配送中心或总部指定的厂商及自行采购单位进行采购货物的活动。

2）进货模式

根据连锁企业规模的不同或经营管理手段的不同，门店的进货模式主要分为从总部直接进货和分散进货两种模式。

（1）从总部直接进货。这一进货模式建立在连锁企业集中采购的管理模式基础上，集中采购时连锁企业设立专门的采购机构和专职采购人员统一负责企业的商品采购工作。连锁企业所属各门店只负责向总部提出商品订货计划、店内商品陈列以及内部仓库的管理和销售工作。

（2）分散进货。由于一些连锁企业跨区域经营，不同地区消费者的消费习惯存在差异，一些地区性商品如果仍采用总部统一采购、配送的方式成本过高，因此根据企业规模及管理模式的不同，部分连锁企业将全部或部分采购权力分散到分店，由各分店在核定的范围内，采用完全分散采购或部分分散采购两种方式直接向供应商采购、订购商品。

3）进货管理的内容

（1）商品需求预测。门店进货作业人员要做好市场调查和预测工作，要了解消费者到底需要什么、想买什么，有效地保证所订购商品适销对路，为门店创造持续的经济效益。在商品需求预测过程中要考虑如下几个因素：气候变化；商品生命周期；未来市场的变化；随时把握流行商品的商机，并随时注意价格变化及库存控制等。

微课：连锁门店的进货作业管理

（2）实现门店营运目标。门店营运目标，就是不折不扣、完整地把连锁公司总部的目标、计划和具体要求体现到日常的管理中，实现连锁经营的统一化。门店营运目标可概括如下：销售最大化、损耗最小化、降低门店营运成本。

7.1.2　进货作业管理

门店的进货作业管理主要包括订货、进货、收货、退换货和调拨等作业管理。

1）订货作业流程

门店的订货作业是指门店依据订货计划向总部配送中心或总部指定的厂商及自行采购单位进行叫货或称为添货的活动。

（1）进货作业的流程。连锁门店订货作业流程如图 7-1 所示。

因为订货方式不同，订货作业流程也会有所差异。一般来说，连锁门店在非生鲜订货过程中会采用以下订货流程：

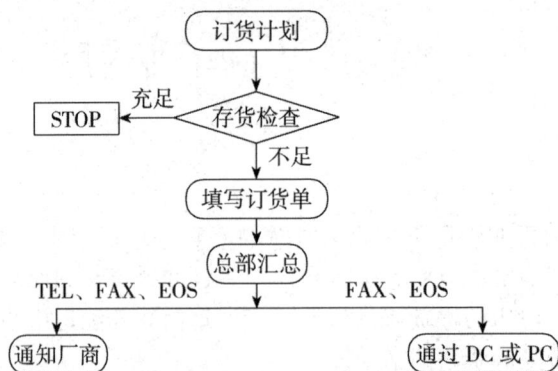

备注：EOS为自动补货系统，DC为分销配送中心，PC为流通加工配送中心。

图7-1 连锁门店订货作业流程

①自动订货：根据历史销售预测，系统自动产生订货量。订货周期较为规律，订货对象一般为状态正常、非短保、可常温运输的商品，会采用自动订货。

②手工订货：受到销售计划、市场竞争、国家管制、临时大单、无周期性团购、保质期短等各种因素影响而无法自动补货的商品，通过手工订货满足货量需求。

③促销订货：根据促销月历安排，按照规定订货时间点进行销售预估后，对促销月历安排的商品进行促销订货。

（2）新零售模式下门店订货的原则：

①将消费者体验放在首位。

例如盒马鲜生被定义为"被线下门店武装的生鲜电商"。它强调电商的主体性，其交易结构是：坪效＝（线上收入＋线下收入）/店铺面积。在这个交易结构下，如果线上收入真能大于线下收入，它的坪效就有机会做到传统超市的2倍，甚至更高，突破传统生鲜超市的坪效极限。盒马鲜生在采购方面坚持"原产地直采＋本地化直采"的策略，从原产地直接采购，经过多道工序的质检，确保商品符合相关的国家和行业标准，最大限度地减少低质商品对消费者人身和财产的损害。"原产地直采"省略了诸多中间环节，避免了中间商赚取差价，进一步降低了消费者的购物成本，为消费者带来了实惠。在新零售模式下，通过数据将线上和线下打通，线下门店主要功能在于增加消费者体验感和即得性，强化品牌认知，提高复购率，因而进货、补货工作也要遵循将消费者体验放在首位的原则。

②利用大数据进行选品。

线下的面积有限，所以卖什么要看什么东西好卖。但什么东西好卖呢？例如小米之家门店优先选择线上被验证过的畅销产品，如果是新品，则根据口碑和评论来观察，看一下前一周线上的评论，不好的不上。此外，根据大数据来安排不同地域小米之家门店的选品，并且统一调度。如某款电饭煲在线上卖的时候，河南的买家特别多，那么河南的小米之家门店在铺货时，这款电饭煲一定会上。同时利用了线下的"体验性"优势，真正实现了线上和线下打通。这种大数据可以带来精准选品、卖畅销品、卖当地最好卖的货等好处，如果连锁店在进货、补货的时候依赖大数据，可以极大提高顾客购买率。

（3）门店在编制订单时的注意事项包括：

①同一张订单中的商品必须为同一供应商、同一部门、同一结算方式。

②必须核对结算方式是否正确，不正确则需提出更改或添加申请（结算方式需在合同中进行定义）。

③关于进价。一般订单中自动调出的进价是默认进价，如此商品处于促销期间，则会为促销进价。如果单批次的进价降低，则使用特价订货模块。

④有特殊情况需说明的，应填写在备注一栏。

⑤如制单人与订货人不同，须在"业务员"一栏填写订货人姓名。

⑥关于有效期。订单如果过了有效期还未被审核，则自动失效。

2）进货作业流程

进货作业是连锁门店依照订单由公司总部配送中心或供应商将产品送达门店的作业。进货作业对供应商或总部配送中心来说就是"配送"，但对门店而言，其作业的重点应是验收。

拓展阅读：
食用农产品
进货验收
操作指南

（1）进货作业的流程。连锁门店进货作业流程如图7-2所示。

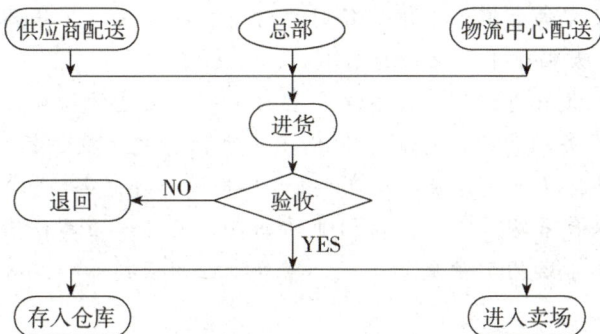

资料来源 张晔清. 连锁企业门店营运与管理 ［M］. 2版. 上海：立信会计出版社，2006.

图7-2 连锁门店进货作业流程

（2）进货作业应注意的事项具体包括：

①进货要严格遵守企业总部规定的时间。进货时间的确定应考虑厂商作业时间、交通状况、营业需要及内部员工出勤时间等。

②先退货再进货，以免要退回的商品占用店内仓位。

③验收单、发票须齐备。

④商品整理分类要清楚，并在指定区域进行验收。

⑤验收后部分商品直接进入卖场，部分商品存入内仓或进行加工后进入卖场。

⑥拒收变质、过保质期或已接近保质期的商品。

（3）进货作业有关的表单

①进货签收单，内容包括客户名称、送货地点、包装箱号等。

②入库单，内容包括产品名称、入库数量、入库日期、储位、经手人等。

③出库单，内容包括产品名称、出库数量、出库日期、经手人等。

拓展阅读7-1　　　　　　开超市新手有哪些进货渠道？

（1）找品牌代理商。通过联系品牌代理商采购日用百货、食品饮料等超市快消品，是中小型超市常用的进货渠道。通过代理商拿货对单次进货的数量没有要求，是最方便、最容易的进货方式。

（2）直接联系生产厂家。如果想要以更低的价格拿到商品，可以选择直接与商品厂家联系，告知其采购的意向并想与其长期合作，争取让其以出厂价给你供货。但有些厂家会拒绝为采购数量不多的超市供货，还需要多去争取。

（3）从本地市场批发。从本地批发市场或农贸市场进货的优势在于，种类齐全且可以货比三家，在进货数量上不受限制，运输费用也比较少，还可以通过谈判得到更优惠的价格和送货上门的服务。

（4）参加零售业相关展会。通过零售业相关展会，直接在展会上订货，收集厂家和代理商的联系方式，与同业者交流超市经营的经验，例如日用百货商品交易会、全国糖酒交易会、广交会等。

（5）网络渠道采购。如今网上可以找到各种商品的货源，通过那些正规的电子商务网站或商品品牌的官网，瞅准促销时机订货，也是一种不错的选择。例如阿里巴巴、京东超市、天猫超市、亚马逊等。

（6）委托商品服务商代购。随着中小型自营超市数量的增加，出现一些专门为经营者提供专业服务的商品服务商，他们不但可以为超市提供稳定、齐全的货源，还可以为超市提供打点商品、制订促销方案、临时看店等服务。

（7）与同业联合采购。如果你有同业的朋友，便可以与其合作进行采购，通过联合的方式让整体采购的数量更具规模，增加自己的谈判筹码，从供应商那里争取更优惠的进货价格。

（8）坐等业务员上门。当超市还在装修时，在门口贴上一张"欢迎厂家或批发商前来洽谈合作"的告示，就会有业务员主动前来店铺，经营者只需留下他们的电话，让他们提供样货和报价选择即可。

（9）线上发布广告。在本地的商业报纸，或在58同城、百姓网、赶集网等网上发布需要货源的信息，并提供超市的店名、位置、联系方式等。

（10）加盟超市品牌。如果你想免去找货源的奔波劳累，还有一种最为省心省力的进货方法，那就是加盟一个连锁超市品牌，由加盟商定期为超市配货。

资料来源　佚名. 时尚店铺服务［EB/OL］.［2022-05-26］. https://www.sohu.com/a/238206162_99930822.

3）收货作业流程

收货作业按进货的来源，分为由连锁企业总部配送中心配送到门店的商品收货作业和由供应商直接配送到门店的商品收货作业。许多连锁门店在收货作业过程中会因被欺骗而遭受巨大损失，因此无论商品采用哪种方式配送到门店，都需要员工进行收货作业，这些员工不仅要受过良好的培训，还要熟悉整个门店的运营。

（1）收货作业的原则：

①诚实原则：收货的数据必须真实，收货的人员必须诚实，不得接受供应商的任何馈赠和向供应商索要任何物品、钱财等。

②一致原则：单据必须正确，与实际的送货相一致。错误的单据必须进行及时纠正。

③优先原则：收货优先原则，生鲜食品优先其他品类商品，生鲜食品的优先程序依次是活鲜、冷藏食品、冷冻食品；退货优先原则，即先办理退货再进行收货；紧急优先原则，楼面已经缺货并等待销售的商品，可以考虑优先收货。

④区域原则：收货执行严格的区域原则，即未收货区域、正收货区域、已收货区域。各个流程中的商品必须在正确的区域内，如未进行收货的商品或不符合收货标准的商品必须在未收货区域内存放或处理，正在进行收货的商品只能在正收货区域内，已经完成收货程序的商品才能进入已收货区域。

⑤安全原则：收货部的整个区域执行严格的安全原则，包括叉车的使用、周转仓的商品存放、收货商品的码放与运输等。

（2）收货作业应注意的事项：

①不要一次同时验收几家厂商的进货。

②不可直接送货至仓库。

③避免在营业高峰时间收货。

④不允许由厂商清点商品。

（3）总部配送中心配送商品的收货作业。由于公司总部已进行进货验收，所以可由业务人员或司机把商品送到门店，而不需当场验收清点，仅由门店验收员立即盖店章及签收。至于事后店内自行验收发现数量、品项、品质、规格与订货不一致时，可通知总部再补送或退回。

（4）供应商直配商品的收货流程，如图7-3所示。

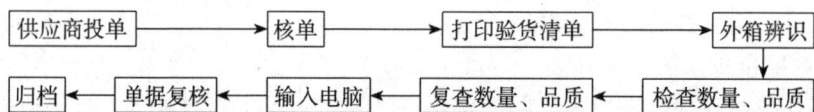

供应商投单 → 核单 → 打印验货清单 → 外箱辨识

归档 ← 单据复核 ← 输入电脑 ← 复查数量、品质 ← 检查数量、品质

图7-3　供应商直配商品的收货流程

（5）供应商直接配送到门店的商品收货作业要点：

①建立并公布一个既方便供应商又方便门店的收货进程表（按天和小时），同时规定所有供应商直接配送商品必须由门店指定的出入口出进。

②在收货验收时，不要一次同时验收几家厂商的进货。要求送货单位和货物必须有规律排列，以便验收人员系统有序地核查所有订购的货物。

③核对发票与送货单的商品品名、规格、数量、金额等是否相符。

④核对发票与实物是否相符，具体的检查内容包括商品数量、商品重量及规格、商品成分、制造商情况及有关标签、制造日期及有效日期、商品品质、送货车辆的温度及卫生状况、送货人员等。

⑤清点购进的每一件商品，即使商品已经装箱密封。如订货数量较大，可抽查30%，尤其是散箱、破箱，必须进行拆包、开箱查验，核点实数。

⑥对贵重商品拆箱、拆包逐一验收。对无生产日期、无生产厂家、无地址、无保质期、商品标签不符合国家有关规定的商品一律拒收。

⑦对变质、过保质期或已接近保质期的商品拒收。

⑧如果供应商的实际供货少于进货单据上注明的数量，应要求供应商为这些短缺的货物给门店出具一个有供应商签名的补偿担保。进货验收人员要及时填写相应记录表。

⑨验收合格后方可在进货单据上签字、盖章，同时，验收人员应及时把接收货物按门店要求记录在册。

（6）收货相关表单：

①日常收货记录表。

②收货清单。

③每周供货商差错记录表。

4）退换货作业流程

退货作业可与向公司总部配送中心或供应商进货作业相配合，利用进货回程顺便将退货带回。退换货作业一般定期办理（如每周一次或每10天一次），以提高其作业效率。

（1）退换货原因：品质不良；订错货、送错货；顾客反馈或总部明确规定的滞销商品；过期商品。

（2）办理退换货作业应注意的事项：

①供应商或送货单位确认，即先查明待退换商品所属供应商或送货单位。

②退回商品要清点整理，妥善保存，一般整齐摆放在商品存放区的指定地点。

③填写退换货单，注明其数量、品名及退换货原因等。

④迅速联络供应商或送货单位办理退换货。

⑤退货时确认扣款方式、时间及金额。

5）调拨作业流程

调拨作业是连锁企业门店之间的作业，是某门店发生临时缺货，且供应商或总部配送中心无法及时供货，而向其他门店调借商品的作业。

（1）调拨发生的原因：商品销售量急剧扩大，而存货不足；供应商送货量不足；顾客团购或临时加大订购量。

（2）调拨作业应注意的事项：

①若是临时大量订单，门店在接单前最好先联系其他门店，确认可调拨数量是否足够，不要因随意接单而影响连锁企业的声誉。

②门店之间的商品调入与调出，必须在双方店长同意的情况下才能进行。

③调拨车辆和工作人员、时间事先明确安排。

④必须填写调拨单，拨入、拨出门店均须店长签名确认。

⑤拨出或拨入均须由双方门店验收并确认。

⑥调拨单一式两联，第一联由拨出门店保管，第二联由拨入门店保管。

⑦调拨单须定期汇总送至总部会计部门，以配合账务处理。

⑧拨入、拨出门店均须检查存货账与应付账是否正确。

⑨拨入门店应及时总结，重新考虑所拨商品的最低安全存量、每次订货量及货源的稳定性，尽量避免重复发生类似事件。

7.2 连锁门店存货作业管理

7.2.1 存货作业概述

1）存货概述

商品存货是零售企业在正常经营过程中持有以备出售的商品，是流通企业在正常经营过程中处于待销状态的库存商品。商品存货意味着流通的停滞和资金的占用，但它是必不可少的环节。市场变化莫测，生产又需要一定的周期，为使企业不致出现缺货现象离不开商品存货。由于库存要占用资金和场地，会使连锁门店成本费用增加，因此科学的存货管理十分必要。

2）存货作业的重点

连锁门店的存货管理主要包括：存货数量管理、存货结构管理和存货时间管理。

（1）存货数量管理。存货数量与商品流转量相适应的点就是最佳效益点。存货量过大，会造成商品积压，占用大量资金；存货量过小，会造成商品不足，市场脱销，影响销售额。商品存货数量管理一般采用保险存量管理。保险存量越大，出现缺货的可能性越小；但保险存量太大，势必导致积压，资金被占用，库房空间也被占用，这也是不利于门店运营的。

（2）存货结构管理。无论是仓库空间还是资金，都是有限的。要使这些有限的仓库空间和资金取得更大的效益，加强商品库存结构管理是非常重要的。商品库存结构管理的最常用方法是 ABC 管理法。

（3）存货时间管理。加快商品周转等于加快资金周转，自然会提高资金运用效率，这是连锁门店获得利润的关键之一，所以应加强存货的时间管理。

3）存货作业管理的内容

存货作业管理的内容主要包括仓库管理、盘点和坏品处理。仓库管理是指门店商品储存空间的管理；盘点则是指对库存商品的清点和核查；坏品处理主要是对仓库日常管理和盘点过程中发现的问题商品进行处置。

4）存货管理的目的

一般而言，存货管理具有下列两个目的：

（1）配合进货、采购业务，提供进货、采购有关现存货品信息。顾客到门店购买商品，如果遇到缺货，可能导致顾客不满意。门店经营者必须对缺货原因做出正确的分析，为门店正确地进行商品进货和采购提供准确的信息。

（2）配合门店销售业务，为迅速配货、补货及促销决策提供相关信息。存货管理与商品销售有很大的关联性，尤其是不同品类商品，其平均销售速度亦有所差异。考虑商品平均销售速度与存货数量的关系，可以将商品分为畅销品、长销品与滞销品等。畅销品比较容易发生缺货现象，如果门店能够很快购进畅销品，并迅速补充货品，就可以极快地获取利润，并可以弥补滞销品资金积压的损失，提高资金的运用效率。而滞销品也应尽快查出来，并检查滞销原因。无论是何种原因，在查验滞销品滞销原因后，即应利用削价或促销活动来出清存货，换取现金并腾出空间，进而可以补充其他商品，调整门店商品结构以满足顾客的需求。

因此，无论门店规模大小，最重要的是应保持适当的存货以满足顾客的需要，同时避免因库存商品太多而导致必须降价或留待下个月销售的隐患。

7.2.2 存货作业管理

存货作业管理一般包括仓库管理、盘点和坏品处理3个环节。

1）仓库管理

（1）相关概念。

①仓库管理是指对附属于门店的商品储藏空间的管理，包括暂存区、货品内仓等的管理。

②实际库存是指商品现在实际存在的库存数量和金额。

③系统库存是指电脑系统中记录的商品的库存数量和金额。

④库存区是指用来存放商品库存的非销售区域。货架顶部以上的空间、周转仓、内仓等地方都是库存区。

⑤库存周转率是指一定时期商品销售成本与平均库存量相比较而体现周转次数的数据。

（2）库存管理的重要性。有些门店根据需要设立内仓，也有些门店没有封闭的仓库，而直接把货架上层作为储存空间，还有些门店采用内仓加卖场作为库存区域，因此库存区位较多。商品的销售情况及订货的不停变化，商品结构的不断变化引起商品进出的调整，促销品项的变化，特别是线上下单、门店提货新零售形式等，使得门店库存处于动态。如果电脑系统中的库存数据不能与实际的库存数据一致，则会对所有的运营环节产生连锁影响，甚至对电脑系统的准确性、预测性、分析性、预警性等功能产生重要的影响，使营运部门在商品订货、补货、销售、库存周转、顾客服务、盘点等环节都很难做到有效控制，因此库存管理是门店经营管理的重要控制点。

（3）库存管理工作。

①系统库存的维护。其原则就是系统中的库存数据必须与实际的库存数据一致。影响系统库存准确性的原因：收货部门收点数量、品项错误；退货组未能及时扣除退回商品；商品被盗窃或被损坏而未被发现或被发现后未执行商品库存调整程序；销售部门在盘点时点数错误；条码贴错导致商品库存错误；收银人员在结账时，在多个同类商品过机时发生扫描错误、数量录入错误等。库存更正程序如图7-4所示。

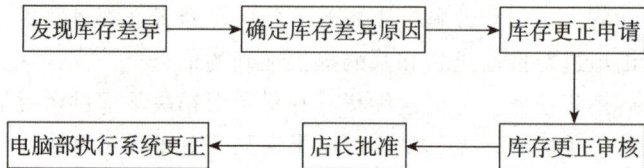

发现库存差异 → 确定库存差异原因 → 库存更正申请

电脑部执行系统更正 ← 店长批准 ← 库存更正审核 ← 库存更正申请

图7-4 库存更正程序

异常库存的处理：相关部门对于商品库存异常情况必须进行处理，以解决由此而暴露的营运失误。对系统中的异常库存报告、盘点的异常库存报告必须及时进行处理，对于一时不能发现原因的重大库存差异，必须上报到防损部门进行查证。

②周转库存的控制。库存控制的指标包括：单品库存金额及库存周转率，部门库存金额及库存周转率，整个库存金额及库存周转率。库存控制的措施：商品订货的控制，特别是要对不能退回的商品加强控制；要做好节假日销售的预算，特别是特价商品和节日商品，以避免存货量过大；要减少积压库存和滞销商品的库存；改变商品的陈列；对商品进行促销；加强对时令商品的过季处理；对新商品采取谨慎订货的方式。

③高库存异常的原因：系统的库存数据不准确，导致订货不准确而造成库存过大；销售部门人员对实物库存管理不当，未找到库存，造成重复订货；商品促销的预计数量与实际销售量相差比较远，导致商品库存过大；时令商品过季后滞销；商品属于滞销品；商品的陈列空间与商品的周转量不成比例，导致商品库存过大；商品的最小订货数量与商品的周转量不成比例，导致商品库存过大；商品的陈列存在缺陷，导致商品库存过大。

④库存过大单品的控制：将所有库存过大的商品列出清单；对库存过大的原因进行分析；采取降低库存的措施，如退货、降价、改变陈列位置等。

☑ 互动课堂7-1 新零售模式下，连锁企业库存管理应对策略

某品牌连锁企业在全国有1 000多家门店，在某销售旺季，却因为缺货，造成了销售困境。某些门店缺货，某些门店库存却过多。对于这家企业来说，由于门店过多，难以提前判断各家门店货的销售量，也很难把多余的货挪到缺货的门店。货是有的，但没有在正确的时间出现在顾客有需求的门店，货源充足的门店可能卖不完，缺货的门店顾客想买却买不到。高库存"冻"住了企业的现金流，高缺货又严重影响了顾客体验。为了解决这一难题，该企业是这样改进的：

（1）搭建自动补货系统：系统需要设置库存状况的实时查询功能，可以直接查询每家门店具体商品的库存情况（门店库存、实际库存、可用库存），同时汇总所有门店销售数据，结合各个仓库数据，依据补货逻辑，自动为各个门店补货。

（2）搭建精准数据统计分析系统：系统设置商品销售的实时监测，统计过去7天和一个月每家门店商品的具体销售数据，为提前准备库存商品做好数据预测。

（3）构建多维度仓库管理：包括商品状态管理、商品分类管理、商品权限管理等在内的几十个维度的库存管理，满足个性化操作的同时，按照商品的数量区分库存提高效率，根据商品流动速度制订库存计划，杜绝了随意储备库存。

资料来源 编者根据相关资料进行整理。

请同学们结合资料思考：（1）自动补货系统有哪些特点？（2）新零售模式下如何降低库存？

（4）库存管理应注意的事项：

①库存商品要进行定位管理，其含义与商品配置表的设计相似，即将不同的商品

按照分类、分区管理的原则来存放，并用货架放置。仓库内至少要分为3个区域：第一，大量存储区，即以整箱或栈板方式储存；第二，小量存储区，即将拆零商品放置在货架上；第三，退货区，即将准备退回的商品放置在专门的货架上。

②区位确定后应制作一张配置图，贴在仓库入口处，以便于存取管理。小量储存区应尽量固定位置，大量储存区则可弹性运用。若储存空间太小或属冷冻（藏）库，也可以不固定位置而弹性运用。

③储存商品不可直接与地面接触。一是避免潮湿；二是遵守生鲜食品保存规定；三是确保堆放整齐。

④要注意仓储区的温湿度，保持通风良好、干燥、不潮湿。

⑤仓库内要设有防水、防火、防盗等设施，以保证商品安全。

⑥商品储存货架应设置存货卡，商品进出要遵循先进先出的原则。也可采取色彩管理法，如每周或每月使用不同颜色的标签，以明显识别进货的日期。

⑦仓库管理人员要与订货人员及时进行沟通，以便安排到货的存放。此外，要适时发布存货不足的预警通知，以防缺货。

⑧仓储存取货原则上应随到随存、随需随取，但考虑效率与安全，有必要制定有关作业时间的规定。

⑨商品进出库要做好登记工作，以便明确保管责任。但有些商品（如冷冻、冷藏商品）为讲究时效，也采取卖场存货与库房存货合一的做法。

⑩仓库要注意门禁管理，不得随便入内。

（5）存货报警。存货管理可设置两种库存报警模式：库存上下限报警和安全库存报警。

①库存上下限报警。设置仓库中各种商品库存下限和库存上限等库存指标，当库存小于预设的下限或大于预设的上限时，经过盘点提示库存状况，向有关人员报警。

②安全库存报警。对库存低于安全库存的商品，进行库存报警。报警条件为：现有库存＜日均销量×（到货周期+N天）。

（6）商品报损与领用。

①商品报损。库存商品会因为包装问题或其他原因损坏，需要申请报损。报损单经审核后，方可确认商品报损出库。报损程序一般为：选择报损商品所属仓库；选择报损商品，记录报损商品数量。

②商品领用。因内部需要领用商品时，须填写领用单，经审核后方可领用出库。

2）盘点

通过盘点作业，可以计算出门店真实的存货、费用率、毛利率、货损率等经营指标，盘点结果是一份门店经营绩效的成绩单（连锁门店盘点作业管理详见7.3）。

3）坏品处理

虽然门店可能已严格按照连锁企业总部的规定正确地订货、搬货、收货和周转库存等，但仍然可能由于各种原因使门店出现坏品。坏品是指门店销售或储存过程中发生的过期商品、包装破损不能再销售的商品，或者因门店停电、水灾、火灾、保管不善等造成的瑕疵品。无论何种原因导致商品毁损都会给门店带来损失，因此对于坏品要做好妥善的处理。

（1）坏品处理作业流程。坏品处理作业流程如图7-5所示。

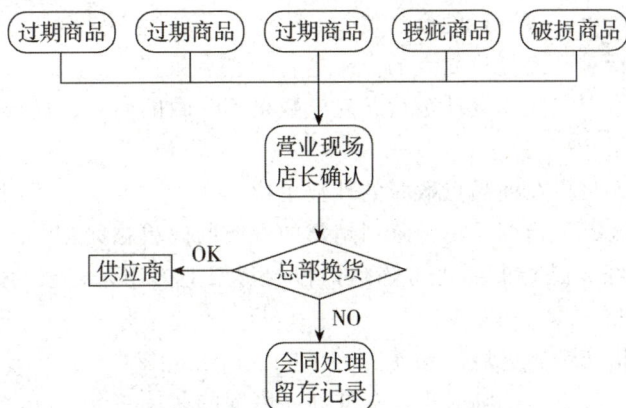

资料来源 张晔清. 连锁企业门店营运与管理［M］. 2版. 上海：立信会计出版社，2006.

图7-5 坏品处理作业流程图

（2）坏品处理应注意的事项如下：

①门店店长应查清坏品发生的原因，以明确责任归属，并尽快做出处理。

②坏品必须详细登记，以方便账务处理以及门店管理分析。

③若经确认，发生坏品的责任在门店，如商品保存不当、订货过多、验货错误等，那么门店须做出反省，并通报各部门，避免此类事件再发生。

④不能退换货的坏品不可任意丢弃，必须做好记录、集中保管，待会同验收人员确认后共同处理。

7.3 连锁门店盘点作业管理

7.3.1 盘点作业概述

1）相关概念

（1）盘点的概念。所谓盘点，就是定期或不定期地对门店内（含仓库）的商品的实际数量进行清查、清点的活动，即为了掌握商品的流动情况，对门店内的商品的实际数量与系统中记录的数量相核对，以便掌握商品的实际数量、状况及储存信息，并因此加以改善，加强管理。盘点工作的实质就是核查门店内商品的实际数量与账面记录数量是否一致。对部分商品进行盘点，称为周期盘点；每年一次对整个门店的商品进行盘点，称为年度盘点。

盘点是衡量门店营运业绩的重要指标，也是对一个年度营运管理的综合考核和回顾。门店通过盘点了解自身的盈亏状况、存/缺货状况、商品周转率，发掘并清除滞销品/临期商品等，因此发现问题、改善管理、降低损耗是盘点的工作目标。

（2）其他概念。

①HHT，属于电脑设备的一种，可以储存商品的资料和数据，相当于输入终端记

忆器。它与主机联网后，可以将数据传输给主机进行处理。

②初点，是指第一次进行的商品点数。

③复点，是指第二次进行的商品点数。

④抽点，是指对已经经过复点的商品进行抽查点数。

⑤三点，是指在二次盘点计数后，对于数量不一致的商品，进行第三次或多于第三次的点数。

⑥点数单位，是指在商品点数时的计数单位。

⑦正常陈列区，是指商品正常陈列销售的货架的区域总称。

⑧货架库存区，是指商品正常陈列销售的货架上方用来存放商品的库存区域的总称。

⑨后仓，是指非销售区域的仓库。

⑩周转仓，是指收货部临时用于存放商品库存的区域。

⑪控制台，是指在盘点进行中设置的盘点控制中心。

⑫锁库，是指电脑中心对系统的数据库进行"锁住"的动作。锁库后系统不能收货和销售，不接受任何数据的更改。

⑬系统陈列图，是指将卖场的陈列图按盘点程序输入电脑系统中。

2）盘点作业的内容与目的

（1）盘点作业的内容。盘点作业的内容包括查数量、查质量、查保管条件等。

（2）盘点作业的目的。了解门店在盘点周期内的盈亏状况；了解目前商品的存放位置、缺货状况；了解商店的存货水平、积压商品的状况及商品的周转状况；掌握商品目前最准确的库存数据，将商品的电脑库存数据恢复正确；发掘并清除滞销品、临期商品；整理环境，清除死角；根据盘点情况，确认损耗较大的营运部门、商品大组以及个别单品，以便在下一个营运周期加强管理，控制损耗；防微杜渐，同时遏阻不轨行为。

3）盘点方法

（1）账面盘点法。账面盘点法是指将每种商品分别设立"存货账卡"，再将每种商品的出入库数量及有关信息记录在账面上，逐笔汇总出账面库存结余量的方法。

（2）现货盘点法。现货盘点法是指对库存商品进行实物盘点的方法。按盘点时间频率的不同，现货盘点法又分为期末盘点法、定期盘点法、循环盘点法和临时盘点法等。

①期末盘点法。期末盘点法是指在会计计算期末统一清点所有商品数量的方法。由于期末盘点是将所有商品一次点完，因此工作量大、要求严格，通常采取分区、分组的方式进行。分区即将整个储存区域划分成一个一个的责任区，不同的责任区由专门的小组负责点数、复核和监督。

②定期盘点法。定期盘点法又称闭库式盘点法，即将仓库其他活动停止一定时间，对存货实施盘点的方法。一般采用与会计审核相同的时间跨度。

③循环盘点法。循环盘点法是指在每天、每周等销售一部分商品，一个循环周期将每种商品至少清点一次的方法。循环盘点通常对价值高或重要的商品检查的次数

多，监督也严密一些，而对价值低或不太重要的商品盘点的次数可以尽量少。循环盘点一次只对少量商品盘点，所以通常只需保管人员自行对照库存数据进行点数检查，发现问题按盘点程序进行复核，并查明原因，然后调整，也可以采用专门的循环盘点单登记盘点情况。

④临时盘点法。临时盘点是指出于特定目的对特定商品或区域进行盘点的方法。

要得到最准确的库存情况并确保盘点无误，可以综合采用账面盘点与现货盘点等方法，以查清误差出现的真实原因。

一般来说，对于价值比较高，容易丢失、损耗的商品可进行高频率盘点，甚至日盘；生鲜、香烟必须于每月月末进行盘点，而且生鲜部门每月进行两次盘点；家电精品部门进行特别商品的台账盘点；食品干货、百货部门为维护计算机库存数据准确而每季度进行盘点；整个门店年末进行全面盘点（大盘点）；新店开张3个月内进行一次新开张盘点。

7.3.2 盘点作业流程

1）盘点作业流程管理

盘点作业的一般流程如图7-6所示。

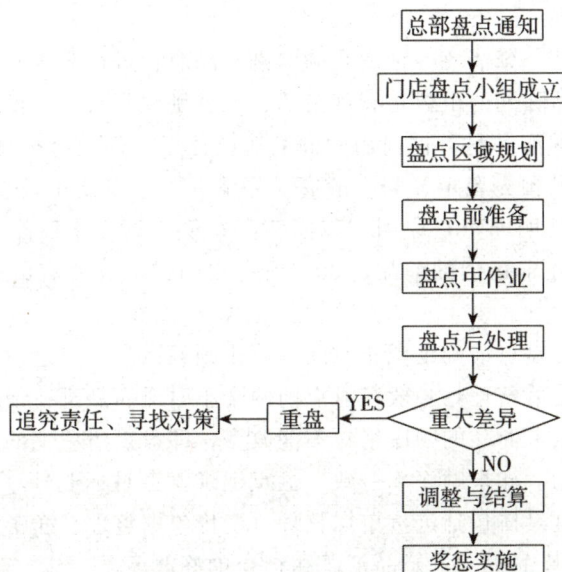

图7-6 盘点作业的一般流程

（1）盘点作业的制度应由连锁企业总部统一制定，其内容包括盘点的方法（如现货盘点法还是账面盘点法）、盘点的周期（如一个月或一季度盘点一次）、账务处理的规定、盘点出现差异的处理方法及改进对策、对盘点结果的奖罚规定等。

（2）盘点作业人员的组织由各门店负责落实，总部人员在各门店盘点时分头进行指导和监督。一般来说，盘点作业是门店人员投入最多的作业，所以要求全员参加盘点。

（3）盘点作业要确定责任区域并落实到个人。为使盘点作业有序有效，一般可用盘点配置图来分配盘点作业人员的责任区域。在落实责任区域的盘点作业人员时，最好用互换的办法，即商品部 A 的作业人员盘点商品部 B 的作业区域，彼此互换，以保证盘点的准确性，防止"自盘自"可能造成的不实情况。

（4）盘点前准备。要贴出盘点通知（最好在盘点日前 3 日贴出），告知顾客和厂商。告知顾客，以免顾客在盘点时前来购物而徒劳往返；告知厂商，以免厂商在盘点时送货而造成不便。

2）盘点作业准备工作

（1）盘点计划。召开盘点会议，确定盘点各项工作的分工及盘点流程与盘点方法；决定盘点周期与时间；确定参与人员；制作各种盘点单据；系统完成所有收货、出库指令；贴出盘点通知，告知厂商及顾客；确定其他相关事宜。

（2）整理工作。其具体包括：

①环境整理。门店一般应在盘点前一日做好环境整理工作，主要包括：检查各个区位的商品存货、陈列的位置、编号与盘点配置图是否一致；清除门店内的死角；将各项设备、备品及工具存放整齐等。

②商品整理。整理库存商品，一是要注意容易被大箱子挡住的小箱子，所以在整理时要把小箱子放到大箱子的前面；二是要注意避免把一些内装商品数量不足的箱子当作整箱计算。

整理陈列架商品，分清每一种商品的类别和品名，进行分类整理，不能混同于一种商品；每一种商品陈列的个数是有规定的，要特别注意每一种商品中是否混杂了其他商品，以及后面的商品是否被前面的商品遮挡住了，而没有被计数；将有损商品、废弃商品、过期商品预先鉴定，与一般商品划清界限，以便正式盘点做出最后鉴定；非盘点商品需贴标注明非盘点原因，以防错盘；供应商交来商品尚未办完验收手续的，或退回供应商还未运走的商品，由于所有权归供应商所有，必须与门店商品分开，避免混淆。

仓库和门店须在盘点前确定截止时间，停止领发商品，以避免交叉混淆出错。

盘点前商品的最后整理。一般在盘点前两个小时对商品进行最后的整理，这时要特别注意，陈列货架上商品的顺序绝对不能改变，即盘点清单上的商品顺序与货架上商品的顺序是一致的。如果顺序不一致，盘点记录就会对不上号。

③单据整理。这具体包括进货单据整理、变价单据整理、净销货收入汇总（分免税和含税两种）、报废品汇总、赠品汇总和移仓单整理等。

（3）培训。盘点工作不仅工作量大，而且非常烦琐，需要员工认真细致，具有"工匠"精神。为保障盘点工作顺利进行，必须抽调人员支援。对于各部门抽调来的人员，应加以组织分配，并进行必要的盘点培训，使每一位参与盘点的人员都能够了解并担任好职责。

①明确主要盘点人员及其责任。

总盘人：盘点工作的总指挥，负责确保整个盘点质量、进度，合理安排盘点任务，协调盘点组、财务等相关部门间工作和出现的问题，解决临时、突发事项。

主盘人：负责推动实际盘点工作，包括盘点任务分配、保证盘点质量与进度，审核盘点单据，安排盘点单据的及时领取与上交等。

初盘人：负责数量点计。

填表人：负责填写盘点人的数量记录，保证记录及时、准确；调整数据的系统录入，工作量的统计；盘点单据的准备、提交、发放、回收的监控与跟踪。

复盘人：与初盘人核对填表人填写盘点单据的情况，确保数据准确；分析差异产生的原因，确定复核商品清单，编写盘点报告，确认系统调整数据。

协点人：负责料品搬运及整理，以及车辆、餐饮、清洁、照明等后勤工作。

抽查人：负责盘点过程的抽查监督。抽查人由店长委派，负责盘点质量的抽查，检查单据填写是否规范，给予盘点人员相关支持，与主盘人沟通确定特定商品的盘点方式。

②人员安排的通告。

盘点小组人员安排：盘点小组在接到部门上报的参加盘点人员的名单和排班后，对所有盘点人员进行安排，于盘点前7天以书面通知、公告的方式通知各个部门。盘点人员按库存区盘点和陈列区盘点来安排。将门店分成不同的盘点分区，每个分区设置一个盘点分组和分控制台，每个分控制台设置一个分组长，全面控制盘点工作。

复查人员安排：门店根据盘点情况，分别按库存区盘点和陈列区盘点来安排复查人员。每个分区都必须安排人员进行复查，重点是精品部、家电部、烟酒部以及比较容易出现点数错误的区域。

③对盘点人员的培训：分为商品认识培训和盘点方法培训两方面。对于商品认识的培训，重点在于复盘人员与监盘人员，因为复盘人员与监盘人员大多数对商品品种规格不太熟悉；门店盘点流程与盘点方法经过会议通过后，即成为制度。参与初盘、复盘、抽盘、监盘的人员必须根据盘点管理程序加以培训，必须对盘点的程序、方法、使用的表单等整个过程充分了解，这样盘点工作才能得心应手。

3）盘点实施

（1）盘点实施流程。

门店盘点一般按以下流程实施：下发盘点执行通知→人员就位领取盘点表格→库存区、陈列区盘点→监点人复盘→回收盘点表→封存仓库、盘点表→确认盘点结果，结束盘点。

盘点表一般格式（各企业可根据具体情况自行设计）见表7-1。

表7-1   盘点表一般格式

部门：   货架编号：

商品编码	品名	规格	数量	单价（元）	金额（元）	复点	差异	抽点	差异	备注

（2）盘点作业实施。

①库存区盘点的方法与要点。库存区商品的盘点一般是两人为一组同时进行点数，如果所点商品的数目一样，则将此数字登记在盘点表上；如果两人的点数不一致，必须重新点数，直至相同。

　　盘点的方向一般是先左后右，由上至下。未拆的原包装箱不用拆箱盘点，只需要记下其数目，所有非原包装箱或已经开封的包装箱必须打开盘点。

　　盘点表上的标签只记录该位置商品的品种，因此盘点表上的数据应该是该商品在该位置的总数。遇到无标签的商品，盘点人员应到分控制台申请标签，现场盘点计数；遇到有标签无商品的情况，计数为零。盘点表上数字的书写应清楚、规范，盘点表的页数应正确等。

　　库存区的盘点由分控制台台长负责分配盘点表，每组人员每次只能负责一个编号的盘点表。每完成一个编号的盘点表后，再进行下一个编号的盘点表。冷冻库和冷藏库在盘点前必须关闭制冷设施，盘点人员应做好防寒措施。

　　完成的盘点表可以接受抽查人员的抽查，检验数据是否正确。抽查人员必须对散货、贵重物品、大宗商品进行重点抽点核对，抽点应及时，一般在员工点数完成后进行。盘点后所有的库存区全部封存，封闭式仓库上锁，开放式仓库用绳子封住，并用标志明确是已经盘点的商品；盘点后对所有资料进行检查，如果符合完整、清楚、正确的标准，由盘点小组人员将其封存于文件柜中。

　　②陈列区盘点的方法与要点。所有明确标示"不盘点"和贴有"赠品""自用品"的物品一律不盘点。归入待处理区域的所有商品一律不进行盘点。

　　盘点人员发现本区域的散货后，应将其送往特别区域。特别区域商品，包括当天的顾客退换货以及店面发生的散货，在特别区域进行盘点。

　　盘点人员两人为一组，一人点数，一人记录。采用相应交叉的盘点方法，初点与复点的人员不同，三点的人员与初点、复点的人员不同。

　　商品的点数单位与销售单位一致，并且每个陈列位分开点，不进行累加。商品盘点计数后，点数人员将数据书写在小张自粘贴纸上，贴在本商品的价签上。记录人员按编号扫描商品，再按照小张自粘贴纸上的数据进行记录，不做任何改动。每记录完一个数据后，立即将小张自粘贴纸撕毁（初点、复点用不同颜色的小张自粘贴纸）。每次记录完一个位置编号，必须检查是否所有的小张自粘贴纸的数据均已完成记录，有无遗漏。

　　初点完成后，HHT交到分控制台，由台长检查初点的完成情况，并将初点HHT送到总控制台进行数据输入清空。

　　复点进行后，安全部人员和分控制台台长则进行点数的抽点，记录点数的数据，等待系统确认记录数据后，确认有无差异。

　　（3）门店盘点流程分段。按照门店盘点的阶段可将盘点实施流程分为初盘作业、复盘作业和抽盘作业等阶段。

　　①初盘作业。初盘作业是在指定的时间停止库存区与陈列区的商品进出，各初盘小组在负责人的带领下进入盘点区域，至少两人一组，并在相关管理员的指引下进行各种商品的清点工作。具体工作要点如下：盘点人员须在盘点表上签名并注明员工工号；盘点时依盘点表所写的商品按照从左至右、从上到下的顺序进行；每组货架都应视为一个独立的盘点单元，使用单独的盘点表，以便按盘点配置图进行统计整理；每两人一组进行盘点，一人点，一人记，不同特性的商品应注意计量单位不同；各部门主管须再次确定每组货架上每种商品皆填写于盘点表上，如有遗漏商品，可手写于盘

点表上，盘点后由输入小组补充输入；对于盘点数量的更改，应在错误的数量上打"×"，并在旁边写上正确的数量，须经该部门主管签名，否则无效；仓库完成盘点后，不得移动商品，直至所有的存货盘点工作完成。

②复盘作业。初盘结束后，复盘人员在各负责人带领下进入盘点区域，在管理员和初盘人员的引导下进行商品的复盘工作。复盘工作可采用100%复盘，也可采用抽盘，由公司盘点领导小组确定，但比例不得低于30%。复盘人员根据实际情况，可采用由账至物的抽盘作业，也可采用由物至账的抽盘作业。由物至账，即在现场随意指定一种商品，再由此与盘点清册、盘点表进行核对，检查3者是否相符；由账至物，即在盘点清册上随意抽取若干项目，逐一到现场核对，检查盘点清册、盘点表、实物是否一致。复盘人员对核查无误的项目，在盘点表与盘点清册上签名确认；对核查有误的项目，应会同初盘人员、管理人员修改盘点表、盘点清册中错误的部分，并共同签名。复盘人员将两份盘点表及盘点清册一并上交主盘人或总盘负责人员。

复盘注意事项：复盘作业在初盘完成之后进行；复盘人员须在新的盘点表上填写，并在表上签名和注明员工工号；复盘人员须用红色圆珠笔填表，复盘作业方法参照初盘作业方法执行，并再次核对盘点配置图是否与现场实际情况一致。

③抽盘作业。对各小组和各责任人员的盘点结果，门店店长等负责人要认真抽查。抽盘作业要点如下：经主管确定复盘后进行抽盘；抽盘商品以高单价、高库存、初盘和复盘有差异的商品为主；抽盘人员须在新的盘点表上签名并注明员工工号；抽盘人员发现错误时，立即通知该部门主管，并由该部门主管在该盘点表上签名确认；抽盘人员将错误记录在复查错误记录表上，并由该部门主管签名确认；复查错误记录表经抽盘负责人签名确认后提交店长。

▶ 拓展阅读7-2　　　　某超市贵重商品盘点注意事项

贵重商品是指桶装奶粉、烟酒、化妆品、小家电等易被盗、高价值的商品，每天2次盘点有利于维护库存准确，及时发现异常情况并进行纠正，以减少商品内、外盗的现象。贵重商品盘点表见表7-2，贵重商品的盘点程序如图7-7所示。

表7-2　　　　　　　　　　　　　贵重商品盘点表

部门：　　　　　　　　　　日期：　年　月　日

序号	商品条码	商品名称	星期一				星期二				星期三				星期四				星期五				星期六				星期天			
			上午		下午		上午		下午		上午		下午		上午		下午		上午		下午		上午		下午		上午		下午	
			存量	销量	存量	销量	存量	销量	存量	销量	存量	销量	存量	销量	存量	销量	存量	销量	存量	销量	存量	销量	存量	销量	存量	销量	存量	销量	存量	销量
1																													
2																													
员工签名																													
促销员签名																													
主管签名																													

资料来源　编者根据相关资料整理。

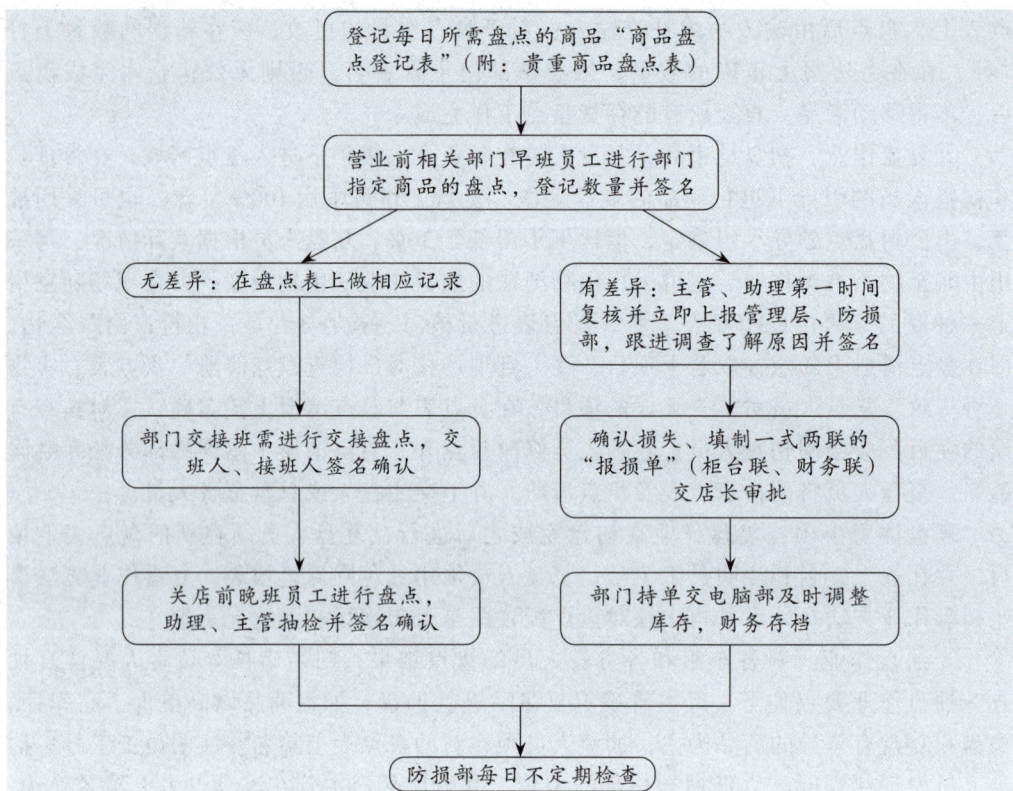

图7-7 贵重商品的盘点程序

盘点工作中应注意的事项：

（1）应由部门当班员工负责盘点和复查、抽查，不能完全交由促销员独自盘点。

（2）发现差异应在可能出现的区域仔细复查，如仓库的死角、加高层，注意与其他商品混装、待退货等情况。同时，更改库存应慎重。

（3）应随时抽查盘点，对错盘、漏盘等工作失误提出处罚。另外，针对同一单品重复更改库存的情况应特别重视，如改小之后又改大，或多次改小等情况。

4）盘点后工作

盘点后的工作主要集中在盘点数据统计、盘点差异分析、盘点结果处理及盘点考核等内容上。

（1）盘点数据统计。

①店长确认是否全部收回盘点表，盘点表上初盘、复盘、抽盘是否有签名。

②影印一份自存，原件送至财务会计部门核算。

③根据盘点表统计得出盘点差异。

④统计各种商品的盘盈与盘亏数量、金额、总金额。

⑤计算累计盘盈、盘亏总金额。

（2）盘点差异分析。门店盘点所得资料需与账目核对，就整体而言，商品不可能有盘盈，除非有进货但无进货传票、盘点虚增或计算错误。盘损则属于正常状况，若在2%以下，则可进行账务调整；若超过2%，则应追查产生差异的原因。

①一般而言，产生盘点差异的原因有下列几种：

盘点准备工作不充分。比如，货位分布图有遗漏的区域；培训不够导致员工对盘点流程不熟悉，尤其是一些企业让促销员参与盘点；不参加盘点的区域没有明显的"不参加盘点"标志等。

盘点流程不合理。比如，缺乏盘点抽查机制，影响准确率；对所有区域缺少总控，造成某个区域漏单或漏输；管理人员人为干扰，篡改盘点数据等。

盘点作业操作不当。比如，盘点人员态度不认真；错盘、漏盘、误盘；计算错误；样品、赠品和商品没有区分而导致盘盈等。

账目管理不当。比如，盘点前没有及时处理单据，造成初盘结果误差很大；空收货，结果账多物少；报废商品未进行库存更正；对一些清货商品，未计算降价损失；商品变价未登记或任意变价等。

商品本身情况发生变化。比如，失窃；收货时检验人员对于商品的规格鉴别错误；生鲜品失重等处理不当。

②要确保盘点的准确性和真实性，需要从以下方面进行控制：

盘点前控制：商品陈列准备严格遵守盘点流程的要求；商品预盘；单据处理，如负库存的调整；抽查收货单据，防止盘点前作弊，如收货不录入系统、空调拨等行为；盘点人员合理安排（如分区编组、人员安排、盘点培训、盘点演习等）。

盘点中控制：执行盘点流程（如人员安排、分区、单据传递、数据录入、数量更改等）；确保不同区之间不存在货物流动；商品、单据复核需要按要求比例进行；及时处理盘点中出现的异常情况（如破损、空包装、过保质期等）；防止非原包装箱、货架顶、堆垛打底商品漏盘、错盘；确保录入准确；重点抽盘高值商品；预防盘点期间盗窃。

盘点后控制：盘点后打印库存差异报告，需要在最短的时间内复查；对于大金额的库存调整，必须由防损部复核才可以确认；保管好盘点的文件，并复印存档，防止有人篡改；复查时需要分析查出的结果；盘点后要对损耗的部门和单品进行分析，并制订行动计划。

另外，可以请独立的第三方盘点公司盘点，以确保数据的真实性。

（3）盘点结果处理。盘点结果一旦发现差异及原因，应提出分析意见，并及时追查。盘点结果处理要做好以下4方面工作：

①上报总部。无论盘盈、盘亏，都要将盘点结果按规定时限上交总部财务部，财务部将所有盘点数据复审之后经计算就可以得出该门店的经营业绩，计算出的毛利和净利就是盘点作业的最后结果。

②修缮改进。一般情况下，各连锁企业都有盘损率的基本限额，如超过此限额，就说明盘点作业结果存在异常情况。各门店店长必须对盘损超过指标的商品查找原因，并说明情况。

③奖惩。商品盘点的结果一般都是盘损，即实际值小于账面值，但只要盘损在合理范围内应视为正常。商品盘损的情况，可表现出门店内从业人员的管理水平及责任感如何，所以有必要对表现优异者予以奖励，对表现欠佳者予以处罚。一般做法是事

先确定一个标准盘损率，当实际盘损率超过标准盘损率时，门店各类人员都要负责赔偿；反之，则予以奖励。

④预防。当废弃商品比率过大时，应设法降低该比率；当某商品销售周转率极低、存货金额过大，应设法降低该商品库存量；当商品短缺率过高时，应设法强化销售部门与库存管理部门及采购部门的配合；当货架、仓储、商品存放地点足以影响商品交接，应设法改进；当门店加工商品中原材料成本比例过高时，应调查采购价格偏高的原因，设法降低采购价格或寻找廉价的替代品；在门店商品盘点工作完成以后，所发生的差额、错误、变质、盘亏、损耗等结果应分别予以处理，并防止以后再发生。

（4）盘点考核。盘点工作结束后，主要盘点负责人对盘点中出现的问题进行汇总，分析差异，总结盘点中的经验和不足，并针对盘点发现的营运问题提出改进措施，出具盘点报告，形成书面文件作为以后盘点的标准。同时根据各个盘点区域对盘点质量、效率进行考核，作为门店工作人员绩效考核的一项内容。

【案例精析】　　　吕雪瑾：销售冠军的"服务经"

吕雪瑾，中共党员，南京新街口百货商店股份有限公司（以下简称新百）中心店电子商务部总监，曾先后荣获南京市劳动模范、全国商务系统劳动模范、全国五一劳动奖章、江苏省劳动模范、全国劳动模范等荣誉。吕雪瑾从业22年来，练就了"眼看手触一口准"和"四心五勤工作法"的过硬本领，成为商贸零售行业领域的专家型营业员和著名的品牌级销售状元。她在全省首创并开发"老字号商业信誉+劳模品牌资源+场景化休闲购物体验"线上销售与实体店线下营销互融的服务模式。

（1）苦练内功，追求极致服务的专家型营业员和著名的品牌级销售状元

"让每一双脚找到合适的鞋"是吕雪瑾长期的服务操守，"随心所欲不逾矩"是她对技能水准力臻化境的职业追求。为了尽快掌握鞋类商品的特性，她自费到厂家当学徒，掌握了制鞋的八大工序，熟知皮质、底料的鉴定和特色，练就了"眼看手触一口准"的过硬本领，总结出"四心五勤工作法"和"享受快乐服务，体验美好生活"的服务理念，成为南京商贸零售行业领域的专家型营业员和著名的品牌级销售状元。身为党员先锋岗和巾帼示范岗的柜长，她要求自己和身边的同事"人人是形象，处处是窗口，事事是服务"，紧扣每一个细节，努力将三尺柜台打造成南京国际化都市形象的展台。她曾过度劳累病倒过，被顾客误解委屈过，但她始终无怨无悔。8 000多个日夜、十几万字的工作日记、1 000多名保持经常联系的老顾客，一桩桩、一件件都记录着吕雪瑾22年始终如一的坚持。

（2）承启未来，首创省内实体商业劳模网络服务的弄潮儿

近年来，传统实体商业受到电商的强烈冲击，举步维艰。已调入客服中心的吕雪瑾看在眼里、急在心中，反复摸索实体商业与电商彼此的优缺点，苦寻破局良策。通过与顾客大量的接触调研，她找到了破解实体商业困局的关键词——体验，决定紧扣商场这一先天优势，开发出"老字号商业信誉+劳模品牌资源+场景化休闲购物体验"线上销售与实体店线下营销有机融合的新型服务模式，利用客服多年积

累的30万客户信息资源，以电商无法给予的优质体验为突破口，培养网上圈群，增加客群黏度，以此作为实体营销的有机补充，相互融合、齐头并进。吕雪瑾的想法得到新百党委、总裁室和工会的大力支持，2018年成立了由一线6位市级以上劳模组成的"吕雪瑾劳模创新工作室"，最大限度地发挥新百的劳模群体优势和品牌效应。作为工作室的带头人，吕雪瑾凭借对智慧零售和未来商业趋势的理解，在江苏省内首创了以劳模服务群为平台的新百实体导购+线上营销的并轨模式，将6位劳模微信二维码与7个微信社群捆绑，开辟"线上与线下"相连接的营销模式，运用"特殊消费群体"与"特别需求顾客"推介方式，打造圈群互动交易，顾客从"咨询—下单—配送—售后"享受足不出户的一条龙VIP待遇。在IT、企划、营销、财务、客服等部门鼎力支持下，工作室率先在省内实体零售行业内进行会员大数据分析、建立会员标签、试水精准营销，工作室成立一年半来实现3 000多万元的可观经济效益，不仅是新时期商贸零售经营行为的模式创新，也成为传统实体商业未来发展的全新方向，对促进和推动商贸零售行业的融创发展，实现"虚""实"结合的经营策略，具有现实与长远的作用和意义。新百在"吕雪瑾劳模创新工作室"网络营销成功经验的基础上不断拓展，推出"新百微商城"、江浙沪顺丰包邮一站式服务"新百全品"等。

资料来源 江苏文明网．2021年5月"江苏好人榜"事迹简介［EB/OL］．［2024-05-28］．http://wm.jschina.com.cn/haorenbang/jh/2021/5/202105/t20210527_7102969.shtml.

精析要点：吕雪瑾作为商贸零售行业的全国劳模，大力弘扬"工匠"精神和"专业"精神，在工作中带领团队树立"人人是形象，处处是窗口，事事是服务"的意识，通过工作室率先在省内实体零售行业内进行会员大数据分析、建立会员标签、试水精准营销和提升销量，解决实体店高库存，破解传统实体商业困局。她的敬业、专业精神以及大胆假设、小心求证的科学管理态度，"虚"和"实"相结合的经营策略，对于促进和推动商贸零售行业的融创发展，具有现实与长远的作用和意义。

【职业指南】　商品库存调整12招

（1）订货时要坚决杜绝漏订现象。有的商品电脑库存很高，但实际排面已经缺货。所以主管每天巡视排面时要随时对排面不丰足的商品进行记录，并及时和订货员沟通。管理人员在安排订货的同时要对这些虚库存进行盘点，并进行库存调整，以确保实际库存和电脑库存一致。

（2）订货员订货时要看商品进销存单和在单量以及原来的订单是否过期。有的商品在系统里显示有在单量，但实际上是多年前的订单，因此要及时对过期订单进行删除，并对已经存在有效订单的商品进行催货，避免重复订货。

（3）订货时还要检查库存过高的商品，订货员与主管沟通，盘点核对滞销商品的库存，提醒管理人员及时处理高库存。

（4）每期DM促销快结束时，要提前两三天控制订货量，考虑退货。DM促销快结束前要严格控制订货，不然很容易造成库存积压。

（5）对于过季商品，根据季节控制订货量，或者与厂家保持联系，可以双方协商在季节交替的时候搞大型促销。

（6）每天管理人员都要督促员工整理仓库，把破包、残次品整理堆放在特定区域，并填写退货单并及时交领导审核退货，防止退货不及时的现象发生。

（7）每天都要整理仓库。摆放要整齐，同类商品要堆放在一起；遵从上轻下重的原则；畅销商品库存周转快，要尽量放在外面；保持仓库货架、地面的整洁。

（8）仓库适当方位要装上监控器，每天都要有一名保安在仓库看管。

（9）仓库、卖场人员验货时要认真核对数量、品名、条码、保质期等。

（10）收货、验货的时候一定要仔细，特别是赠品的验收一定要确保数量准确。

（11）门店管理人员要每天对商品进行清理，对零库存商品、长期无销售商品进行查询，并上报采购部门。采购部门要及时与该商品供应商联系，把可以删除的商品从系统中删除，这样更有利于门店人员进行管理。

（12）库存管理不可缺少库存调整。管理人员每天都要对部分商品进行盘点，并随时进行库存调整。

总之，卖场管理中库存管理是关键。如果库存管理混乱，所有报表都没有意义，订货就没有依据，因此所有卖场都会定期盘点，一般在盘点结束后，所有的负库存都会清零。盘点不仅是对前段时间的工作考核，也是规范商品库存，为以后工作的开展铺平道路。

资料来源　编者根据相关资料整理。

本章小结

建立合理的进货、存货管理制度，能够增强企业的竞争力。本章在介绍门店进货不同模式的基础上，对订货、收货、退换货、调拨作业进行了详细的说明，又进一步分析了门店存货作业管理的内容。另外，盘点作业是门店管理中不可缺少的一项工作内容，直接影响门店的经营效益，文中重点阐述了盘点的准备、实施及盘点后的工作等内容。

主要概念

进货　进货作业　订货作业　商品库存　库存管理　实际库存　盘点

基础训练

一、选择题

1.连锁总部会规定固定的时间和周期给每个门店用于订货，以保证进货作业的计划性，一般可采用的订货方式有人工、电话、传真、（　　）等多种形式。

A.不定期　　　　B.固定间隔期　　　C.电子订货　　　D.书面联系

2.收货作业按进货的来源，分为由连锁企业总部配送中心配送到门店的商品收货作业和由（　　）到门店的商品收货作业。

A.供应商直接配送　　　　　　　B.新的外部供货者配送

C.企业合作伙伴配送　　　　　　D.企业参股单位配送

3.某门店发生临时缺货，且供应商或总部配送中心无法及时供货，门店可以申请进行（　　）作业。

A.报损　　　　　B.调拨　　　　　C.领用与发出　　　　D.盘点

4.实施现货盘点的方法中，不包括（　　）。

A.循环盘点法　　　B.期末盘点法　　　C.账面盘点法　　　D.定期盘点法

5.盘点后的工作内容主要集中在（　　）。

A.盘点数据统计　　B.盘点差异分析　　C.盘点结果处理　　D.盘点考核

二、判断题

1.进货时间的确定应考虑厂商作业时间、交通状况、营业需要及内部员工出勤时间。　　　　　　　　　　　　　　　　　　　　　　　　　　　　　　（　　）

2.库存维护在门店的管理中是至关重要的，而门店的库存应包括内仓、货架上层储存空间等部分。　　　　　　　　　　　　　　　　　　　　　　　　（　　）

3.退货作业可与向公司总部配送中心或供应商进货作业相配合，利用进货回程顺便将退货带回。　　　　　　　　　　　　　　　　　　　　　　　　（　　）

4.盘点就是定期或不定期地对店内的商品进行全部或部分清点，所以盘点工作就是清点商品的实际数量。　　　　　　　　　　　　　　　　　　　　（　　）

5.在对总部配送中心配送商品的收货作业中，门店不需当场验收清点，仅由门店验收员立即盖店章及签收即可。　　　　　　　　　　　　　　　　（　　）

6.在新零售模式下，进货、补货工作也要遵循将消费者体验放在首位的原则。　　　　　　　　　　　　　　　　　　　　　　　　　　　　　　　　　　（　　）

三、简答题

1.门店进货流程是什么？

2.新零售模式下进货的原则有哪些？

3.对供应商直接配送商品进行收货时，应注意哪些问题？

4.在开展盘点工作前，需要做好哪些准备工作？

实践训练

【实训项目】

项目一：进货、补货计划训练。

项目二：盘点现状分析。

【实训任务】

项目一：以小组为单位对学校周边的3～4家连锁门店进货、补货管理进行调研。

项目二：某些超市在采用现代化信息管理系统进行门店管理后，认为既然所有的进、销、调、存数据都一目了然，并可以随时掌握，那么盘点作业管理就可有可无了，不必一味强调盘点工作的重要性。请对上述观点给出评论和分析。

【实训提示】

项目一提示：每组根据了解和收集回来的连锁门店进货、补货管理资料，写出一份调研报告；每组将调研报告制作PPT发言稿并推选代表对调研报告进行陈述。

项目二提示：建议指导学生对连锁企业进行调查，了解企业盘点工作实施情况及现状，并在此基础上对采用现代化信息管理系统的企业是否仍要开展盘点工作进行分析。

第8章
连锁门店收银作业管理

■ **学习目标**

通过本章的学习，要求达到以下目标：

知识目标： 了解掌握收银员的工作职责和礼仪服务规范及作业纪律、收银作业流程，熟悉人工收银及自助收银操作规程及收银重点工作的内容及要点。

能力目标： 熟悉人工收银及自助收银作业流程，提升规范操作能力，能够通过收银规范服务提高顾客购物体验的满意度。

思政目标： 确定"爱岗敬业、服务顾客"作为本章课程学习的思政教育主题，通过引例、拓展阅读、案例精析、职业指南等的学思践悟，帮助学生树立服务社会的意识，培养学生对工作认认真真、兢兢业业的工作态度和具有爱岗敬业的职业道德，能够在岗位上以规范的服务态度面向顾客，为顾客提供热心周到的服务，能够服从安排，具有团队协作和大局观念。

引例

重百新世纪通过自助购收银智能防损系统盗损率下降2%

（1）项目实施前背景和难点介绍

重百新世纪超市拥有近200家门店，主要分布在川渝地区，属于西南地区知名连锁企业。目前，重百新世纪超市的自助购收银业务订单占比大幅增加，给消费者带去了便捷、新鲜的购物体验。但随着商超自助购收银业务的普及，自助购收银区商品丢失的情况时有发生，企业深受此困扰。传统视频监控、EAS防损等防损手段存在发现难、处理效率低下等问题，难以满足业务需要。而增加自助购收银区工作人员的配比，不但无法杜绝商品丢失情况，还会给企业带来高额的人力成本。自助购收银区防损难题已逐渐被行业所共识，主要存在以下难点：

①自助购收银区现场管理难。自助购收银区秩序的维持重度依赖人力，客流高峰期商品丢失风险大。即使部分商家采取了"人盯人"服务方式，商品漏扫情况仍然无法杜绝。同时现场缺少有效的警示提醒，无法对抱有侥幸心理的顾客产生震慑作用。

②异常事件发现难。目前采用现场管理和商品盘点两种方式发现异常事件。虽然卖场监控覆盖了自助购收银区，也记录了顾客的购买视频，但因订单信息与视频系统未有效打通，故通过人工处理海量视频来发现异常事件工作量巨大，且效率低下。

③异常事件取证难。卖场处理异常事件要求有完整的证据链，而有的卖场监控因覆盖的区域和角度的限制，常发生无法取证或取证困难的情况，造成商家无法追回损失，容易产生处理纠纷。

④历史事件分析难。针对已发现的偷盗嫌疑人，排查嫌疑人历史购买情况十分困难，造成处理过程中，损失无法被全部追回，还有部分嫌疑人因涉及金额小，无法处理的情况。

⑤黑名单人员管理难。对于已发现的特定嫌疑人，黑名单人员库在体貌特征、行为特点、级别定性等方面，都未有效系统管理，造成惯犯嫌疑人跨店跨区域作案，而门店无法有效提前警示，跨店跨区域管理难，行业防损数据缺失。

⑥事件处理难。对于异常事件和嫌疑人的处理，还只能依赖当场处理，因缺少嫌疑人信息无法进行事后追损，造成商家实际损失无法被全部追回；事后发现的异常事件，也无法帮助企业挽回损失。

（2）实施过程及投入

针对上述难点，重百新世纪多点深入调研商超经营与自助购的业务场景和特点，开发了一套智能硬件系列+防损云服务的系统组合来解决当下的业务挑战，其中智能硬件包括智能银台灯和智能前置机，防损云服务包括防损集中处理平台和AI分析云服务。

①在项目实施中，只需在自助收银机点位加装一套智能银台灯，就可完成银台状态提示、异常事件实时报警、购物视频精准录制、购物过程同步显示震慑、购物须知宣传播放、闲时广告信息发布等功能。另外，在门店配置一台智能前置机，对自助购

收银区订单信息和视频流进行匹配合成，形成订单视频，同时将处理后的订单视频上传云端平台，如图8-1所示。

图 8-1　智能硬件系列+防损云服务的系统

②多点智能防损系统功能。将订单视频上传防损集中处理平台后，利用AI分析云服务进行自动化视频分析，将处理后的异常事件供业务部门进行后续处理。业务部门确认了异常事件中的偷盗事件后，可以通过云平台用户、门店、时间等多维度查询历史订单视频，并完成损失商品金额确认、黑名单库管理、处理证据链收集、系统化分派管理追损任务等。

图8-2为重百新世纪超市自助购收银区。

图 8-2　重百新世纪超市自助购收银区

（3）项目产出、创造的价值及对未来发展的思考

截至2020年6月，自助购收银智能防损系统累计处理订单超过10万单，达到订单10%覆盖，AI分析云服务发现异常事件0.2万件，处理追回损失订单195笔。经过持续门店数据监控，自助购收银区盗损率下降2%。自助购收银智能防损系统通过智

能银台灯的空闲状态显示，帮助自助购收银区服务人员有效疏导了客流，使得高峰期客流堆积现象得到有效缓解，降低了高峰期的偷盗风险。通过智能银台灯实时异常报警，协助服务人员快速解决服务协助、支付超时、异常删除商品等问题，提升了服务人员的工作效率，提高了现场异常发现和处理能力。通过智能银台灯的回显屏幕，引导顾客正确使用自助购收银的方法，提示不扫、偷拿商品的责任。

此外，依托 AI 分析云服务的强大处理能力，代替人工审核每日海量的订单视频，自动化发现异常事件。业务部门只需要极少的人员进行异常事件的复核后确定异常，通过云平台回溯历史相关视频，排查出总计损失，然后将确认损失的完整证据链在系统下发追损任务，并将嫌疑人加入行业防损黑名单进行共同防范。通过黑名单到店系统，发现黑名单人员到店后，系统自动通知组织架构中的对应人员进行处理，处理完毕后关闭追回任务。总之，建成一套完整的事前、事中、事后的数字化、系统化管理闭环机制。

资料来源　联商网．重百新世纪通过自助购收银智能防损系统盗损率下降 2%［EB/OL］．［2023-12-09］．http://www.linkshop.com.cn/web/archives/2020/459603.shtml?sf=wd_search.

8.1　收银员的任职资格、工作职责和礼仪服务规范

8.1.1　收银员的任职资格和工作职责

1）收银员任职资格

（1）遵守公司与门店有关的各项规章制度。

（2）具有收银业务运作能力。

（3）具备各种收银设备的操作技能。

（4）具有一定的服务意识和销售技巧，服从、协作意识强。

（5）具备基本的电脑知识和财务知识。

（6）具有识别假钞和鉴别支票真伪的能力等。

2）收银员工作职责

（1）收银设备保养、环境保持、票据保管工作。

（2）为顾客提供快速、准确的结算服务，掌握各种支付方式的收款操作并能识别假钞。

（3）做好损失防范工作，确保营业款项安全。

（4）礼貌、文明待客，收银工作中唱收唱付，热情、耐心地解答顾客咨询或疑问。

（5）认真执行岗位工作规范，按要求参加培训及考核等。

8.1.2　收银员礼仪服务规范

收银员是超市的亲善大使，是展现连锁门店风貌的窗口，其服务态度和服务质量，集中体现了连锁门店的管理水平和卖场形象。如果每一位收银员在为顾客提供服务时，都能面带微笑地招呼和协助顾客，并与顾客稍做家常式的谈话，将使顾客在购

物之余，还能感受到愉快及亲切的气氛。因此，每一位收银员都应谨记门店并非只有一家，顾客可以选择光临或不光临，所以一定要提供最好的服务，让顾客再度惠顾。收银员的工作包括为顾客提供良好的礼仪服务、保障门店销售款的准确、维护收银设备的正常运转、做好商品损耗的预防等。

1) 收银员的仪表和举止态度

（1）仪表。收银员须按规定穿工作服，佩戴工号牌，工作服T恤的纽扣应扣到第二扣，下摆放置在裙或裤的里面，工号牌两面均应贴上一寸彩色照片。

收银员的指甲必须修短并保持清洁，不得涂抹指甲油，不得戴戒指。工作期间，不穿背心、短裤、下沿短于膝上5厘米的超短裙、拖鞋及高跟鞋，最好穿黑色平底或坡跟鞋。女士的头发如果是长发，应将头发挽起或扎成马尾式，不可披头散发，刘海不宜遮住眼睛。男士不留长发、不染发、不蓄胡须。

（2）举止态度。收银员一律站立等待顾客，站立姿势端正，不得东倒西歪。女的右手搭左手上，两脚脚跟靠拢、脚尖略微分开；男的双手放在身后，右手搭左手上，两脚略微分开，面带微笑，面向顾客，精神饱满。

收银员言行举止标准见表8-1。

表8-1　　　　　　　　　　　　收银员言行举止标准

项　　目	符合标准	错误行为
表　情	1.自然、亲切的微笑 2.热情、友好、自信、镇静 3.全神贯注于顾客和工作	1.无表情、不耐烦、不理睬、僵硬、冷淡 2.生气、愤怒、紧张、慌张、焦急、恐惧
动　作	1.身体直立、姿势端正 2.良好的个人生活习惯 3.良好的行为习惯，包括走路快而稳等 4.良好的职业习惯，包括看见地板有垃圾、纸片要随手捡起，有零星商品要及时归位等	1.歪站、歪头、叉腰、弯腰驼背、耸肩、手放口袋、跺脚、蹭鞋等 2.吃东西，抽烟，对着顾客咳嗽、打喷嚏，随地吐痰，乱扔杂物，不停眨眼等 3.当众揉眼、抠鼻、挠头、挖耳、搓脸、搔痒、化妆、修剪指甲、整理衣服、擦眼镜等 4.走路遇见顾客不让路，抢路，场内跑步，撞散商品等
语　言	1.口齿清楚、语言标准流利、音量适中、一般采用标准普通话服务 2.礼貌用语、文明用语 3.说顾客听得懂的语言 4.主动与顾客打招呼	1.口齿不清、说方言、声音过高等 2.讲粗话、大声讲话、嘲笑顾客、窃窃私语等 3.对不懂的顾客语言不予理睬，对顾客的问询不予回应等 4.不文明用语

资料来源　编者根据相关资料整理。

2) 正确使用待客用语

在适当的时机与顾客打招呼，不仅可以缩短顾客和收银员之间的心理距离、建立良好的关系，还可以活跃卖场的气氛。

（1）常用的待客用语。

①与顾客交流时，目光应正面接触，顾客走向收银台5步距离内，开始目视顾客，微笑服务，目光友善，微笑时嘴角上翘。

②服务时使用普通话，用语礼貌，语速平和亲切、音量适中，以在现场环境下距离1.5米范围内清晰可闻、确保顾客能听清为标准。

③扫描完毕，出现总金额，收银员应说："一共××元。"顾客付钱时，要双手接钱，点清后说："收您××元。"不能一只手传递，怠慢顾客。

④当顾客提意见时，应仔细聆听，如果问题严重或自己无法解决，不要轻易下结论，而应请现场负责人出面接待，可说："是的，我知道您的意思/我理解您的心情，请让我向值班班长汇报。"

⑤对顾客的询问不知道如何回答或无法做出肯定回答时，不能说"不知道"，应回答："对不起，请您稍等一下，我请值班班长来为您解答。"

（2）状况用语。

①遇到顾客抱怨时。应先将顾客引到一旁，仔细聆听顾客的意见并予以记录，如果问题严重，立即请主管出面向顾客解说。这时用语为："是的，我明白您的意思。我会将您的建议呈报店长并且尽快改善。"或者"我帮您联系一下，您可以直接与主管沟通。"

②顾客抱怨买不到货品时。向顾客致歉，并且给予建议。这时用语为："对不起，现在刚好缺货，我们店内还有其他品牌的商品，您要不要试一试？"或者"请留下您的电话和姓名，货到后我们立刻通知您。"

③不知如何回答顾客的询问，或者对答案没有把握时。遇到此种情况，绝不可回答"不知道"，应回答："对不起，请您等一下，我请店长（或其他主管）来为您解答。"

④顾客询问商品价格或其他信息时。以认真的态度帮顾客查找、扫描信息并告诉顾客："您所购买的这件商品价格是××元。"

⑤顾客要求包装所购买的礼品时。微笑着告诉顾客："好的，请您先在收银台结账，再麻烦您到前面的服务台（同时以手势指方向，手心朝上），有专人为您包装。"

⑥本收银台空闲，而顾客又排在其他收银台等待结账时。这时应该说："欢迎光临，请您来这里结账好吗？"（以手势指向收银台，并轻轻点头示意）

8.2　收银员作业纪律和作业流程

8.2.1　收银员作业纪律

（1）上班期间，收银区内除水杯外，不得放置任何私人物品。水杯必须是可封紧口的旋盖式或压盖式，不得用无法封紧口的杯子，饮用后随时封紧口，以避免杯子倒斜时水流入机器中。水杯须放置于柜内隐蔽处，不得置于台面上。

（2）不得擅离收银岗位，以免造成钱币损失或引起等候结算的顾客的不满与抱怨。

（3）上班期间，收银员不得随身携带现金，不得为亲朋好友、正在上班的内部员工结账，自觉执行回避制度，请其到其他收银台结账。

（4）非结算作业不得打开收银机钱箱（向指定人员兑换零钞、解缴大额现金除外）。

（5）工作时间内不允许带手机上岗，更不能接听电话或玩游戏。

（6）不得与非指定人员兑换零钞，对顾客兑换钞币的要求应婉言拒绝。

（7）所有商品必须通过收银机销售、收款，严禁将收取的现金及有价证券存放于钱箱以外的任何地方。

（8）严禁在工作中途未退出本人操作之前强行切断收银机电源或切断收银台总电源而关机（非常特殊的情况下，经现场负责人批准并登记后关机除外）。

（9）口令（密码）。必须使用本人的收银工号、口令登录进入收银机收款系统，登录后发现显示姓名与本人不符，应立即报告负责人处理。不要使用生日、电话号码等作为口令，更不得将自己的收银工号、口令告知他人以免遭受损失。

（10）输入收银机的发票号必须与装入的发票编号一致，如遇意外出现两者不符应随即调整一致。

8.2.2　收银员作业流程

收银工作的内容繁杂而琐碎，除了每日的例行工作之外，还有每周及每月的固定作业。

1）日收银工作流程

具体日收银工作可分为营业前、营业中、营业结束后 3 个阶段。

（1）营业前作业流程：

①提前半个小时换好工装。

②在组长的带领下到现金室领取备用金。

③收银员在组长在场的情况下清点备用金，检查应备有的定额零用钱是否足额。

④确认无误后，在相应的栏内打"√"，确认签字。

⑤在组长的带领下返回卖场，开晨会，做开店前准备。

⑥清洁、整理收银台及周围环境。

⑦整理、补充必备的物品。

⑧了解当日的变价商品和特价商品。

⑨开机、检查收银机运作是否正常。

⑩检查仪容、佩戴工号牌等。

（2）营业中作业流程：

①当班收银员使用自己的工号、口令进入收银机收款系统。

②按公司的服务标准欢迎顾客光临。

③认真接待每一位顾客，准确、快速地逐一扫描商品，并对需消磁商品进行消磁处理。

④商品扫描结束确认金额总计，并唱收顾客的钱款，如付现金进行人民币真假辨认，如为银行卡或其他结算卡，则执行卡类结算收款程序等。

⑤唱付顾客找零款额，或刷卡结算成功后将卡还给顾客等，同时将收款小票递给顾客，提醒顾客拿好商品。

⑥发生顾客抱怨或由于收银结算有误顾客前来交涉时，应立即与当班组长联系，由组长将顾客带至旁边接待，以免影响正常的收银工作。

⑦在非营业高峰期间，等待顾客时可进行各类清扫、整理工作或完成店内安排的其他工作。

（3）营业结束后作业流程：

①交接班时，放置暂停结算牌，向走近的顾客说："对不起，先生/女士，这个收银机很快就关闭了，请到附近收银机付款。"在临近闭店时间，如果还有顾客未结账，应继续为其服务。

②退出收银机收款系统。

③整理电脑小票以及各种有效价券。

④点出备用金后，结算营业总额，填写交款单。

⑤关闭收银机电源并盖上防尘套。

⑥整理收银台及周围环境。

⑦协助现场人员处理善后工作。

⑧去现金室上交当班营业款。

某超市的具体结账步骤见表8-2。

拓展阅读：收银作业的几种处理技巧

微课：连锁门店现金收银流程

表8-2　　　　　　　　　　　某超市的具体结账步骤

步　骤	收银标准用语	配合动作
欢迎顾客	欢迎光临	面带笑容，与顾客的目光接触 等待顾客将购物车/篮内或手上的商品放置收银台上 将收银机的顾客显示屏面向顾客
扫描商品	请问这些是您需要结账的商品吗	以左/右手拿取商品，并确定该商品的售价及类别代码是否有误 以右/左手按键，将商品的售价及类别代码正确登录在收银机内 登录完的商品必须与未登录的商品分开放置，避免混淆 检查购物车/篮内是否还留有商品未进行结算
结算商品总额，并告知顾客	．您好，总共是××元	将空的购物篮从收银台上拿开，叠放在固定位置 趁顾客拿钱时，可帮顾客将商品入袋，但当顾客拿钱付账时，应立即停止手边的工作
收取顾客支付的货款	收您××元 收您××卡一张 请您出示付款码 请您输入密码	确认顾客支付的现金，并检查是否为伪钞 若顾客未付账，应礼貌性地重复一次，不可表现得不耐烦 执行银行卡/购物卡等结算程序
找零	找您××元，拿好小票 请您为银行结算单签字 请拿好您的卡	找出正确的零钱，将大钞放在下面，零钱放在上面，双手将现金/银行卡/购物卡连同收银条一并交给顾客
送别顾客	谢谢！请拿好商品，欢迎再来	提醒顾客拿好全部商品 面带笑容目送顾客离开

2）周、月收银工作流程

（1）周收银工作流程。

①订货（指收银业务所需必备物品）。

②清洗购物车、篮。

③更新 DM 海报。

④确定收银员轮班表。

⑤向银行兑换零钱。

⑥营业所得存入银行。

⑦整理并传送以周为登录单位的各式收银表单，报相关部门或主管。

（2）月收银工作流程。

①月初封存上月份的统一发票存根联。

②月底购买下月份的统一发票。

③必备物品的申请或购买。

④单月份申报纳税。

⑤整理并传送以月为登录单位的各式收银表单，报相关部门或主管。

⑥收银机定期维护。

8.3 POS收银机及收银作业重点管理

8.3.1 POS收银机操作

1）POS收银机的组成

常见的 POS 收银机系统的主要组成设备包括 POS 收银机（包含顾客用显示屏、收银员用显示屏、主机、收银小票打印机、钱箱等组件），条码扫描器（可选择手持式 CCD、手持式激光枪、带支架 CCD 或者激光枪、激光扫描平台等条码识读设备），收银管理软件。辅助设备及耗材一般包括 UPS 不间断电源、收银纸、打价机（价格标签机）及打价纸等。

（1）条码扫描器。条码扫描器主要是利用光学原理来识别和读取条码标签的信息内容，然后将解码后的信息传输到电脑或者其他的识别平台。其主要类型有：笔式条码扫描器、CCD 条码扫描器、激光枪条码扫描器、固定式条码扫描器等。其中，手持式 CCD 条码扫描器、手持式激光枪条码扫描器工作距离较远，使用方便，多被小型超市选用；固定式条码扫描器因分辨率高、扫描速度快、寿命长等优点被大型超市广泛使用。常见条码扫描器如图 8-3、图 8-4 和图 8-5 所示。

图 8-3 CCD条码扫描器　　图 8-4 激光枪条码扫描器　　图 8-5 激光扫描平台

　　（2）电子收银机（如图8-6所示）。电子收银机接收条码扫描器输入的条码，根据条码在收银系统中找到该商品的相关数据，如品名、单价等，并计算本次销售的实际总额。

图8-6　电子收银机

　　其主要功能为：打开钱箱收入货款、找零，完成收款、找零等工作，打印一式两份的销售小票；处理事先已设置的各种促销优惠等，如折扣、折让、改错、退换货等；将销售信息通过网络传递到后台电脑中心主机，并自动进行库存处理；打印收银报表。

　　其基本构成为：

　　①顾客用显示屏：面向顾客显示交易的商品品名、价格、总额等信息的屏幕。

　　②微型票据打印机：用于打印交易文字票据的机器，通常每一台主机配置两台打印机，同时自动打印票据，一份留底、一份给顾客，或一台打印机打印一式两份的票据。

　　③PC主机与收银用显示屏主要部件：CPU、内存、硬盘、软盘驱动器、记忆卡、显示卡、网卡、显示屏等。

　　④钱箱：与收银机相连、用来存放现金的扁形金属柜，有电子锁，开关由收款键控制，柜中有若干小格和夹子。

2）POS收银机的操作规程

　　通常情况下，POS收银机的操作规程是按照软件设计的具体要求来进行的，各门店应重视操作人员的培训工作，如不符合操作规程和规范操作的要求，应重新培训，经考试合格后再上岗。

　　（1）开机。

　　①开机程序：电源→UPS→主机→显示屏→打印机。

　　②员工登录：在"员工登录"窗口，输入正确的员工号和口令，按下【回车】键，如果口令正确即可进入系统。

　　（2）输入交易明细。在"销售"窗口中，在明细"货号"栏输入商品代码（可采用条码扫描、键盘手动输入和热键3种方式）。如果没有此商品，则不显示该商品的名称等信息且光标停留在"货号"栏中；如存在该商品的信息，则会显示该商品的品名、单价等信息。在"数量"栏中输入销售数量，如果不输入则缺省为"1"。如要修改，则可以使用方向键，将光标移动到需要修改的明细上，直接进行修改。如果要删除此商品，按下【删除】键即删除光标所在明细。如要将当前交易全部删除，则可以连续按两次【全部删除】键。当交易明细输入完毕后，按下【总计】键合计商品总额。

（3）结算打印。按步骤（2）进入交易结算后，屏幕上显示当前交易的"应收"金额，在"预付"金额中输入顾客所付的金额数，按下【回车】键后显示出"应找"金额，再按下【打印】键，当前交易完成。

（4）退出。在"销售"窗口中，按下【回车】键后表示"确认"，即退回到"员工登录"窗口，等待下一位员工的登录。

（5）关机。

①退出：如当前在"销售"窗口中，则按下【回车】键后表示"确认"，即退回到"员工登录"窗口；按下【退出】键，屏幕上会出现一个询问窗口；按下【回车】键后表示"确认"，等待片刻，直到出现"您现在可以安全地关闭计算机了"字样即可关闭电源。

②关机程序：打印机→显示屏→主机→UPS→电源。

3）POS收银机的保养和维护

（1）保养。POS收银机的操作规程虽然因软件设计的不同而有所差异，但其在保养方面的要求基本一致，一般应做到以下几个方面：

①应保持机器外表整洁，不允许在机器上摆放物品，做到防水、防尘、防油。

②动作要轻，特别是在开启、关闭钱箱时要防止震动。

③电源线应安全和固定，不能随意搬运机器和拆装内部器件。

④断电关机后至少在1分钟后开机，不能频繁开、关机，并经常检查打印色带和打印纸并及时更换，保持打印机内部清洁。

⑤定期清洁机器，除尘、除渍。

⑥各门店应重视或指定专人负责日常的维护工作，做到能熟练排除一般故障，保证机器的正常运转。

⑦连锁企业总部将对各门店的操作、保养情况不定期地实施检查。

（2）维护。POS收银机常见故障分析与排除具体见表8-3，收银人员可依此解决工作中遇到的麻烦。

8.3.2 收银作业重点管理

收银员的操作技能、业务知识和水平以及服务意识，直接关系到企业的形象和门店的销售收入，关系到连锁企业的进一步发展，所以对收银员作业的管理要细化到作业流程的每一个环节，细化到每一个动作和用语，从而更好地改善、提升企业形象。但对于管理者而言，不能事无巨细，应该抓住重点和关键点、关键环节，使工作开展更有的放矢。

表 8-3   **POS收银机常见故障分析与排除**

故障现象	产生的原因	检查方法	排除方法
指示灯无显示	1.电源插头接触不好 2.电压不符合要求 3.开关电源有故障 4.指示灯坏了或未插牢	1.检查插头是否插到位 2.检查电压是否为220V 3.检查开关电源是否有故障 4.检查指示灯是否坏了或未插牢	1.把插头插到合适位置 2.把电压调到220V 3.换开关电源 4.换指示灯或插牢
钱箱打不开	1.电缆线连接不正确 2.接触不好 3.钱箱有故障 4.钱箱钥匙位置不正确	1.检查连接是否正确 2.查看接触是否良好 3.检查钱箱是否有故障 4.检查钥匙位置是否正确	1.按正确方法接好电缆线 2.把固定螺钉紧好 3.换钱箱 4.把钥匙转到中间位置
钱箱关不上	1.泡沫衬垫没有取下 2.钱箱内有异物 3.塑料挡板没插在原位置	1.检查泡沫衬垫是否取下 2.检查钱箱内是否有异物 3.检查塑料挡板是否插在原位置	1.取下泡沫衬垫 2.取出异物 3.把塑料挡板插在原位置
收银用显示屏无显示	1.电源没接通 2.亮度控制不合适 3.电缆线与主机没有连好	1.检查电源是否接通 2.查看亮度电位器 3.检查电缆线与主机是否连好	1.接通电源 2.调整亮度电位器 3.把电缆线与主机连好
顾客用显示屏无显示	1.电源没接通 2.电缆线与主机没连好	1.查看电源是否接通 2.检查电缆线与主机是否连好	1.接通电源 2.把电缆线与主机连好
打印机不打印	1.电源没接通 2.电源线连接不正确 3.电缆线与主机没连好 4.没有联机，联机灯不亮	1.查看电源是否接通 2.检查电源线连接是否正确 3.检查电缆线与主机是否连好 4.检查是否联机	1.接通电源 2.把电源线连接好 3.把电缆线与主机连好 4.按下联机键
键盘不工作	键盘信号线与主机没连好	检查信号线与主机是否连好	把信号线与主机连好

1）收银员的作业纪律

随着自助收银和扫描支付等方式的兴起，现金支付方式占比逐渐减少，但现金的收受与处理仍然是收银员重要的工作之一。收银员由于正常原因离开收银台时，必须将"暂停收银"牌放在收银台显眼处，关闭收银通道，现金全部锁入收银机银箱抽屉中，锁好锁，钥匙随身带走。营业结束后，必须认真清理营业款，填单交款。为了保护收银员，避免不必要的猜疑与误会，也为了确保门店现金管理的安全性，门店必须严明收银员的作业纪律。

微课：收银
员基本技能
百元钞票
识别

2）收银员装袋作业管理

自 2008 年 6 月 1 日起，我国正式实施"限塑令"，在全国范围内实行塑料购物袋有偿使用制度，所有超市、商场、集贸市场等零售场所一律不得免费提供塑料购物袋。目前大多数消费者会自带购物袋，这从某种意义上讲减少了收银员的部分装袋作业，但在某些情况下收银员仍然要完成装袋作业。规范装袋作业，不仅可以更好地服务顾客，还可以从这一环节加强门店的防损工作。

（1）装袋原则。

①向顾客推荐选择尺寸适合的购物袋。

②正确区分商品类别，不同性质的商品要分开入袋。

（2）装袋技巧。

①入袋顺序：重、硬物置于袋底→正方形或长方形的商品放在袋子的两侧，作为支架→瓶装及罐装的商品放在中间→易碎品或较轻的商品置于上方。

②冷藏（冻）品、豆类制品、乳制品等容易出水的食品，肉、鱼等容易渗漏汁液的食品或是味道较为强烈的食品，应先用其他购物袋装妥当之后再放入大的购物袋内。

③确定附有盖子的物品都已盖紧。

④确定公司的传单及赠品已放入顾客的购物袋中。

⑤提醒顾客带走所有打包好的购物袋，避免遗忘在收银台。

（3）注意事项。

①将登录完的商品放入另一购物篮时，必须依照入袋的顺序将商品放入，以免商品受损，将结账完毕的商品交给顾客。

②对于体积过大或过重而无法放入购物袋的商品，应在商品上留下记号，以示该商品已经结账。

③在结算时留意是否有未付款商品进入了已付款商品区，或顾客将未付款商品夹带出收银区。

3）金钱管理作业重点

（1）大钞管理。

①收银台是卖场唯一放现金的地方，人员出入频繁，其安全格外值得重视。为了安全起见，无须将最大面值的钞票放在收银机银箱抽屉内的现金盘时，可将其放在现金盘下面，以现金盘盖住。

②大钞预收。当收银员银箱中的现金过多时，要在交班结算前提前收取大面额现金，称大钞预收。

预收程序：领取现金收银箱→开收银机银箱→收取大钞现金→入现金收银箱封好

→关闭收银机银箱→入保险箱→做收取记录→收取下一收银机→回交现金室。

（2）零用金管理。

①概念。

设零：收银机上岗前（包括每日开店前和营业间重新上岗前），必须设置收银机起始零用金，将其放在收银机银箱的现金抽屉内，每台收银机起始零用金相同。

兑零：营业时间为收银机提供零钱的兑换。

②设零、兑零的程序。

设零程序：开店前/上岗前到会计处登记→到出纳处领取零钞放入现金收银箱→打开收银机银箱→放入起始零用金→关闭收银机银箱→结束。

兑零程序：收银员兑零请求→兑零金额/币种→打开收银机银箱→现场交换现金→双方核实确认→关闭收银机银箱→结束。

（3）顾客其他支付方式管理。顾客除了可以用现金支付货款以外，还可以利用其他方式，例如，超市自行发售的礼券、提货券、现金抵用券等。由于这些类似现金的支付工具具有和现金同样的效力，属于超市营收的一部分，因此其管理作业必须和现金一致。

☑ **互动课堂8-1**　　　　　　　　**现代新支付手段**

随着科技的进步，互联网走进了我们的生活中，让我们认识到了电子支付、移动支付和数字货币支付等。电子支付是指消费者、商家和金融机构之间使用电子手段把支付信息通过信息网络安全地传送到银行或相应的处理机构，用来实现货币支付或资金流转的行为。电子支付的类型按照电子支付指令发起方式分为网上支付、电话支付、销售点终端交易、自动柜员机交易和其他电子支付。移动支付是指使用普通或智能手机完成支付或者确认支付，而不是用现金、银行卡或者支票等支付。移动支付是互联网时代一种新型的支付方式，其以移动终端为中心，通过移动终端对所购买的产品进行结算支付。移动支付的主要表现形式为手机支付。数字货币支付指的是通过虚拟币种的方式进行交易，在交易中实现价值的转移。这种在交易过程中的虚拟币种，依照网络流转，例如比特币等数字货币。数字货币是一种基于节点网络和数字加密算法的虚拟货币。

（1）自助收银方式

现在，超市可以借助支付宝、微信、银联云闪付等进行自助收银结账，非常方便，不用排队让收银员结账了。

其具体操作步骤：①把要结算的商品拿到自助结算机前，将商品条码对准扫码口扫码；②商品扫完会听到"滴"的一声，自助结算机屏幕会显示商品名称、数量、价格等信息；③确认无误后选择结账方式进行付款，如用手机打开微信或支付宝的"收付款"后，对准扫码口，自助收银机会自动扣款；④完成结账后会显示支付成功，取出购物小票，拿好东西走人。

支付宝两步自助结算如图8-7所示。

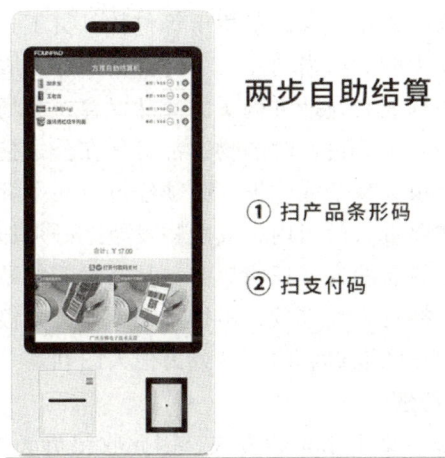

图8-7 支付宝两步自助结算

（2）支付宝"刷脸支付"方式

超市内出现了这样一种付款神器——支付宝自助收银机，消费者不仅可以用支付宝自助付款，还支持"刷脸支付"。消费者在支付宝App上开通"刷脸支付"功能后，即可在实体店使用具有人脸识别功能的支付宝自助收银机完成购物支付。"刷脸支付"简单快捷，支付过程不到10秒。其操作步骤如下：①消费者将商品扫码完成后，进入支付页面，选择"支付宝刷脸付"；②进行人脸识别，需要1~2秒；③输入与账号绑定的手机号，确认后即可支付。

需要注意的是，如果是首次使用，需要先在支付宝App上开通此功能。首先是打开你的支付宝，搜索"刷脸支付"，然后选择应用"刷脸支付"，最后进入应用，点击"立即开通"即可。刷脸支付的整个过程中，不需要输入密码，也无须掏出手机打开任何App，就可以完成支付，支付过程不到10秒，轻松快捷，给消费者带来了全新的消费新体验。

资料来源 时应峰，方芳. 连锁门店店长管理实务［M］. 北京：中国人民大学出版社，2021.

请同学们结合资料思考：（1）现代新支付手段主要有哪些？（2）现代新支付手段各有何特点？

（4）营业收入管理。

①门店可根据实际情况配备保险箱一个，用于存放过夜营业款，保险箱钥匙由门店店长保管。

②每天除了在收银员交班、打卡时进行时段营业收入结算以复核收银员执行任务的正确性外，必须选择固定时间进行单日营业总结算。

③值班收银组长在收银员清点营业款后，打印收银员日报表，并与现金解款单核对，收银损溢在现金解款单中写明，然后将现金与现金解款单封包并加盖骑缝章，最后在交接簿登记，并移交给店长。

④店长或指定负责人须将所提的营业款于固定时间存入或汇入金融机构。

⑤为了安全起见，也可请保安公司代为存款，以减少运送风险。

4）本店员工购物管理

（1）原则。各级别的员工，包括钟点工、全职工，有权与顾客一样以相同价格购买各种商品，且必须在收银机用现金或信用卡等付款；员工只能在商店的营业时间内购物，但不得在上班时间内购买店内商品；不允许员工穿工服、戴工牌在本门店内购物；不允许员工将在本商场或其他地方购买的商品保存在商场的工作区域。

（2）员工购物规定。员工无论何时购物，都必须在公司指定的收银机处付款；所有员工购物时，如需出具税务发票或收据，必须经过收银主管同意；店内员工其他时间在门店购买的商品，如要带入门店内，其购物发票上必须加签收银员的姓名，还需请店长加签姓名，用双重签名的方式证明该商品是结过账的私人物品；店内员工调换商品应按企业规定的退、换货手续进行，不得私下调换，收银员不可徇私舞弊，以避免员工利用职务上的便利任意取得店内商品或为他人图利。

5）收银员对商品的管理

门店多采用自助服务、集中结算的方式，因此收银员必须有效控制商品的进出，商品的进入如无特殊需要，一般不经过收银通道。有些商品的出店，如对工厂或配送中心的退货，应从指定通道退出，不得通过收银通道，这样可避免厂商人员或店内员工擅自带出门店内的商品，造成门店的损失。对厂商人员要求其以个人的工作证换领门店自备的识别卡，离开时换回。其具体管理规定如下：

（1）凡是通过收银通道的商品都要付款结账。

（2）收银员要有效控制商品的出入，不允许厂商人员或店内员工擅自带出门店内商品。

（3）收银员应熟悉商品价格，以便尽早发现错误的标价，特别是变价后新价格日，需特别注意变价商品的价格。如果商品的标价低于正确价格，应向顾客委婉解释，并应立即通知店内人员检查其他商品的标价是否正确。

（4）收银员应严格遵守门店商品的折扣优惠及各种可享受优待对象的政策，不得私自给予不合规定的折扣。

6）收银作业例外管理

（1）商品扫描例外处理。凡是收银员经过多次机器扫描及手工扫描都不能扫描成功的，称为扫描例外。门店收银过程中常见的商品扫描例外处理措施见表8-4。

表8-4　　　　　　　　　　门店收银过程中常见的商品扫描例外处理措施

现　象	处理措施
无条码	1.楼面人员应检查确定无条码商品的正确条码，第一时间通知收银主管进行此次交易 2.收银人员检查余货，将无条码的商品补贴正确的条码
无效条码	1.条码未在系统的信息库中，楼面人员如确认属于新条码代替旧条码，应第一时间通知收银主管用新条码进行此次交易 2.楼面人员如无法确定条码，收银主管则请求采购部处理或将余货退给供应商
多重条码	1.楼面人员必须核实、决定使用哪个条码，并第一时间通知收银主管进行此次交易 2.楼面人员对余货进行处理，跟进所有的非正确条码，必须予以完全覆盖
条码失效	1.在同样的商品中找到有效的商品条码，手工扫描解决 2.生鲜商品的条码重新计价打印

（2）商品消磁例外处理。商品经过出口处防盗门时引起报警，则为消磁例外。门店收银过程中常见的商品消磁例外处理措施见表8-5。

表8-5　　　　　　　　门店收银过程中常见的商品消磁例外处理措施

现　象	处理措施
漏消磁	1.商品必须经过消磁程序，特别是硬标签的商品类别，应予以熟记 2.为顾客做好解释工作，配合重新消磁
消磁无效	1.结合消磁指南，掌握正确的消磁方法 2.特别对软标签的商品类别予以熟记，反复多次消磁，直到有消磁回音为止 3.重新消磁

（3）价格差异处理。门店收银过程中常见的价格差异处理措施见表8-6。

表8-6　　　　　　　　门店收银过程中常见的价格差异处理措施

现　象	处理措施
商品货架标注价格与系统价格不一致	1.以低价进行交易 2.楼面人员必须及时更正货架标注价格，使其与系统价格保持一致
商品扫描条码的价格与系统价格不一致	1.以低价进行交易 2.楼面人员必须及时更正扫描条码的价格，使其与系统价格保持一致
商品陈列位置错误	1.向顾客解释，尽量争取用系统价格进行交易，如顾客不同意，则以低价进行交易 2.楼面人员检查，将商品归于正确的陈列位置

注：如发现系统的价格不正确，收银经理授权进行系统价格更正，并通知采购部立即更正系统价格。

（4）付款例外处理。门店收银过程中常见的付款例外处理措施见表8-7。

表8-7　　　　　　　　门店收银过程中常见的付款例外处理措施

现　象	处理措施
伪　钞	1.如对钞票的真伪产生疑虑，应进行伪钞鉴别程序 2.当收银员不能进行最后判断时，应请求收银主管的帮助 3.如确认是伪钞，应请求顾客更换 4.如顾客因此产生异议，双方可一同到银行鉴别
残　钞	1.请求顾客更换 2.如不影响币值，可考虑接受
刷卡不成功	1.向顾客道歉，并说明需要重新刷卡 2.如属于机器故障、线路繁忙，更换机器或等候片刻重新刷卡 3.如属于线路故障不能刷卡，请求现金付款 4.如属于卡本身的问题，可向顾客解释，请求其更换其他银行卡或用现金付款

（5）找零的例外处理。门店收银过程中常见的找零例外处理措施见表8-8。

表8-8　　　　　　　　门店收银过程中常见的找零例外处理措施

现　象	处理措施
无零钱	1.收银员必须随时备有足够的零钱 2.如果零钱不足，必须向收银主管兑换零钱，不能私自向其他收银员兑换、暂借或用私人的钱垫付 3.如遇零钱不足无法找零时，应请求顾客稍候，兑换后再找，不可用小糖果代替零钱
顾客不要的零钱	1.如有顾客不要的少量硬币，必须放在收银箱的外边 2.如有顾客硬币不够数，可用此充数

7）收银错误作业处理

收银员在为顾客执行结账服务时，难免会有收银错误的情形发生。如果没有立即更改，不仅使顾客对收银员的工作品质及专业能力产生不信任感，也会影响当天营业额的结算平衡，以及日后的审核作业。

（1）收银中常见的错误原因。为顾客结账发生错误，如多打或少打价钱；顾客带的现金不足；顾客临时退货；金钱收付发生错误等。

（2）收银错误的作业处理程序。

①为顾客结账发生错误时：

A.必须礼貌地先向顾客解释、致歉，并立即更正。

B.当收银员误将商品价格多打或少打时，可询问顾客是否还要购买其他商品，如顾客不需要，则应将购物结算凭证作废重新登录。

C.如果购物结算凭证已经开出，应立刻将打错的购物结算凭证收回，重新登录打印一张正确的购物结算凭证交给顾客。

D.礼貌地请顾客在作废购物结算凭证记录本（或作废购物结算凭证）上签字。待顾客离去之后，在一定时间内将作废购物结算凭证记录本填妥，并立即通知相关主管前往签名作证。

②顾客携带现金不足或顾客临时退货时：

A.若顾客所携带的现金不足以支付货款，可建议顾客办理一至二项商品退货。若顾客因钱不足或临时决定不买，绝不可恶言相向；若顾客愿意回去取钱，必须保留与差额等值的商品。

B.顾客欲退回其中部分商品时，必须将已打印的购物结算凭证收回，并重新打印正确的购物结算凭证给顾客。

C.礼貌地请顾客在作废购物结算凭证记录本（或作废购物结算凭证）上签字，等顾客离去之后，在一定时间内将作废购物结算凭证记录本填妥，并立即通知相关主管前往签名作证。

③金钱收付发生错误时：

A.收银员下班之前，必须先核对收银机内的现金、非现金和当日事先收入金库的大钞的合计数，与收银机结出的累计总账条上的收款额比对。若二者金额不符，且差额（不论是短款或长款）超过一定额度时应由收银员写报告书，说明短款或长款的原因。

B.若短款，主管可依据收银员个人经验、收银机当日收入金额，对短款是由人为或自然因素所造成等情形加以分析，以决定是否应由此收银员赔偿；若长款，则表示有顾客多支付了购物金额，将有损于超市及员工的形象，使顾客不愿再度光临。

8）收银审核作业

收银作业中的每个步骤以及每个环节，除了要有相应的制度与规范，还要让制度与规范能有效地执行，各门店应设立专门人员负责执行收银审核作业。审核作业的内容如下：

（1）收银台的抽查作业。为了评价收银员在为顾客提供结账服务时的工作表现，审核人员（或店长）应于每天不固定的时间随机抽查收银台，抽查项目如下：

①检查收银机结出的总营业账条与实收金额是否相符。

②核对总营业账条的折扣总金额，与该收银柜台"折扣记录单"记录的总额是否相符，以审核收银员是否私自给予顾客过多的折扣额。

③检查收银机内各项密码及程序的设定是否有改动。

④检查每个收银柜台的必备物品是否齐全。

⑤检查收银员的礼仪服务是否良好，是否遵守作业守则。

收银台的抽查作业，不仅可以评价收银员的工作表现，还可以检核收银是否依据规定的作业执行任务，以便立即纠正收银员的错误行为。

（2）清点金库现金。清点金库内的所有现金及非现金的总金额，与"金库现金收支本"登记的总金额是否相符，其点数的范围除了大钞之外，应包括小额现钞。此项审核作业可以避免负责金库的相应主管人员趁机挪用公款。

（3）检查每日营业结算明细的准确性。每日结完当日营业总账后，必须将单日营业的收支情形予以记录，以作为相关部门在执行会计作业时的依据。因此，记录表的登记情况将影响超市各项财务资料的计算以及日后营业方向的参考。鉴于此，审核人员有必要检查门店人员登记账表的作业情形。

（4）核对"中间收款记录本"与"金库现金收支本"。每台收银机过多的现金大钞必须依规定收回金库保存，而且每次收取现金大钞的时候，必须同时登记"中间收款记录本"及"金库现金收支本"。

【案例精析】　　　　　　　**药店收银员的二次销售**

一位妈妈带着孩子来买药，这时，店里的钙加锌产品正在搞活动，作为收银员，你怎样向这位妈妈推荐呢？收银员通常的表达是："孩子的钙正在搞活动，您需要吗？"这位妈妈很可能的回答是："不用了，谢谢！"这样回答是她真的没有需求吗？答案是不一定，很可能是她根本没有注意你说的是什么。也许她脑子里正在想：今天有一大堆衣服要洗，要给宝宝买尿不湿……也许她只是习惯性地否定了推销，而并没有意识到自己的真实需求。

单纯地从语句表达来说，上述收银员的"一句话营销"并没有说错。如果从销售角度来讲，这样的一句话营销，只是"从自我视角出发"的营销，而没有站在顾客角度去考虑，被顾客拒绝是正常的。自我视角是看到一个场景所表达的自我感受，而客户视角是客户看到场景时其第一反应。如果收银员内心想的是，现在钙加锌产品搞活动，我怎么能多卖出去一组呢？他/她就会想到这样的表达："钙加锌正在搞活动，您需要吗？"这样表达的目标是卖出自己的产品。但是，对于顾客来说——你卖不卖出去产品，跟我有什么关系呢？

我们再来看一下这样的表达。

收银员："宝宝多大了？真可爱！"

顾客："满11个月了。"

收银员："开始补钙了吗？"

顾客："今年还没补呢，最近打算给孩子买，还没买呢。"

收银员："现在春天了，孩子长得快，可以给孩子补一些，而且春天花粉比较多，有的孩子容易长湿疹，钙有抗过敏的作用，可以减少湿疹的发生率。现在店里正好搞活动，买2赠1，你可以带上两瓶。"

顾客："那就拿上两瓶吧，反正早晚都要买。"

资料来源　佚名. 药店收银员的二次销售，你做对了吗？[EB/OL]. [2024-02-25]. https://www.sohu.com/a/297720373_377305.

精析要点：收银员不只负责收银、退换货等日常职责，一个"会说话"的收银员创造的价值甚至可以超过一个专业的销售人员。收银员的二次销售，并不是简单地告诉顾客"门店的促销活动"，而是要抓住几个关键点：吸引顾客注意，让顾客注意产品卖点与"顾客利益"关联在一起，挖掘潜在顾客。因此，收银员的二次销售，一定要挖掘潜在顾客，筛选顾客。

【职业指南】　自助收银区防损实施指南

中国连锁经营协会2023年6月发布团体标准《自助收银区防损实施指南》。本标准主要包括了使用范围、术语和定义、防损能力建设、实施流程、视觉AI防损应用指引等，提供了商超、便利店、专卖店等零售企业在防损能力建设、自助收银区防损实施流程、视觉AI防损应用指引等方面的内容。该标准适用于指导零售企业开展自助收银区防损工作。企业宜设立独立、专业的防损部门，预防损耗发生，并运用技术手段防范盗窃、开展异常管理、达成减损目标。企业根据自身业态特点、经营商品的属性，选用或引进先进的技术提升防损效果。

拓展阅读：自助收银区防损实施指南

资料来源　中国连锁经营协会. 《自助收银区防损实施指南》发布 [EB/OL]. [2023-06-15]. http://www.ccfa.org.cn/portal/cn/xiangxi.jsp?id=444627&ks=自助收银区防损实施指南&type=34.

本章小结

收银员的工作内容除了结算货款外，还包括对顾客的服务态度、向顾客提供商品及服务信息、解答顾客疑问、做好商品损耗的预防，以及现金作业的管理、卖场安全管理等。收银是一个专业性较强的岗位，这一岗位的职员要清楚地掌握职业的基本常识、工作规范、重点环节，以保证门店营业收入的准确性，同时配合门店其他部门为企业树立良好的社会形象发挥作用。

主要概念

POS收银机　设零　兑零　扫描例外　消磁例外　现代支付手段

基础训练

一、选择题

1.收银员的服装仪容应遵循一定的原则，其原则不包括（　　）。

A.整洁　　　　　　B.简单、大方　　　　C.富有朝气　　　　D.长发过肩

2.门店收银过程中出现的商品陈列位置错误属于（　　）。

A.商品扫描例外　　　　　　　　　　B.商品消磁例外

C.价格差异例外　　　　　　　　　　D.付款例外

3.条码扫描器有不同的种类，但各有优缺点，根据特性的不同，在小型超市中多使用（　　）条码扫描器。

A.笔式　　　　　　B.CCD　　　　　　　C.激光枪　　　　　D.固定式

4.收银作业过程中常见的例外包括（　　）。

A.扫描例外　　　　B.消磁例外　　　　　C.找零例外　　　　D.装袋例外

5.对（　　）可以谢绝办理收银手续。

A.外国人　　　　　B.小学生　　　　　　C.醉酒者　　　　　D.视觉障碍者

6.下列（　　）不属于收银后的结束工作。

A.清点核对现金、票据　　　　　　　B.汇报、交接工作

C.备单据　　　　　　　　　　　　　D.关机、锁门

二、判断题

1.在零用金管理中，兑零要求遵循时间原则，即随时进行、无时间限制，那么在时间紧迫的情况下，收银员之间可以进行兑零或帮助兑零。　　　　　　　　（　　）

2.如临时有急事，收银员可以离开收银台办理相关工作。　　　　　　　（　　）

3.在收到大钞时，为避免收到假币，收银员应当着顾客的面仔细检查钱币。

（　　）

4.在收银过程中，如发现商品有多个条码，收银员应第一时间通知收银主管核实采用哪一条码金额收款。　　　　　　　　　　　　　　　　　　　　　（　　）

5.自助收银机可帮助商家降低人力成本，优化门店员工的配置。　　　（　　）

6.异常结账行为是指顾客在收银区结账时，结账的商品与拿走的商品不一致，给

门店带来损失的行为。 （　　）

三、简答题

1.当收银员有急事需离开收银台时应如何处理？

2.收银员应遵守哪些作业纪律？

3.当收银过程中出现价格差异时应如何处理？

4.当收银过程中出现收银错误时应如何处理？

◆ 实践训练

【实训项目】

项目一：当一天收银员。

项目二：收银情景模拟。

【实训场景设计】

项目二情景模拟：每天下午5点是卖场人最多的时候，也是最繁忙的时候。一天下午5点，在某购物广场听见收银台边一位女士大声喊："这是怎么搞的？我的卡怎么就不能用了呢？以前买什么都可以打折，现在为什么不能打折？你们这不是骗人吗！我要去媒体曝光你们！"

当时在场的收银员忙着收银，也没有理会那位顾客，那位女士见无人理会，又继续大声喊："你看，这是我以前花120元钱办的会员卡，以前买什么都打折，现在买什么都不打折，这到底是怎么回事啊？你们得给我一个明确的答复！"她的喊叫让周围的顾客纷纷驻足观望，投来好奇的目光。

看到这种情况，作为门店工作人员应该如何处理？

【实训任务】

项目一：通过"当一天收银员"的实训项目，掌握日收银工作流程及工作内容。

项目二：通过对模拟场景中的问题进行分析，掌握特殊情况下应如何应对处理。

【实训提示】

项目二提示：

1.收银人员对此不应不闻不问，而忙于收其他顾客的钱款，应当首先问明原因，在此基础上给顾客明确的解释。

2.如果顾客仍在现场吵闹不止，应联系值班经理或主管将其带离现场，以免影响正常的收银工作或因为吵闹给企业带来不良影响。

3.工作人员如果当时不清楚此事，无法给顾客明确的解释与答复，应该及时通知当天的值班经理给顾客答复，而不是让顾客回家等电话，这只能暂时缓解顾客的情绪，但顾客的不满依然存在。

有关调查数据显示：若有一个顾客不满意，他会将这种"不满意"的信息传递给16～20个顾客，这16～20个顾客又会将此信息传递给其他顾客，所以最后不满意的顾客就会越来越多。因此我们在卖场处理顾客不满意案例时，要提高办事效率，而且事后一定要跟进此事。

【实训效果评价标准表】

"当一天收银员"实训项目评价表见表8-9。

表8-9　　　　　　　　　　　　"当一天收银员"实训项目评价表

项　　目	表现描述	得　分
仪表		
举止态度		
待客用语		
作业纪律		
作业流程执行		
收银设备的使用、维护		
大钞、零用金管理		
营业收入管理		
收银员商品管理		
收银例外处理		
合　　计		

得分说明：根据学生在实训过程中的表现，分为"优秀""良好""合格""不合格""较差"，相对应得分分值为"10""8""6""4""2"，将每项得分记入得分栏，全部单项分值合计得出本实训项目总得分。得分90~100分为优秀；75~89分为良好；60~74分为合格；低于60分为不合格，须补考；低于45分（含45分）为较差，必须重修。

第9章
连锁门店销售作业管理

通过本章的学习，要求达到以下目标：

知识目标：了解顾客购买的心理过程和购买行为，掌握销售人员接待顾客流程，掌握销售人员的服务规范，理解服务台作业管理。

能力目标：理解规范化销售流程与灵活的销售技巧之间的联系和区别，掌握连锁门店规范化销售流程，能够灵活运用各种销售技巧，独立完成接待顾客的工作。

思政目标：确定"细致周到、服务大众"作为本章课程学习的思政教育主题，通过引例、拓展阅读、案例精析、职业指南等的学思践悟，帮助学生树立爱岗敬业、热情细致的销售服务意识，树立"干一行，爱一行"的信念，使每一次成功的销售活动，既能让顾客满意，也能给销售人员带来成就感。

引例

您的满意 我的追求——合肥百大初心不变，奏响"服务至上"最强音

作为一个有着60多年历史的老字号零售企业，合肥百大历来重视顾客服务质量的不断提升，"您的满意，我的追求"成为家喻户晓的合肥百大最强音。零售行业进入品牌、价格、全渠道竞争期，合肥百大依然初心不变，2023年3月15日，集团全业态第29届"创一流企业，创一流服务"百日大竞赛（以下简称"双创"竞赛）在全省范围内如期启动，各成员企业以最饱满的姿态迎接新一轮服务大比拼。

启动仪式现场，各成员企业誓为企业创效添彩。合肥百货大楼"汤群劳模创新工作室"成员带领全体员工进行"双创"竞赛宣誓；鼓楼名品中心金座一线员工代表做表态发言，展现对完成"双创"竞赛目标的坚定决心；商业大厦"尹文静劳模工作室"表演诗朗诵《劳模精神在闪耀》，让大家真切感受劳模精神就在身边；蚌埠区域门店现场举行三业态拔河比赛，员工们赛出风采，赛出决心！在百大，小到动线的选择、柜台的陈列、员工着装，大到品牌的入驻、质量的把关、售后保障等，都按标准流程规范管理。百大人遵循小处着手，精耕细作，着力打造"双创"竞赛活动品牌。

第29届"双创"竞赛深度贯彻集团"销量为王，效益为先，服务至上，至臻至诚"的指导思想，以竞赛模式为契机，依托"心悦服务"品牌，以"张洪劳模工作室""百大鼓楼心悦蓝领创新工作室"等服务团队为支撑，最大限度发挥骨干员工带头作用，全面强化一线员工服务理念。与此同时，聚焦营收细化指标，每个成员企业按照销售指标详细制订竞赛方案，落实竞赛责任，建立"锚重点、讲创新、鼓干劲、激活力"的竞赛长效机制，最终努力达成顾客体验提升、公司销售增长的目标。

合肥百大服务精神积厚成势、驰而不息。随着"双创"竞赛全面启动，合肥百大全体成员在集团整体方针引领下，充分发挥主观能动性，拧成一股绳，劲往一处使，助力实现集团高质量发展的百年百大梦！

资料来源 合肥百大集团. 您的满意 我的追求——合肥百大初心不变，奏响"服务至上"最强音〔EB/OL〕.〔2023-04-01〕. http://www.hfbh.com.cn/WebArticle/ShowContent.html?ID=11727.

9.1 顾客购买的心理过程和行为过程

顾客的购买过程包括顾客内心活动的心理过程和外部行为的实施过程。对顾客购买过程进行研究，可以帮助企业和销售人员理解顾客购买心理的发展阶段，制定恰当的营销策略以吸引顾客，顺利地销售商品。

9.1.1 顾客购买的心理过程

顾客购买的心理过程是客观事物在顾客头脑中的动态反映。依据反映的形式和性质不同，这一过程具体分为认识过程、情绪过程和意志过程。

1) 认识过程

认识过程是顾客购买活动的先导，顾客经过认识过程可以确定行为的导向。顾客

对商品的认识过程不是单一的、瞬间的心理活动，而是从现象到本质、从感性到理性的过程。这一过程经历了感觉、知觉、记忆、想象、思维等阶段。

（1）感觉。感觉是人脑对直接作用于感觉器官的客观事物个别属性的反映，是顾客认识事物的起点，顾客一般借助触觉、视觉、听觉、嗅觉和味觉这5种感觉来接收有关商品的各种信息，企业在设计、宣传自己的产品时，应千方百计地突出商品的特点，通过刺激顾客的感觉器官来加深顾客对商品的第一印象。

（2）知觉。知觉是人脑对直接作用于感觉器官的客观事物各种属性的整体反映，知觉过程受顾客的需要、期望、知识、经验等诸多因素的影响。企业可以将商品与广告宣传、包装设计、橱窗布置及货架陈列等营销手段综合运用，增强顾客对商品的整体认识。

（3）记忆。记忆是在头脑中积累和保存个体经验的心理过程。顾客会将从外界获取的信息进行筛选、存储，形成形象记忆、情感记忆、逻辑记忆。企业在商品设计和包装上应注意引起顾客的形象记忆；营销人员的服务态度要诱发顾客的情感记忆；商品的陈列和柜台的布置要便于顾客形成逻辑记忆。

（4）想象。想象是人脑对通过感知获得的并通过记忆保存的客观事物形象进行加工改造而形成新形象的过程。企业在商品设计、命名、广告设计和产品介绍时可以用多种方法来丰富顾客的想象，以达到宣传和推销商品的目的。

（5）思维。思维是人脑对客观事物本质特点所进行的间接和概括的反映，包括形象思维和逻辑思维。顾客通过形象思维和逻辑思维对商品形成初步的认识。

2）情绪过程

顾客购买的情绪过程是顾客对商品是否符合自己需要所产生的态度体验。顾客购买活动中的情绪过程可分为4个阶段。

（1）悬念阶段。在这个阶段，顾客产生了购买需求，但并未付诸购买行动。此时，顾客处于一种不安的情绪状态中，如果需求非常强烈，不安的情绪会上升为一种急切感。

（2）定向阶段。在这个阶段，顾客已面向所需要的商品，并形成初步的印象。此时，情绪获得定向，即趋向喜欢或不喜欢、满意或不满意。

（3）强化阶段。如果在定向阶段顾客的情绪趋向喜欢或满意，那么进入此阶段这种情绪就会明显强化，强烈的购买欲望会迅速形成，并有可能促成购买决策的制定。

（4）冲突阶段。在这一阶段，顾客对商品进行全面评价。由于大多数商品很难同时满足顾客的多方面需求，因此顾客往往要体验不同情绪之间的矛盾和冲突。如果积极的情绪占主导地位，就可以做出购买决定。

3）意志过程

顾客的意志过程是指顾客自觉地确定购买目标，根据购买目标调节和支配行动，努力克服困难，实现预定购买目标的心理过程。顾客购买商品的意志过程分为做出购买决定和执行购买决定两个阶段。

（1）做出购买决定阶段。这是购买前的准备阶段，包括购买目标的确定、购买动机的取舍、购买方式的选择和购买计划的制订。

（2）执行购买决定阶段。这是付诸实际购买行动的阶段，顾客通过一定的方式和渠道购买到自己需要的商品，是顾客意志活动的中心环节。

9.1.2 顾客购买的行为过程

顾客购买行为是顾客为满足自身需求而发生的购买商品的行为活动，是顾客从产生需求到满足需求的过程，一般分为5个具体步骤，如图9-1所示。

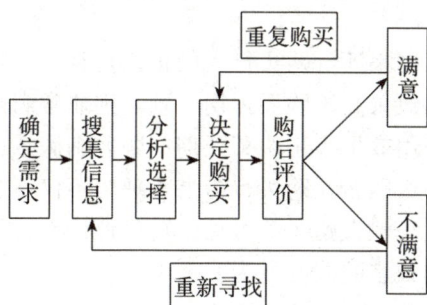

图9-1　顾客购买行为过程

1）确定需求

需求是购买活动的开始，此时顾客受到某种刺激面对某种商品产生欲望和需求。这种刺激来自两个方面：一是顾客自身心理和生理的缺乏状态产生的刺激，如因口渴的刺激产生喝水的需求；二是顾客外部环境的刺激，如商品独特的外观造型、广告的宣传诱导都会刺激顾客产生购买的需求。

2）搜集信息

顾客在确定需求的前提下，会大量搜集与需求相关的信息，顾客搜集信息的渠道：

（1）相关群体：口头传播的有关商品信息。

（2）自身经验：顾客通过观察、试用和实际使用商品得来的信息。

（3）市场信息：营销人员、广告、包装、产品介绍等提供的信息。

（4）公众来源：从报纸杂志、电视广播、互联网等媒介获得的信息。

3）分析选择

当顾客从不同渠道获得有关的商品信息后，便对可供选择的商品进行分析和比较，并做出评价。顾客对搜集到的信息中各种商品的评价主要遵循以下顺序进行：第一，分析商品属性；第二，建立属性等级；第三，确定品牌信念；第四，形成"理想商品"。这是一个购买动机不断强化明确的过程。

4）决定购买

（1）试购阶段。由于顾客没有实际购买使用的经验，常先购买少量商品试用，以减少风险。

（2）重复购买阶段。试购的效果理想，会促使顾客重复购买，以减少再次选择新商品带来的风险，同时增强顾客的商品忠诚度。

在购买商品的过程中，只让顾客对某一商品产生好感和购买意向是不够的，真正将购买意向转为购买行为，其间还会受到两方面的影响：一是他人的态度。顾客的购买意向，会因他人的态度而增强或减弱，他人的态度对顾客购买意向影响力的强弱取决于他人态度的强弱及其与顾客的关系。二是意外情况。顾客购买意向的形成，还与预期收入、预期价格和期望从商品中得到的好处等因素密切相关。当某顾客欲采取购买行为时，发生一些意外情况，例如失业导致未来收入减少，就有可能使顾客改变或放弃购买意向。

5）购后评价

顾客购买后常用满意度来评价购买行为的正确与否。这是商品使用效果和顾客购买预期的比较。如果使用效果高于购买预期，顾客则非常满意，在购买行为上表现为顾客会重复购买；如果使用效果等于购买预期，顾客则满意；如果使用效果低于购买预期，顾客则不满意，那么顾客在购买行为上表现为不仅不会再次购买，而且会起到一个消极的宣传作用，阻止他人购买。可见，购后评价常会作为一种经验，反馈到购买活动的初始阶段，影响顾客的购买行为。

☑ 互动课堂9-1　　　　　守正创新，激发老字号品牌新生机

不日新者必日退。从一代代老合肥人逛街必打卡的城市地标，到一群群年轻人追求新鲜潮流的聚合地，合肥百大从未放缓布局步伐，一直以高瞻远瞩的眼光，为契合消费需求与消费模式的升级转变，不断革新品牌内容，焕活品牌"生命"。

迎面而来的一张张笑脸、一句句温馨的问候、细心精准的服务……都是合肥百大65年来定格在广大消费者心中的美好印记。"将'衣橱收纳''预约停车''私人订制'等14项免费服务项目上线百大悦购小程序；让顾客足不出户预约劳模管家服务"，合肥百大创新打造的特色服务品牌"劳模工作室"备受顾客好评。

65年来，以"劳模工作室"为依托，合肥百大为民服务的匠心精神深深印刻到了每个百大员工的脑海中。将"您的满意，我的追求"作为企业宣传语的合肥百大坚持初心，持续开展创新服务，打造优质服务品牌，不断提升消费者对老字号品牌的认知度、满意度、信任感。

破局新生，澎湃而行。站在消费市场全面发展的新商业时代，合肥百大将持续聚焦零售和农产品流通两大主业，加快拓展线上、冷链、跨境、新兴产业等五大新业，深度挖掘中华老字号品牌文化价值，守正创新、载誉前行，不断注入发展动力，在充满机遇和挑战的消费市场，奋力实现"百年红"。

资料来源　合肥百大集团. 合肥百大集团致力成为中华老字号"百年红"企业［EB/OL］.［2024-02-04］. http://www.hfbh.com.cn/WebArticle/ShowContent.html?ID=13123.

请同学们结合资料思考：（1）如何正确理解守正创新？（2）作为零售人如何体现为民服务的匠心精神？

9.2　销售人员接待顾客流程和服务规范

9.2.1　销售人员接待顾客流程

销售人员要针对顾客购买心理过程中各个阶段的不同特征，采取相应的销售方

法。通常情况下，销售人员接待顾客流程可分为4个步骤。

1）接近顾客

销售人员接近顾客时最重要的是能正确观察判断消费者的购买意向，寻找恰当的接近时机。顾客对商品形成感知，需要经过一个自主的、必要的时间过程。倘若销售人员过早地接近顾客，会使顾客受到情绪干扰，产生为难或戒备心理；反之，接近顾客过迟，又可能让顾客感觉受到轻视、冷遇，从而降低购买的兴趣。

可以采用以下五种情境作为接近顾客最佳时机的选择依据：

（1）当顾客长时间凝视某商品时。

（2）当顾客从所注意的商品上抬起头来用目光寻找销售人员时。

（3）当顾客突然止步盯着某商品时。

（4）当顾客用手触摸商品时。

（5）当顾客在货架上寻找商品时。

2）接待顾客

（1）确定顾客需求。销售人员在第一阶段与顾客建立了最初的联系后，接下来要了解和确认顾客需要什么样的商品。进入商店的顾客，购买意向存在着多种差异，有的抱有明确的购买目标，进店的目的是直接实现购买行为；有的并无确定的购买目标，进店的目的在于观察比较，若对某件商品产生兴趣好感，则有可能诱发购买欲望；还有的顾客不存在购买意向，只在于随意浏览参观。销售人员要了解顾客的需求，帮助他们确定需要的商品。销售人员常采用向顾客询问和倾听顾客对商品的描述来确认顾客的需求。

（2）介绍商品。在这一阶段顾客需要掌握大量的商品信息，为购买做出信息的积累，此时销售人员应提供有关商品提示介绍的服务，力求全面清晰地介绍商品，强化顾客的心理感受，促进顾客产生丰富的联想和想象，诱发其购买欲望。

为了满足顾客全面掌握商品信息的需要，销售人员在介绍商品阶段要做以下工作：一是如实介绍商品的性能、质量、使用效果等情况；二是通过演示商品和提供试穿、试用等手段，增加顾客对商品的亲身体验和全面感知；三是从商标、品牌、造型等方面展示商品的独特性，增强顾客获得精神享受的欲望。

（3）解答顾客疑问。在对商品的信息全面了解后，顾客会对已掌握的商品信息进行分析思考和评价比较。在这一过程中，会产生各种疑问。销售人员对这些疑问如果不解决或解决不恰当，都会导致购买活动的中止。销售人员解决顾客疑问的方法有3种：

①正面解决。对顾客由于不正确的信息形成的问题，销售人员直接礼貌地给予否定并提供新的正确的信息。

②间接否定。销售人员为了与顾客保持和气，不直接否定顾客的错误观点，而是通过比较、演示、图解说明等方法间接纠正顾客的错误观点。

③迂回说服。销售人员开始同意顾客的观点，但是后来从另一方面分析，使顾客意识到有道理，以推翻顾客原有的观点。

3）完成销售

完成销售是指商品销售进程进入成交阶段。此时顾客虽然已有明确的购买意向，但仍需要销售人员巧妙地把握成交时机，促进销售的达成。

（1）结束销售的时机。对于一些顾客来说，当决定购买时，他们会用一些语言和行为向销售人员表示他们已经做出了购买决定，此时销售人员要能够及时发现这些信息，准确把握结束销售、达成交易的时机。顾客在决定购买阶段出现的行为表示和语言表示具体见表9-1。

表9-1　　　　　　　　顾客在决定购买阶段出现的行为表示和语言表示

行为表示	语言表示
顾客结束对商品的再考虑	顾客直接表明购买意愿
顾客打开钱包	顾客询问售后服务的问题
顾客点头同意销售人员对商品的介绍	顾客开始讨价还价
顾客仔细检查商品的各个部件	顾客最后向他人征求意见
顾客出现对商品喜欢的兴奋表情	顾客询问付款的方式

（2）促成销售的方法。在确定顾客已做出购买决定后，有经验的销售人员常会辅以恰当的语言和动作，加速顾客做出购买行为。常见的方法有：

①直接促进，即销售人员直接询问顾客是否可以开票。

②假定成交促进，即销售人员可以用成交的语气询问顾客："可以将商品包起来吗？"

③总结—同意促进，即销售人员总结商品特征、优点，得到顾客的肯定，使顾客难以拒绝，促成销售。

④强调利益促进，即销售人员强调现在购买会获得其他时间购买所没有的利益，使顾客产生紧迫感，推动顾客迅速实现购买行为。

4）建立售后关系

货款结算完毕后，销售人员应将商品交与顾客再次核对，并妥善包装，便于顾客携带，同时向顾客表达感谢、欢迎再次惠顾的语言和情感，使顾客体验到买到满意商品和享受良好服务的双重满足感，为企业与顾客建立长期购销关系奠定基础。

9.2.2　销售人员的服务规范

销售人员会直接与顾客接触，顾客对其服务的满意度直接影响着购买的效果。这就要求销售人员在购买的全过程中都要秉承服务顾客的理念，运用规范的服务赢得顾客。服务的全过程包括购买前的服务、购买中的服务和购买后的服务。

1）购买前的服务

购买前的服务是在营业前，销售人员做出的一系列能够帮助、促进顾客购买，减少顾客购买障碍的活动，具体表现为：

（1）保持销售场所清洁，检查自身工作服、工卡的佩戴是否符合规范。

（2）理货、补货。

（3）检查、填写和更换价格标签，明码标价。

（4）准备、检查各种售货用工具，如秤、包装袋等。

2）购买中的服务

销售人员具体的服务工作是从顾客开始关注商品开始的。此时销售人员应礼貌、热情、周到、耐心地接待每位顾客，优质地完成商品的销售工作。

（1）接待有序。对每位顾客首先都要致意问好。由于顾客到来有先有后，销售人员应按先后顺序依次接待服务。在营业高峰期应做到"接一、顾二、看三"，即手头接待第一位顾客，眼睛照顾第二位顾客，嘴里招呼第三位顾客，对其他顾客则微微点头示意。每当换一位顾客时，应礼貌地致歉："对不起，让您久等了。"

（2）介绍商品。

①诚实客观。向顾客诚实客观地介绍商品，做到实事求是。切不可随意夸大、编造商品的优点，隐瞒商品的缺点，将不真实的商品信息传递给顾客，误导顾客。

②有问必答。对于顾客有关商品方面的问题，销售人员要礼貌回答。顾客要求就同一问题再次作答时，销售人员也应热情、耐心地回答，不可流露出不耐烦情绪。

（3）百拿不厌。顾客购买时反复挑选，这是人之常情，也正说明了顾客有购买意向。所以销售人员给顾客拿递商品时，动作要快、要轻，不能出现扔、摔的情况，以免引起误会。对于要求销售人员反复拿取商品的顾客，销售人员也不能在语言和行动上表现出厌烦，仍应拿出百拿不厌的态度，以示服务耐心、诚恳。

（4）为客参谋。销售人员在销售过程中还充当着顾客的参谋和顾问的角色，应从顾客的角度出发，运用自己的专业知识，为顾客提供建设性、富有成效的意见和建议。

（5）计价收款。如果是销售人员计价收款，要坚持唱收唱付，避免现金交接差错。如果是收银台统一收款，销售人员应认真填好交款单，告诉顾客商品的单价和总价，指明收银台位置。

（6）包装商品。销售人员核对顾客的购物发票，请顾客验货，确认是所购商品后，销售人员要按照不同的商品采用不同的包装方法给顾客包装好商品。销售人员动作应熟练，商品包装形式美观，确保包扎牢固，并提示顾客拿好。

3）购买后的服务

顾客购买完毕，销售人员要提醒顾客带好随身的物品，不要遗留物品，然后点头目送顾客离开并礼貌道别："欢迎下次光临。"

▶ 拓展阅读9-1　　天虹28家门店转型社区生活中心，满足居民家门口的高品质生活需求

2023年，天虹体系内28家门店围绕着"品质、亲密、便利"的核心价值主张，向社区生活中心优化，从整体设计、运营、服务上深度融入社区生活，在提升社区居民生活品质的同时，优化自身市场竞争力。调整过后，28家门店全年总营收同比增长10%，平均客流同比增长近30%。

（1）优化业态，满足多元需求

天虹围绕目标顾客群体各种生活场景，扎实地做好商品组合，致力贴近周边居民多层次、高品质的消费需求。

以深圳龙坪天虹为例，它与多个高档住宅小区平均距离不超100米，楼顶花园是许多居民的阳台风景。作为坪山中心区的首家商业综合体，龙坪天虹在2021年开业

时便定位为休闲欢聚的品质生活中心，带领40家品牌首进坪山，填补了当时坪山片区儿童高端培训市场、大型购物超市的空白。2023年，龙坪天虹进一步拉升体验业态占比，通过增加餐饮特色品牌，引进萌宠、水游、职业体验、VR体验等商业项目，强化"邻里欢聚""亲子欢乐"等标签。

（2）凝聚社区，丰富文娱体验

社区生活中心是居民进行社交和互动的重要场所，也是居民日常生活的空间延伸。文化展览、节庆活动、运动比赛……不仅为本地居民提供了交流和娱乐的机会，还增强了社区内部的凝聚力和互助精神。

南昌奥体天虹周围有丰富的高校资源，围绕商圈客群消费场景，奥体天虹着力定制大学生权益卡、打造大学生的生活场景，如开展"三坑"随舞、主题类市集、拍照打卡活动，以及结合开学季进校开展迎新活动等。丰富多样的活动和体验，强化了大学生的归属感和参与感。

（3）创新探索，深化场景服务

随着近年来消费潮流的变化，天虹在社区生活中心门店进行了一些新的调整和尝试。

深圳君尚3019在2023年通过强化夜经济、提档深度服务等举措，进一步向社区生活中心转型。在深度服务方面，场内餐饮商户承办了校友聚会、为顾客提供聚餐的到家布场服务、为周边写字楼提供定制下午茶团餐等。

资料来源　CCFA. 天虹28家门店转型社区生活中心，满足居民家门口的高品质生活需求［EB/OL］.［2024-03-01］. http：//www.ccfa.org.cn/portal/cn/xiangxi.jsp?id=445433&type=2&sharetype=1.

9.3　服务台作业管理

服务台是连锁门店专门为顾客提供各种服务的设施，通常设置在门店的入口附近，其服务范围相当广泛，如提供顾客咨询、顾客投诉处理、顾客退货处理、赠品发放、开发票、包装、修配、广播、寄包等各种服务。一个发挥良好功能的服务台，不仅可以为顾客提供更多额外的服务，增加商品的附加值，还可以更好地塑造连锁企业的形象。下面重点介绍4项服务台的作业管理项目。

9.3.1　顾客咨询服务

1）顾客咨询服务流程

顾客咨询服务流程具体如图9-2所示。

2）顾客咨询服务管理

（1）服务台服务员热情接待咨询的顾客，认真倾听顾客的陈述。

（2）服务台服务员根据顾客的陈述，判断顾客咨询的范围和重点，对顾客咨询的问题给予明确的答复。

（3）顾客对答复满意，则送顾客离开；顾客不满意或认为服务台服务员没有对自己咨询的问题给出明确、全面的回答，则可以向服务台主管提出，由服务台主管进行答复。

（4）服务台服务员对顾客咨询进行登记，记录顾客咨询的问题和处理结果，供相关部门参考。

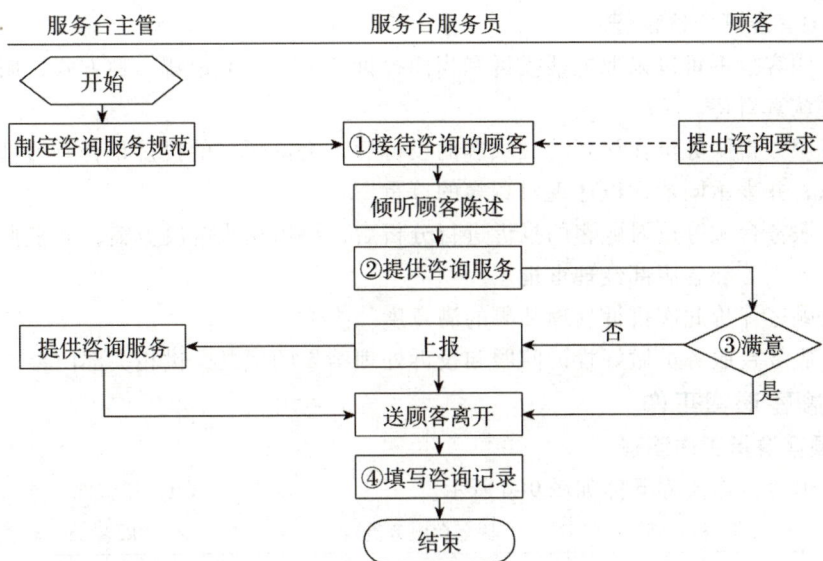

资料来源 编者根据相关资料整理。

图 9-2 顾客咨询服务流程

9.3.2 顾客投诉处理

1）顾客投诉处理流程

顾客投诉处理流程具体如图9-3所示。

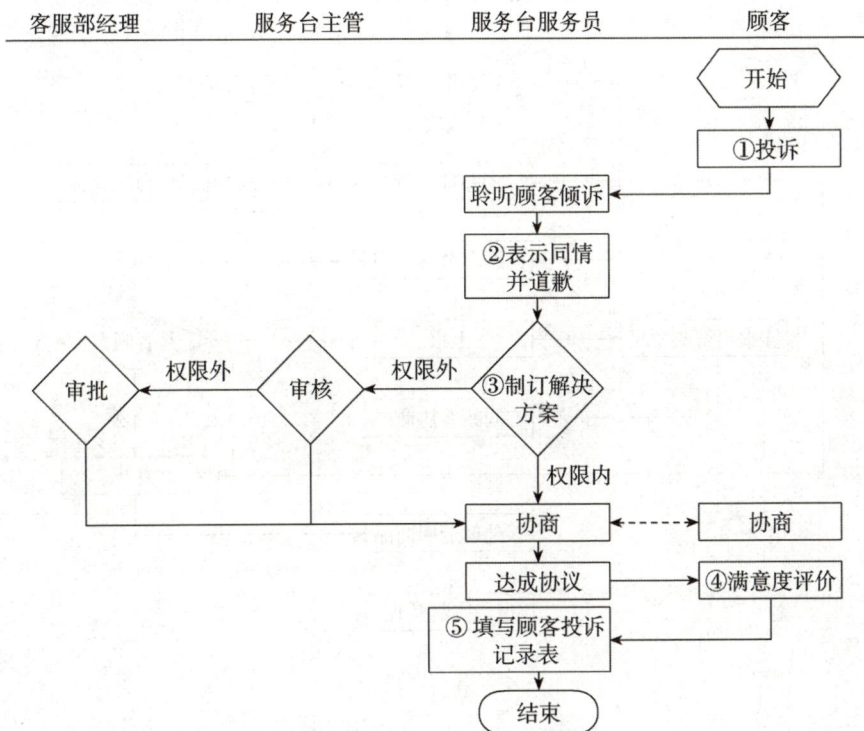

资料来源 编者根据相关资料整理。

图 9-3 顾客投诉处理流程

2）顾客投诉处理管理

（1）顾客投诉可以采取电话投诉和当面投诉的方式，无论哪一种方式，服务台服务员都要认真对待。

（2）服务台服务员在认真听完顾客的投诉后，无论顾客的投诉是否有道理，都必须先道歉，并表示同情，以体现对顾客的尊重。

（3）服务台服务员对顾客的投诉进行分析后，提出初步解决方案，并根据权限范围报服务台主管和客服部经理审批。

（4）顾客评价此次投诉处理结果的满意度。

（5）服务台服务员做好投诉问题和投诉处理结果的记录，供相关部门参考。

9.3.3 顾客退货工作

1）顾客退货工作流程

顾客退货工作流程具体如图9-4所示。

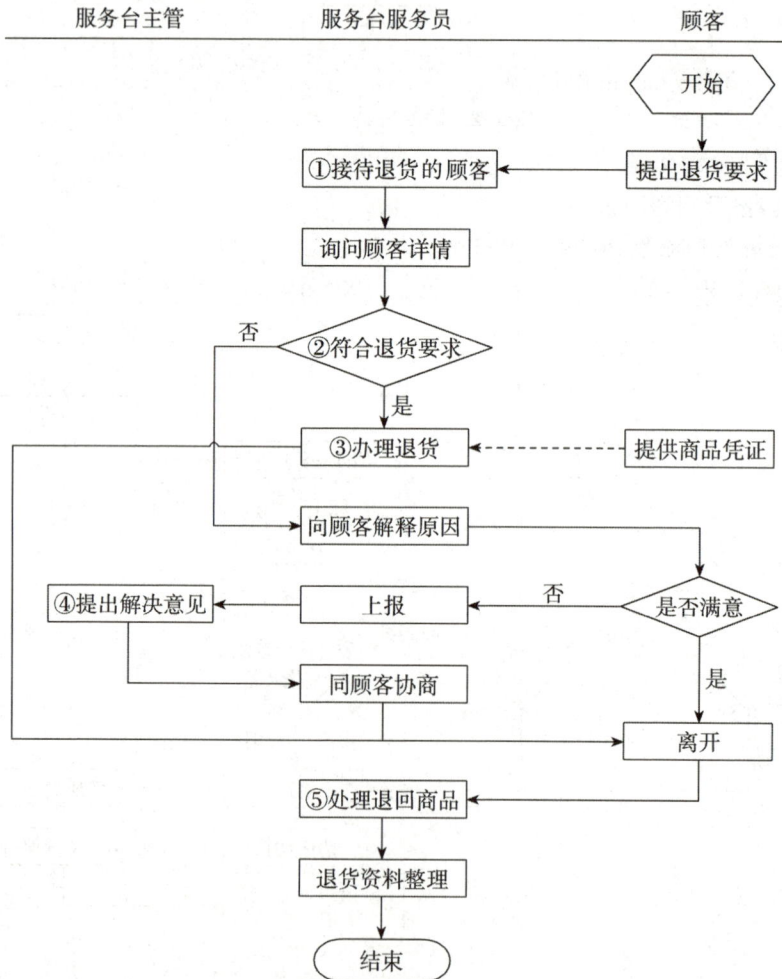

微课：连锁
门店顾客
退换货处理

资料来源　编者根据相关资料整理。

图9-4　顾客退货工作流程

2）顾客退货工作管理

（1）服务台服务员接待提出退货要求的顾客，询问是否带有购物小票或其他所需的退货凭证，查验待退商品，询问退货原因。

（2）服务台服务员根据顾客的陈述、商品的种类、使用情况和连锁门店退货管理的相关规定，判断能否为顾客办理退货。

（3）对符合要求的，服务台服务员填写"退货单"，请顾客确认并签字。复印顾客的收银小票或发票，退给顾客现金。

（4）服务台主管根据顾客意见和服务台服务员上报的情况，提出解决顾客商品退货纠纷的建议。

（5）服务台服务员根据连锁门店《退回商品处理办法》将退回商品进行登记，然后将退回商品放在退回商品区，并将"退货单"的第一联贴在商品上。

9.3.4　赠品发放工作

1）赠品发放工作流程

赠品发放工作流程具体如图9-5所示。

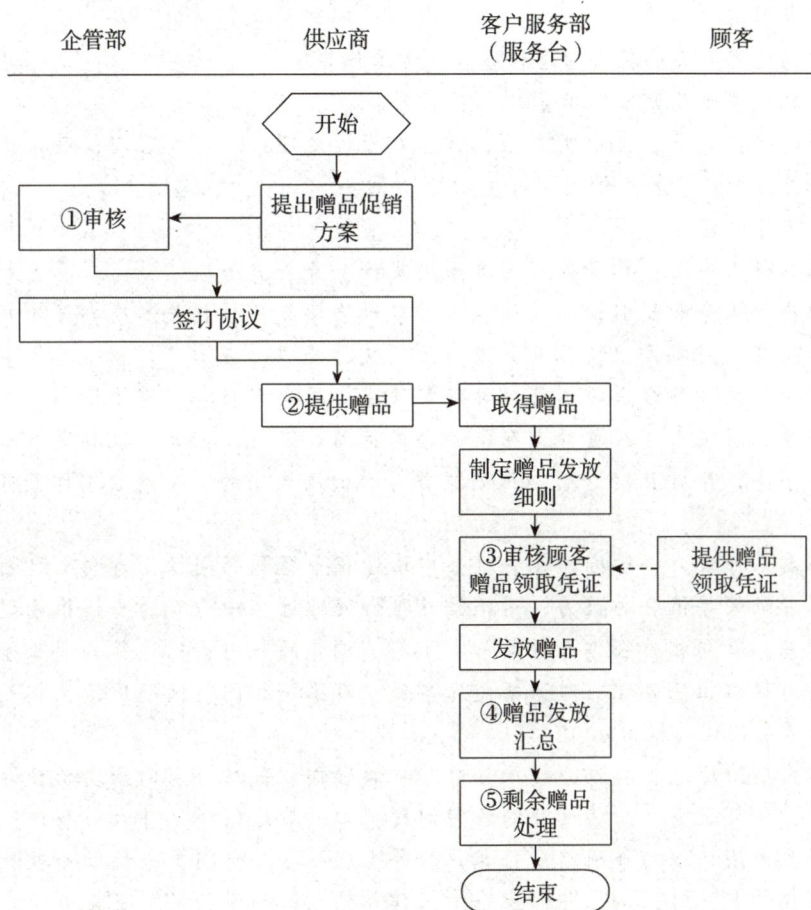

图9-5　赠品发放工作流程

资料来源　编者根据相关资料整理。

2）赠品发放工作管理

（1）企管部根据连锁门店的经营计划和促销成本等，分析供应商提出的赠品促销方案是否可行，营运部、客户服务部（服务台）参与审核并提出意见。

（2）供应商根据双方达成的协议，保质保量按时向连锁门店提供赠品。

（3）服务台服务员认真审核顾客提供的赠品领取凭证，并请顾客在赠品领取登记表上签字后发放赠品。

（4）服务台对每天的赠品发放情况进行汇总，并通知供应商及时供货。

（5）服务台在赠品促销活动结束后对剩余赠品进行清点，通知连锁门店采购部及时对赠品进行暂时存放，并通知供应商取回剩余赠品。

> **拓展阅读9-2**　　　　　　**某购物中心总服务台工作规范**

（1）目的

为规范总服务台人员工作标准及工作流程，确保总服务台管理工作高效、有序开展，为客户提供高质量的服务。

（2）范围

本规范适用于某购物中心总服务台日常工作管理。

（3）总服务台人员工作职责

①接待咨询服务；②接听电话；③客户投诉处理；④广播管理；⑤报修服务管理；⑥证件办理；⑦物品借用；⑧失物招领管理。

（4）工作内容

①基本行为准则。总服务台人员须化淡妆，身着统一工装上岗；总服务台人员应为客户提供服务和指引；总服务台人员应严格按照公司相关制度办理相关服务申请及业务流程，对服务申请及业务流程必须及时处理，给予客户满意答复，维护商场整体形象；总服务台人员不得对外透露涉及公司内部事务、商业机密、业主个人信息等事项；总服务台人员禁止在服务台内打闹、嬉戏、聊天、玩游戏等一切与工作无关的事情，开店前15分钟应做好服务台台面及台内的卫生清洁工作，将物品摆放整齐。

②基本工作权力。对办理相关服务申请过程中察觉的问题，有向上级领导及相关部门主管级领导报告的权力；对报修或投诉处理过程中出现的责任推诿现象或办理拖沓问题，有向相关经办人员质询、了解、调查的权力；对违背各项业务流程的服务申请有权力拒绝办理；对商场突发事件，有第一时间将问题反馈至相关部门负责人进行紧急处理的权力。

③客户接待规范。总服务台人员对客户的咨询、来访、求助和现场投诉等，应认真接待，微笑服务，对其反映的各种问题耐心细致地倾听，并做好解释；对责任范围之外且无法处理的事项，应将客户引导至相关责任部门，并协助处理。总服务台人员在接待客户时，应立即停止手上工作并站立，面带微笑，目光专注，做到来有迎声、去有送声；与客户会话时，应亲切、诚恳，有问必答；工作发生差错时，应及时更正并向客户道歉。总服务台人员在受理投诉及报修的同时，应做好相应的

登记工作（如来访人身份、咨询投诉内容、故障现象等），认真详细填写相关工作表单，并及时把各种信息反馈至相关部门处理。

④总服务台来电接听规范。所有来电必须在电话响铃3声之内接听。如果因客观原因，电话响铃4次以上，接听电话后应先向对方致歉："对不起，让您久等了。"接听电话后应主动向客户问好，使用标准用语："您好，××总服务台，请问有什么可以帮到您。"在接听电话的过程中使用礼貌用语，不得出现因服务态度问题引起客户投诉的现象，应使用标准用语，如"您好！可以麻烦您再说一遍吗？""您好！不好意思，您的电话声太小，可否大声一点"等。接听电话时，避免使用免提功能或远距离大声叫喊其他同事接听电话。接听来电受理投诉及报修时必须做好相应的登记工作。通话结束前，必须询问"您好！请问还有什么能够帮助您"，等客户先挂断电话后方能挂断电话。

⑤商场活动宣导及咨询服务规范。总服务台人员应认真学习掌握商场各类活动内容，对于商场活动主题、活动时间、活动细则应该熟练掌握。总服务台人员对于商户及消费者有关商场活动的咨询，应及时准确地予以答复。对于商户及消费者反馈有关商场活动的建议，应记录整理并于次日例会汇报。

⑥证件办理服务规范。总服务台人员在"营业人员出入证"上写明员工姓名、商铺号、品牌、编号，并贴好办证商铺员工照片，盖上专用章后交给办证商铺员工。总服务台人员根据"运营期员工信息登记表"按要求将办证商铺员工信息录入电脑。

⑦客户便利服务规范。总服务台不负责商户快递的代收转发，由快递公司直接通知相关商户或相关人员至指定地点领取。

⑧总服务台物品借用服务。

……

⑨总服务台失物招领管理。

……

（5）总服务台人员基本礼仪

①立姿：（用于一般站立静止时）抬头，挺胸，收腹，两眼平视，收下巴，肩膀自然平放，腰挺直，双手置于身体前面，右手搭在左手上，大拇指藏内，手背平直，左脚跟微碰于右脚内侧中央，两脚尖成45度，表情轻松自然，面带微笑。

②坐姿：（在就座椅前呈立姿状态）双脚微贴椅边，先转头看一下座椅，坐下前双手向后整理裙摆（裤子），自然弯曲缓慢坐下，坐座椅2/3，手自然向前放于腿上，右手搭在左手上，大拇指藏内，手背平直，双肩自然平放，两眼直视前方，腰杆挺直，脚以立姿脚姿势呈现，表情自然，面带微笑，随顾客问询移动，自然转动头部。

资料来源 编者根据相关资料整理。

9.4 互联网直播销售与服务规范

根据《中华人民共和国劳动法》的有关规定，为贯彻落实国务院印发的《关于推行终身职业技能培训制度的意见》提出的"紧跟新技术、新职业发展变化，建立职业分类动态调整机制，加快职业标准开发工作"要求，加快构建与国际接轨、符合我国国情的现代职业分类体系，人力资源和社会保障部进一步遴选新职业信息。2020年6月，人力资源和社会保障部办公厅、市场监督管理总局办公厅、统计局办公室联合发文，遴选确定互联网营销师为新职业，该职业包含直播销售员工种，标志着互联网直播销售进入规范化、科学化、健康化发展的快车道。

9.4.1 互联网营销师及直播销售员

1）互联网营销师

（1）互联网营销师的定义。

互联网营销师是指在数字化信息平台上，运用网络的交互性与传播公信力，对企业产品进行营销推广的人员。职业资格编码：4-01-02-07。

（2）互联网营销师的8项主要工作任务：

①研究数字化信息平台的用户定位和运营方式。

②接受企业委托，对企业资质和产品质量等信息进行审核。

③选定相关产品，设计策划营销方案，制定佣金结算方式。

④搭建数字化营销场景，通过直播或短视频等形式对产品进行多平台营销推广。

⑤提升自身传播影响力，加强用户群体活跃度，促进产品从关注到购买转化率。

⑥签订销售订单，结算销售货款。

⑦协调销售产品的售后服务。

⑧采集分析销售数据，对企业或产品提出优化性建议。

2）直播销售员

直播销售员是被国家认定为互联网营销师职业包含的工种，意味着当前互联网上存在的直播带货人员都有了职业定义，以后从事网络直播带货的主播都可以称为直播销售员。直播销售员是指在网络直播营销活动中与用户直接互动交流，进行产品售卖和服务的人员。直播销售员共设三个等级，分别为：五级/初级工、四级/中级工、三级/高级工。

9.4.2 直播

1）直播的含义

直播是基于互联网实时发布的视频形式活动。直播带货主要是通过直播面向消费者进行商品使用过程和体验的展示，通过咨询答复与导购等实时互动方式完成商品销售活动。直播平台是服务于直播带货的信息网络系统。

2）直播的类型

直播的类型从账号归属的角度主要分为企业外部直播和企业内部自播两种方式：企业外部直播主要以企业外部直播账号为主，包含个体合作直播、企业合作直播等方式；企业内部自播主要以企业内部直播账号为主，包含企业直播间直播、邀请嘉宾直播、企业自播外包等方式。

3）直播的选择

零售企业可以根据业态特点、企业定位、所在地区、会员分析等划分直播间受众群体，例如，根据年龄段、性别、消费场景、消费能力、职业等划分直播受众并规划和明确选品策略。

9.4.3　互联网直播销售运营流程

1）直播前期准备

（1）直播团队搭建。

根据企业的业务目标和预算，制定直播规划和直播目标，搭建和管理直播团队，整合协调各项资源。

培养企业内部主播团队，根据不同的直播目标进行合理的主播排期，将直播的活动机制、利益点等方面与主播进行有效沟通，帮助主播提升能力，确保达成每场直播的预期效果。当企业内部主播不能满足直播的需要时，可以安排外部主播。企业根据既定的直播目标，选择、沟通、确定负责直播活动的外部团队。为确保直播带货目标顺利达成，除核心团队之外，需要培养直播支持协同团队，如场景搭建、美工设计、安全保障、清洁卫生和其他现场商品展示人员等。

拓展阅读：
零售业直播
带货操作
指南

（2）直播配套支持。

①场景搭建：直播场景的选择应从直播需要、直播商品属性出发，包括但不限于直播影棚、室内场景、室外场景、探店直播等。直播场景应根据直播主题进行相应的布置，包含直播背景墙、装饰、灯光、直播间氛围布置等。

②样品展示：直播间应提前准备直播样品，样品应确保其真实、完整性，并突出直播商品特色；直播间应提前对展示样品进行测试，确保商品完好，功能正常。

③直播间硬件：直播间道具应准备提词器、麦克风、手机支架、摄像设备、电脑、导播台、辅助展示直播商品特色的相关物料。直播间的灯光应根据直播规模需要，配备对应的基础灯光设备、主灯、补光灯、辅助背景灯等。

④直播间软件：为确保直播音视频清晰流畅，软件配置上带宽的上行速率不低于20Mbps，若需更大带宽，可以选择企业专线，推流具体参数需从直播平台获取并关注更新，具备接入主流电子商务交易平台能力及接口。

（3）直播策划。

①主题规划：根据直播的商品与场景，确定直播的主题内容及呈现方式。同时根据企业自身商品的定位及客群受众，选择适宜的直播平台进行直播。

②设计直播脚本及互动：制定直播脚本，主要内容为介绍商品品牌、卖点、利益点、促销活动，以及催单话术、库存情况、直播流程等。利用主播人设和直播营销工具与顾客产生互动，促进直播间下单或引流。常见的引流形式包括：预售、买赠、秒杀优惠券等带动连单销售；主播戏剧性直播，即专业商品介绍+促单销售+表演配合；抽奖环节，转发送券等。

（4）商品规划。

①商品选择：企业应建立体系化的选品策略与规划，用于指导阶段性直播选品。所选商品一般要具备如下属性：一是引流款商品，与其他直播间销售渠道相比，具备价格、稀缺等独特优势，能够吸引更多用户停驻直播间，提升直播间人气；二是主推

款商品，销售占比高，或是以品宣目的为主；三是高毛利款商品，具备较高利润；四是平价款商品。通过满足不同用户购买需求，调整直播间商品结构，增加更多连带销售。

②商品数据整理：第一，在确定直播商品后，整理相关商品的文字信息（如品牌、产地、规格、价格、功能、材质等），图片信息（如商品展示效果图、使用说明图、尺码规格图等），视频信息（如品牌介绍、商品展示介绍、明星代言宣传、商品测评等），为直播前的商品上架安排和预热推广做准备；第二，应当保证提供给消费者的商品和服务与宣传或展示的信息相符；第三，提炼直播商品的关键信息，便于在直播时表述商品核心卖点；第四，在直播前进行个人购买体验，掌握商品的基本品控要求；第五，在直播过程中对商品不利信息做必要清晰的说明。

2）直播过程管理

（1）直播现场管理。

直播销售员在直播中要根据既定的直播脚本流程及内容进行商品销售，但是在直播过程中可以根据情况进行统筹与场控，也就是说，可以根据主播在镜头前的表现、话术与互动、商品讲解节奏、气氛调动、策略执行、线上观众反馈等做出临场调整，同时直播销售员也可自发做出变动，并及时与工作人员沟通调整。

（2）直播商品管理。

根据直播目标，参考实时销售数据、直播中观众需求与互动、商品库存、商品毛利、商品转化率等因素，对所售商品顺序、所售商品营销策略做出相应管理。

（3）直播中的库存管理。

直播中关注实时库存数量，可以采取限时限量等方法，分批次释放库存数量。

（4）直播间应急保障。

直播过程中配有专人负责及时应对直播间突然发生的风险，比如，直播画面不稳定、订单异常、商品异常、舆情舆论等。

3）直播效果评估

直播结束后，基于直播后台的数据，统计直播间访问量、直播间独立访客、直播间成交额、直播间投资回报率、直播间互动、直播间人均停留时间、粉丝转化率等数据。设立不同维度统计的排行榜，包括商品销售额排行、下单量排行、观看人数排行、分享次数排行、新增粉丝排行、品控退换货排行等内容，方便对比各种指标，从脚本实施、主播表现、配套及协同表现等方面进行直播流程复盘，对直播效果进行总结评价，并优化直播运营管理流程。

9.4.4　互联网直播销售规范

1）法律法规

开展直播运营和销售等服务，需遵守如下法律法规：《中华人民共和国电子商务法》《中华人民共和国消费者权益保护法》《中华人民共和国广告法》《中华人民共和国产品质量法》《中华人民共和国反不正当竞争法》《中华人民共和国价格法》《中华人民共和国食品安全法》《网络直播营销管理办法（试行）》《网络交易监督管理办法》等。

2）平台规则

严格遵循不同直播平台的规则要求及其注意事项，比如，主播着装、展示动作、用语和平台禁播商品等。

3）行业标准及企业标准

直播中，要严格遵循行业、企业相关标准，严禁涉及有损企业形象、利益及对企业造成危机风险的行为。

拓展阅读：
网络直播营
销管理办法
（试行）

【案例精析】 **唐久便利联合支付宝开设全国首家数字便民店**

随着便利店日益成为城市基础设施之一，大众对便利店的关注从售卖应急商品到服务体验。2021年5月，商务部等部门联合印发《关于推进城市一刻钟便民生活圈建设的意见》，鼓励商业与物业、消费与生活、居家与社区等场景融合，支持"一店多能"，满足社区居民步行15分钟内的日常生活和品质消费。此前，山西太原便利店凭贴心服务及数字化程度受到大众关注，连续5年发展指数排全国前三。

山西唐久便利联合支付宝开设的数字便民一号店是全国首家数字便民店。顾客在店里可边领券边购物，消费享受支付宝价，还能通过"小程序便民角"体验衣物送洗、旧衣回收、老年人手机教学等个性化服务。

该数字便民店的雏形是一家不足80平方米的社区便利店，经过数字化改造，可支持数十种生活服务。店内主打实惠与效率：支付宝价专区支持边购物边领券，优惠低至一折。智能收银机具方便快速结账，可一键成为唐久小程序会员，智能收银平均每笔交易为顾客节省10秒的时间，单店服务效率提升60%以上。店内设有数字便民区，除充电、餐食加热、快递存放外，消费者还能通过小程序在店里预约衣物送洗、旧衣回收等服务，为老年顾客准备的手机教学及反诈防骗的"蓝马甲"也将长期在店内服务。这些均由支付宝及其平台生态伙伴白鲸鱼、e袋洗提供，也是支付宝异业服务资源开放首次在便利店场景实现。

唐久便利的数字化服务突破了门店场地限制，丰富和拓展了服务场景，帮助唐久便利由"便利"向"便民"再进一步。支付宝开放平台也表示，未来将联合合作伙伴向全国便利店商家开放更多服务资源，助力城市居民"一刻钟便民生活"。

另外，唐久便利和支付宝的此次合作让大家看到了未来便利店行业更多的可能性。便利店已不再只是单纯售卖产品，还能承接更多的个性化服务，这将是未来的大趋势。随着科技的发展，互联网技术和各种数字化手段的加持让便利店极大拓宽了服务边界，大幅提升了消费者在便利店的体验。随着本土便利店的不断崛起，未来数字化程度有望赶超海外便利店品牌。

资料来源 CCFA. 全国首家数字便民店落户山西［EB/OL］.［2023-10-29］. http://www.ccfa.org.cn/portal/cn/xiangxi.jsp?id=442938&type=1&sharetype=1.

精析要点：便利店的每一项销售活动都是建立在顾客需求的基础上的，结合顾客要求进行销售活动是成功销售的关键。便利店凭借庞大密集的零售网点，成为不可忽视的销售力量，在未来便利店的销售过程中，需要通过更为多样化的精准营销、成熟精细的增值服务、升级店内环境及消费体验、全方位的顾客沟通与交互等方式提高销售业绩，增强顾客忠诚度。

【职业指南】　　　　　　　直播营销平台使用指南

　　直播营销平台应当依法依规履行备案手续，并按照有关规定开展安全评估。从事网络直播营销活动，依法需要取得相关行政许可的，应当依法取得行政许可。直播营销平台应当建立健全账号及直播营销功能注册注销、信息安全管理、营销行为规范、未成年人保护、消费者权益保护、个人信息保护、网络和数据安全管理等机制、措施。直播营销平台应当配备与服务规模相适应的直播内容管理专业人员，具备维护互联网直播内容安全的技术能力，技术方案应符合国家相关标准。

　　直播营销平台应当依据相关法律法规和有关规定，制定并公开网络直播营销管理规则、平台公约。直播营销平台应当与直播销售员服务机构、直播间运营者签订协议，要求其规范直播销售员招募、培训、管理流程，履行对直播营销内容、商品和服务的真实性、合法性审核义务。直播营销平台应当制定直播营销商品和服务负面目录，列明法律法规规定的禁止生产销售、禁止网络交易、禁止商业推销宣传以及不适宜以直播形式营销的商品和服务类别；应当对直播间运营者、直播销售员进行基于身份证件信息、统一社会信用代码等真实身份信息认证，并依法依规向税务机关报送身份信息和其他涉税信息；应当采取必要措施保障处理个人信息的安全；应当建立直播销售员真实身份动态核验机制，在直播前核验所有直播销售员身份信息，对与真实身份信息不符或按照国家有关规定不得从事网络直播发布的，不得为其提供直播发布服务。

　　直播营销平台应当加强网络直播营销信息内容管理，开展信息发布审核和实时巡查，发现违法和不良信息，应当立即采取处置措施，保存有关记录，并向有关主管部门报告；应当加强直播间内链接、二维码等跳转服务的信息安全管理，防范信息安全风险；应当建立健全风险识别模型，对涉嫌违法违规的高风险营销行为采取弹窗提示、违规警示、限制流量、暂停直播等措施；应当以显著方式警示用户平台外私下交易等行为的风险。提供付费导流等服务，对网络直播营销进行宣传、推广，构成商业广告的，应当履行广告发布者或者广告经营者的责任和义务。不得为直播间运营者、直播销售员虚假或者引人误解商业宣传提供帮助、便利条件。

　　直播营销平台应当建立健全未成年人保护机制，注重保护未成年人身心健康。网络直播营销中包含可能影响未成年人身心健康内容的，直播营销平台应当在信息展示前以显著方式做出提示。

　　直播营销平台应当加强新技术新应用新功能上线和使用管理，对利用人工智能、数字视觉、虚拟现实、语音合成等技术展示的虚拟形象从事网络直播营销的，应当按照有关规定进行安全评估，并以显著方式予以标识；应当根据直播间运营者账号合规情况、关注和访问量、交易量和金额及其他指标维度，建立分级管理制度；应当对违反法律法规和服务协议的直播间运营者账号，视情采取警示提醒、限制功能、暂停发布、注销账号、禁止重新注册等处置措施，保存记录并向有关主管部门报告。

资料来源 中华人民共和国国家互联网信息办公室. 网络直播营销管理办法（试行）［EB/OL］.［2024-04-23］. http://www.cac.gov.cn/2021-04/22/c_1620670982794847.htm.

本章小结

本章主要介绍了4个部分的内容：首先是顾客购买活动的3个心理过程（认识过程、情绪过程和意志过程），并在此基础上分析了顾客购买活动的5个行为过程（确定需求、搜集信息、分析选择、决定购买和购后评价）；其次是销售人员接待顾客的4个流程（接近顾客、接待顾客、完成销售、建立售后关系），并指出销售人员接待顾客的工作贯穿于销售前、销售中和销售后；再次介绍了服务台的工作项目，重点介绍了顾客咨询服务、顾客投诉处理、顾客退货工作和赠品发放工作的操作流程与工作重点；最后介绍了直播销售的含义、直播流程及直播规范。

主要概念

顾客购买心理过程 顾客购买行为过程 服务台 直播 互联网营销师

基础训练

一、选择题

1.顾客购买心理过程经历（　　）阶段。

A.认识过程　　　　B.情绪过程　　　C.意志过程　　　D.思考过程

2.（　　）为销售人员接待顾客流程中的内容。

A.确定顾客需要　　　　　　B.介绍商品

C.完成销售　　　　　　　　D.建立售后关系

3.属于服务台工作范围的有（　　）。

A.顾客咨询　　　　　　　　B.顾客投诉处理

C.顾客退货处理　　　　　　D.赠品发放

4.直播企业建立体系化的选品策略与规划，用于指导阶段性直播选品，所选商品一般要具备的属性有（　　）。

A.引流款商品　　　　　　　B.主推款商品

C.高毛利款商品　　　　　　D.平价款商品

二、判断题

1.当顾客交清货款时，就可以认为此次销售活动结束了。　　　　　　（　　）

2.认识过程是顾客购买活动的先导，顾客经过认识过程可以确定行为导向。

（　　）

3.连锁门店应正确合理地运用服务台，以增加商品的附加值。　　　（　　）

4.直播销售员是指在网络直播营销活动中与用户直接互动交流，进行产品售卖和服务的人员。   （   ）

三、简答题

1.顾客购买行为包括哪些内容？

2.销售人员在销售过程中的服务全过程包括哪些阶段？

3.顾客退货工作流程是什么？

4.互联网营销师的主要工作任务有哪些？

5.直播的主要流程有哪些？

6.直播前的准备工作主要有哪些？

实践训练

【实训项目】

模拟一次商品销售过程。

【实训场景设计】

在教室中，安排两名学生，一名学生扮演销售人员，一名学生扮演顾客，就某一商品（教师自定）进行一次商品销售活动。

【实训任务】

1.学生能够运用本章知识分析顾客的心理活动。

2.学生能够顺利地将商品销售给顾客。

【实训提示】

1.课前安排学生的角色，可以给予一定的指导。

2.教师准备好要销售的商品。

3.学生表演完毕可由其他学生点评，然后教师进行总结。

【实训效果评价标准表】

实训效果评价标准表见表9-2。

表9-2   实训效果评价标准表

项　目	比　重	得　分
基本能够正确运用本章理论知识	30%	
基本能够正确完成全部销售过程	30%	
语言表达得体	10%	
动作表现得体	10%	
商品销售成功	20%	
合　计	100%	

得分说明：根据学生在实训过程中的表现，分为"优秀""良好""合格""不合格""较差"，相对应得分分值为"20""16""12""8""4"，将每项得分记入得分栏，全部单项分值合计得出本实训项目总得分。得分90～100分为优秀；75～89分为良好；60～74分为合格；低于60分为不合格，须补考；低于45分（含45分）为较差，必须重修。

第10章
连锁门店促销活动和门店专柜管理

学习目标

通过本章的学习，要求达到以下目标：

知识目标： 了解连锁门店促销的作用，熟悉连锁门店促销的方式，掌握POP广告促销，掌握连锁门店促销方案的设计，掌握连锁门店专柜管理。

能力目标： 树立连锁门店自律的意识，发布真实、准确的促销信息，不做虚假、引人误解的宣传，能够灵活运用各种促销技巧，独立完成促销活动及专柜管理工作。

思政目标： 确定"诚实自律、热情友善"作为本章课程学习的思政教育主题，通过引例、拓展阅读、案例精析、职业指南等的学思践悟，帮助学生树立恪守社会公德、诚信经营、尊重和保障消费者合法权益的意识，树立充分尊重和保障消费者的知情权、选择权、公平交易权的理念，真正从消费者需求的角度开展促销活动。

引例

华润万家携手熊猫花花，中国IP+超市，火热"出圈"

中国超市华润万家，与中国吉祥物熊猫花花，两者结合，带来零售行业年终岁末的一个热门事件，也在零售行业内掀起了一股"中国式"浪潮。

华润万家以消费者需求为核心，在龙华壹方天地华润万家门店发起一场以中国IP元素为主题的营销活动，为消费者带来新的风貌。此次华润万家联手"熊猫工厂"，推出龙年的第一个联名活动——"世界花进万家"，打造了中国超市的出圈标准姿势。本次的主题活动也是亮点多多。

第一个亮点是"中国超市+中国IP"，更符合中国消费体验。

华润万家携手花花的主题活动，吸引了大批粉丝在社交平台互动和到店打卡。熊猫作为国宝是中国文化的符号，是中国人的精神内涵象征，具备中国文化独有的"反差萌"。中国人对熊猫的IP有着骨子里的喜爱，而"国民超市+国宝顶流"，更符合中国消费体验。

第二个亮点是IP融入全场景，带来全新超市体验。

华润万家联手熊猫工厂，将100多只不同月龄的正版"花花"装进华润万家超市。这些"花花"玩偶在制作上传承了百年的非遗裹皮手工技艺，纯手工缝制，超高还原手感，最大限度地复刻了大熊猫那种无与伦比的可爱。在门店的各个场景，都融入了"花花"。消费者只要前往龙华壹方天地的华润万家门店，不仅能见到最新款"六月龄花花"，还能近距离打卡各月龄"花花"，即时感受"心尖尖上的熊猫"，更能让"花花"玩偶陪你逛超市，收获来自国宝熊猫的"花"式祝福。这种IP场景，能让消费者感受全新超市体验。

第三个亮点是线上线下联动，引爆粉丝情绪价值。

如何将"花花"的热情传递给更多消费者，华润万家通过线上线下联动，将粉丝情绪推向高潮。比如线上接"花花"，在华润万家小红书、微博官方号等，活动期间联手熊猫工厂在社交媒体平台上进行福利活动，吸引了大批粉丝参与。而线下与"女明星世界花"合影打卡活动，吸引了大批"花花"的粉丝前往门店打卡并附上话题词，以及在社媒平台分享喜悦并领取福利等，全面引爆情绪价值。

新消费浪潮正在倒逼传统商超进化，商超的角色已经发生了明显的变化。一个关键是，传统商超以"货、场"为中心，而新零售以"人"为中心，正在深刻改变传统商业的逻辑。华润万家在业态创新同时积极探索新营销模式，营销上也更迎合年轻化新消费。本次牵手"花花"，推出"世界花进万家"的主题活动，就是一次超市IP营销新范式。商务部研究院流通与消费研究所所长董超说，相较于线上消费的便捷优势，线下消费需要在"场景体验"功能上做文章，从关注"物质需求"向更加关注"精神需求"转变。除了交易本身，消费场景所创造的感受，以及与伙伴共聚、人与人面对面交流所激发的内在愉悦，是实体商业零售空间的价值优势所在。

资料来源　零售商业评论. 华润万家携手熊猫花花，中国IP+超市，火热"出圈"［EB/OL］.［2024-02-07］. https://www.kanlingshou.com/longsqiang/vip_doc/27653391.html.

10.1　连锁门店的促销作用和方式

连锁门店促销是指连锁门店运用现代沟通方式，向顾客传递商品信息和门店信息，刺激和诱导顾客购买的活动。虽然连锁门店的促销活动多是短期的商品宣传推广活动，但是对于连锁门店聚集人气、吸引客流、提高销售额有着深远的意义。

1）连锁门店的促销作用

（1）促销可以提升商品销量。促销的商品多为降价商品、新商品、时令商品等，通过促销活动，可以满足顾客的不同需求，刺激顾客的购买欲望，对顾客的消费活动有很强的驱动性和指引性，能够在短期内有效地提升连锁门店的商品销量。

（2）促销既可以保持现有市场份额又可以抗衡竞争对手。同一业态连锁企业门店之间的竞争是激烈的，促销是连锁企业门店保持现有市场，同时打击竞争对手的主要手段之一。连锁企业门店可以通过促销活动在短期内聚集大量的客流，既能有效地保持原有顾客的忠诚度，又能吸引潜在顾客。

（3）促销可以提升顾客对连锁企业品牌的忠诚度和美誉度。促销可以突出连锁企业的特点，树立良好形象，扩大企业影响。麦当劳公司曾经创下了一项纪录：使众多消费者连续28天光顾餐厅。这一切都要归功于一套以28个国家的旅行者扮相出现的史努比玩具，例如有身穿唐装的"中国史努比"和身穿美国国旗图案衬衫的"美国史努比"。麦当劳公司每天推出一款，连续推出28天。为了集齐一整套史努比玩具，人们不惜连续多日在麦当劳店外等候。每一年麦当劳都会推出各种各样的促销玩具来吸引消费者的光顾。这些玩具种类繁多，创意新颖，十分招人喜爱，而在某种程度上，其形象也向消费者暗示了麦当劳的品牌形象。因此，在每次活动之后，麦当劳收获最多的往往并非汉堡的销量，而是消费者的忠诚度。

2）连锁门店的促销方式

连锁门店为了向顾客传播信息、提高业绩、稳定老顾客、增加新顾客、提高门店知名度等，会定期、不定期地举办不同目的的促销活动，根据促销目的不同，促销的方式也不尽相同。连锁门店常用的促销方式见表10-1。

表 10-1　　　　　　　　　　　连锁门店常用的促销方式

广　告	销售促进	公共关系	人员推销	直复营销
报刊与广播 电视广告 包装广告 直接邮寄（DM） 产品目录 电影广告 小册子 海报和传单 说明书 广告单行本 焦点广告 POP广告 路牌广告 售货现场陈列 视听材料 标志与标语	销售竞赛 奖金和礼品 样品试用 交易会 展览会 市场工具支持 商品特价陈列 表演性展示会 特价优惠券 回扣 延期付款 招待会 以旧换新折扣 附赠品/积分券 编配商品 咨询	记者招待会 演讲 研讨会 年度报告 公司礼品赠送 慈善捐款 制造新闻 推展活动	销售介绍 销售研讨会 电话营销 奖励推销员榜样	商品目录 邮寄 电话营销 电子购物 电视购物 网络营销

资料来源　周文. 连锁超市经营管理师操作实务手册 店铺开发篇［M］. 长沙：湖南科学技术出版社，2003.

▶**拓展阅读10-1**　　　　　　　　　　**促销行为一般规范**

　　（1）经营者开展促销活动，应当真实准确，清晰醒目标示活动信息，不得利用虚假商业信息、虚构交易或者评价等方式做虚假或者引人误解的商业宣传，欺骗、误导消费者或者相关公众（简称消费者）。

　　（2）经营者通过商业广告、产品说明、销售推介、实物样品或者通知、声明、店堂告示等方式做出优惠承诺的，应当履行承诺。

　　（3）卖场、商场、市场、电子商务平台经营者等交易场所提供者（以下简称交易场所提供者）统一组织场所内（平台内）经营者开展促销的，应当制订相应方案，公示促销规则、促销期限以及对消费者不利的限制性条件，向场所内（平台内）经营者提示促销行为注意事项。

　　（4）交易场所提供者发现场所内（平台内）经营者在统一组织的促销中出现违法行为的，应当依法采取必要处置措施，保存有关信息记录，依法承担相应义务和责任，并协助市场监督管理部门查处违法行为。

　　（5）经营者不得假借促销等名义，通过财物或者其他手段贿赂他人，以谋取交易机会或者竞争优势。

　　（6）经营者在促销活动中提供的奖品或者赠品必须符合国家有关规定，不得以侵权或者不合格产品、国家明令淘汰并停止销售的商品等作为奖品或者赠品。

资料来源　国家市场监督管理总局．规范促销行为暂行规定［EB/OL］．［2023-10-29］．http://gkml.samr.gov.cn/nsjg/fgs/202011/t20201105_323080.htm．

10.2　POP广告促销

10.2.1　POP广告的含义及作用

1）POP广告的含义

　　POP广告是英文"point of purchase advertising"的缩写，意指"在购买场地能促进销售的所有广告"，也称"售点广告"。因此，凡是在连锁门店内外能帮助促销的广告，或其他可以提供商品相关信息的服务、指示、引导等标识，都可以称为POP广告。

　　在购物中心、商超、餐厅、专卖店、便利店等场所，经常可以见到POP广告。POP广告的功能主要在于简明扼要地介绍商品，诸如告知商品的陈列地点、新商品、推荐商品、特价品等。同时，POP广告可以活跃全店的销售气氛。一般而言，我们可以将POP广告的功能界定为商品与顾客之间的对话，所以POP广告常被称为"无声的推销员"。

2）POP广告的作用

　　（1）传递连锁门店的商品信息。连锁门店利用POP广告传递的商品信息包括：吸引和告知顾客门店内销售什么商品或正在举行哪些促销活动；告知商品的分类；对商品特性进行简单的说明；向顾客提供最新的促销信息；告知明确的商品价格；告知特卖信息等。例如，日本京都某家具店的 POP 广告非常有特色，将自家商店的特征、经营者的经营思想充分地表现出来。这家家具店非常聪明地利用居民住宅作为商品展示场所，在房间内适当的位置摆放了衣柜、床、写字台等家具，就像一个温馨的家。而且为了方便顾客进来选购，张贴了"不必脱鞋，敬请选购"的 POP 广告。因为日本人进屋都是要脱鞋的，像家一样的展示场所，顾客也许会觉得脱鞋才能进入有些麻烦，所以贴出那样的 POP 广告消除顾客的顾虑。该店的总经理自豪地说："也许我们的卖场并不那么清洁，因为顾客可以穿着鞋进来购物，但是我们的价格绝对是全日本第一便宜的。"

（2）塑造企业形象，与顾客保持良好的关系。企业形象也称企业形象识别系统（CIS），包括企业理念识别（MI）、企业行为识别（BI）和企业视觉识别（VI）三部分，而 POP 广告是企业视觉识别中的一项重要内容。零售企业可将商店的标志、标准字、标准色、企业形象图案、宣传标语、口号、门店平面图等制成各种形式的 POP 广告，既加强了与顾客的沟通，又塑造了富有特色的企业形象。

（3）巧妙利用销售空间与时间，达成即时的购买行为。POP 广告常被大量运用于庆典、节假日、换季等时机，并且可以运用在门店的橱窗里、货架上、墙壁上、天花板上、楼梯口等任何合适的地方。另外，POP 广告在设计上往往采用新颖的图案、绚丽的色彩、独特的构思。这些都很容易吸引顾客注意，使之驻足停留进而对 POP 广告中的商品产生兴趣。所以，POP 广告可以充分调动消费者的情绪，将潜在的购买力转化成即时的购买力。

10.2.2　POP 广告的种类

按照不同的分类方式，可以将 POP 广告划分为很多类型，这里按 POP 广告的形式和使用目的将其分为两类。

1）店外 POP 广告

这类广告主要是刺激顾客的认知，引起顾客对门店的注意。常用的店外 POP 广告有企业的招牌、海报、高空气球、橱窗展示、广告伞、指示性标志、电子屏等。

2）店内 POP 广告

这类广告主要用于告知顾客商品的陈列位置、说明商品的特色、渲染门店气氛，包括柜台广告、货架广告、墙面广告、地面广告等。此类广告常利用墙壁、天花板、地面、玻璃门窗、柜台等，粘贴商品海报、挂旗、设置告示牌、布置门店装饰物、悬挂商品实物等。

▶ 拓展阅读 10-2　3·15 主题活动——2023 年十大消费维权舆情热点（节选）

2023 年，有关部门、消协组织及行业协会等采取多种举措促进消费环境持续优化、释放消费潜力、提升消费者消费信心。然而，个别商家、平台在经营过程中无视消费者正当权益，给消费者造成不良体验的问题仍不时出现，给消费者安心消费带来困扰。如何应对消费"陷阱"，更好地保障消费者权益是激发消费活力的一大关键因素。

（1）电商主播言行不当引发投诉

2023年，头部电商主播不当行为引发消费者反感事件频现。有知名主播在带货时罔顾消费者对产品性价比的疑虑，发出不负责任乃至要求消费者"反思"的不当言论，引发消费者对主播"傲慢"的批评。个别主播团队抓住部分网友猎奇和"审丑"的心理，以女主播披头散发、装疯卖傻作为"节目效果"完成带货，但此类低俗带货行为越来越引起大多数消费者的反感。还有一些主播与团队成员"打配合"，利用销售数据、直播弹幕、互动方式等诱导消费者下单购买商品，引发"电商捧哏"套路消费者的争议。相关热点事件显示出，个别电商主播收获"流量红利"的同时，却疏于提升消费者的购物体验，乃至在直播间粉丝的正当权益上"做文章"以谋取经济利益。这类主播的不当行为辜负了消费者的信任，成为消费者维权的"槽点"。

（2）"生鲜灯"改变商品外观误导消费者

近年来，一些商超及农贸市场商家利用"生鲜灯"给不新鲜、有瑕疵的农产品"美颜"，误导消费者购买，从而引发消费投诉的事件越发受到公众关注。

2023年3月，浙江省舟山市定海区人民检察院检察官在查办相关案件时指出，农贸市场肉类经营者使用显色指数低的"生鲜灯"，影响消费者的色觉感官，误导消费者购买不新鲜的肉类产品，存在食品安全隐患。2023年11月，江西省消保委发布的《江西食用农产品销售市场"生鲜灯"使用状况体察报告》显示，265家经营场所中，超过八成使用了"生鲜灯"照明。针对"生鲜灯"误导消费者问题，国家市场监督管理总局2023年发布的《食用农产品市场销售质量安全监督管理办法》给出明确回应，禁用"生鲜灯"给生鲜商品"美颜"。该办法实施后，全国各地商超、市场陆续实现了"生鲜灯"的替换，受到广大消费者的欢迎。舆论认为，新规出台有利于推动商家遵循诚实宣传原则，给消费者呈现真实、准确的生鲜商品信息，保障了消费者的知情权、选择权。

资料来源　中国消费者协会. 315主题活动｜2023年十大消费维权舆情热点［EB/OL］.［2024-03-15］. https：//www. cca. org. cn/#/Detail? catalogId=475800366178373&contentType=Article&contentId=525826135052357.

10.3　连锁门店促销方案设计及实施

10.3.1　连锁门店促销方案设计

1）促销目标的确定

连锁门店的促销目标包括长期目标和短期目标，总的来说是提升企业形象、提高商品销售量，具体包括扩大营业额、提高客单价、稳定老顾客、增加新顾客、增强企业知名度等。由于促销的目标不同，促销的方式也不尽相同，所以连锁门店在每次促销之前都要先明确此次促销的目标。

2）促销时间的选择

确定促销的时间，应注意两个方面的问题：

（1）促销活动的延续时间。一般将延续时间在1个月以上的促销活动称为长期促销活动，其目的是希望建立连锁门店的差异优势，增强顾客对门店的认同感，确保顾客长期来店购物。与长期促销活动不同的是短期促销活动，通常为3～7天，其目的是希望在有限的时间内，通过特定的主题活动提高来客数和客单价，以达到预期的营业目标。

（2）举办促销活动的时机。季节、气候、温度不同，顾客的购买需求和行为习惯会有很大差异。一个良好的促销方案应与季节、月份、日期、天气、温度等相互配合。

3）促销商品的选择

（1）围绕主题选择促销商品。一般来说，结合连锁门店的促销目标，门店常会选用以下4类商品作为门店的促销商品：一是节令性商品。这类商品往往有一些特殊的含义或用途，如粽子、月饼。顾客对商品价格不十分敏感，更加注重商品的节日、时令作用，选择这类商品作为促销商品时，在定价上可以采用高价，但要烘托出节令气氛。二是敏感性商品。这类商品属于生活必需品，市场价格变化大，顾客对商品价格非常敏感，如鸡蛋、大米。选择这类商品作为促销商品时，在定价上只要稍低于市场价格，就能很有效地吸引更多的顾客。三是大众性商品。这类商品是指品牌知名度高、市面上随处可见、替代品较多的商品，如饮料、牛奶等。选择这类商品作为促销商品时，需要和商品供应商合作。四是特殊性商品。这类商品主要是指连锁门店自行开发、使用自有品牌的特殊商品。这类商品的促销活动应体现出商品的特殊性，商品价格与品质要保持一致，不宜定价太低。

（2）选择促销商品依据的原则：一是促销商品质量、品牌要过硬；二是"磁石"商品要精挑细选。

（3）确定促销商品结构。例如，食品、百货、日化商品等所占的比例。

4）促销预算的编制

连锁门店用于确定预算的方法有目标/任务法、过去销售百分比法。

（1）目标/任务法。目标/任务法决定着实现促销目标而采用的特定任务所需要的预算。使用这种方法时，连锁门店首先要确定一系列促销目标，然后门店要决定必要的任务及成本。执行此任务所需的所有成本的总和即为促销预算。这种方法的优点是：注重促销效果，使预算能够较好地满足实际促销的需要。其缺点是：促销费用的确定带有主观性，不易控制促销预算。某时尚百货公司采用目标/任务法确定的促销预算见表10-2。

表10-2　　　　　　　　　　　　某时尚百货公司的促销预算

目标	任务	预算费用
使时尚百货公司周围3 000米内生活或工作的女性知道时尚百货	（1）散发传单 （2）在路口竖立广告牌	（1）2 000元 （2）1 500元
1个月内提高20%的商品销量	（1）散发优惠券 （2）在当地报纸上登广告	（1）1 000元 （2）4 200元
合计		8 700元

资料来源　陈己寰. 零售学［M］. 广州：暨南大学出版社，2005.

（2）过去销售百分比法。过去销售百分比法是用过去销售额的一定比例确定促销费用的方法。该方法优点是简单、明确、易控制；缺点是缺乏弹性，未考虑促销活动的实际需求。例如，某连锁门店去年销售额为 100 万元，今年准备用去年销售额的 10% 作为促销费用，该连锁门店今年的促销费用为 10 万元（100×10%）。

10.3.2　连锁门店促销方案的实施程序

1）促销方案的立案

在以上 4 项促销方案内容确定的基础上，研究分析竞争对手的动态、消费者的生活方式、商圈生活水平的变化等，拟定本次促销活动的诉求重点及具体做法。

2）召开促销会议

召集门店各部门人员讨论本次促销的主题、促销的时间、促销活动的重点商品、供应商的支持力度等内容的可行性，分析竞争对手的反应，以确保促销成效。

3）采购人员与供应商洽谈

连锁门店的促销方法以商品特卖最具效果，如此一来，促销期间商品供应、价格等问题，应由采购员与供应商谈妥。这里需要洽谈的事项有商品的品种、价格、数量、供货期间、支持力度等。

4）宣传方式的确定

确定促销宣传的媒体。设计、制作宣传用的各种视频，立体、平面广告和宣传资料。

5）促销活动的准备与实施

向商圈内的顾客散发宣传资料，调整商品价格标签及商品销售系统中的商品价格，张贴海报，重新进行商品陈列等。

6）评估促销效果

通过促销效果的评估可以有力地说明此次促销活动成功与否，常用于评估促销效果的指标有销售额、客单价、来客数、企业知名度和美誉度等。

10.4　连锁门店专柜管理

目前，专柜的配置对连锁门店整体营运的作用越来越大。如果专柜的商品选择得当，就会给连锁门店创造高额的效益。因此，连锁门店越来越关注专柜的管理，将其作为一个利润增长点。连锁门店专柜就是指在连锁门店内针对某一类商品或某品牌商品集中销售的区域。

10.4.1　连锁门店专柜经营的重要性

1）为消费者提供更为丰富的商品

我国的连锁门店鉴于地理条件、资金、管理等因素的限制多为中小型门店，销售的商品种类和规格都非常有限，很难满足顾客一站式购物的需要。为此连锁门店可以结合商圈内顾客消费的特点开设商品专柜，针对某一类商品或某个品牌提供丰富的商品。比如连锁门店在商业区可以设立美食专柜、化妆品专柜，在住宅区可以设立生鲜专柜。

2）延长顾客购买时间

顾客在连锁门店内停留的时间越久，产生更多购买行为的可能性就越大，设立专柜可以有效地延长顾客购买的时间，有助于提高销售额。

3）充分利用门店空间创造利润

为了充分利用门店空间，连锁门店常会在不规则的地方设立专柜，让原本不太具有经营价值的门店空间能创造更多的营业收入，从而提升整个门店的单位面积营业效率。

10.4.2　连锁门店专柜设计的步骤

1）分析商圈特点

对于商圈的分析主要从3个方面来考虑：一是判断连锁门店所处的商圈性质，是在住宅区、商业区、文教区、办公区还是在混合区，由此判断目标顾客的消费特点、购买时段，作为开设专柜的参考。二是分析竞争者的情况。如果某个门店要开设的专柜是化妆品专柜，就要考察门店周围是否有销售同类商品的门店，这些都会给专柜的经营带来影响。三是分析商圈的发展趋势和发展前景。

2）调查同行设柜情况

收集同一业态下其他门店开设专柜的资料，包括专柜的类型、装潢配置、营业面积、营业状况等，为开设专柜提供参考。

3）综合评估

收集相关资料后，即可选择专柜经营的商品种类，招标专柜的经营者。

> **拓展阅读10-3**　　　　　　　　**某百货商场专柜商品日常管理**

（1）统一收银工作流程。

①顾客购物时由各专柜营业员统一开具销售小票。②顾客凭销售小票到收银台付款。③顾客付款后凭盖有公章及私章的销售小票及电脑小票取货。④顾客凭销售小票及电脑小票在收银台（或总服务台）开具发票。

（2）专柜每班指定专人负责和各柜台应配备商品资金管理手册。

（3）专柜盘点。①每月盘点时间应与商场盘点时间一致。②每月其他时间盘点柜台，应在营业时间以外进行，并提前报楼层经理批准。③盘点盈亏由专柜自行承担。

（4）专柜库存控制。①楼层指定专柜应配备缺断货登记本，专柜营业员在每日早9：00前进行登记。楼面管理人员对指定柜台进行每周两次的抽查。②指定原则——满足下列条件之一者定为指定专柜一般经销商：经营规模小、不正规的专柜；经常发生缺断货且补货不及时的专柜。③非指定专柜每月覆盖检查一次。④违约责任。如发现专柜商品在本商场缺断货2天以上而其他商场有售的情况，每一品种收取500元以上违约金，如发生专柜商品缺断货较多（每个品牌缺断货品种超过20%）且缺断货时间长（超过半个月），除须交纳上述违约金外，将取消该品牌合同经营范围。

　　(5) 专柜的销售管理。①正常销售。专柜营业员应正确填写销售小票（一式三联），销售小票应有以下内容：柜号、日期、商品名称、条码或小类码、单价、数量、小计金额、合计金额、营业员全名（不得以工号代替）；专柜营业员在发货前应认真核对销售小票；销售小票填写统一用双面复写纸，禁止用单面复写纸，并随时检查更换复写纸，保持销售小票清晰一致。②商品优惠、打折。商品优惠、打折时，须请示楼面管理人员并签字。如优惠、打折商品为几种并且优惠额、打折率不同，则必须分单填写销售小票。不允许在一张销售小票上出现一种商品打折、另一种商品不打折的现象。单品管理柜台需要使用权限卡，非单品管理柜台管理员需要在销售小票上签名。③顾客的退货或换货。专柜营业员应本着积极热情的态度及时处理顾客的退货和换货，首先核对销售凭证，对于符合商场规定并在自己权限范围内的，应立即给顾客处理；不能处理的及时带顾客到总服务台解决问题，不得以任何理由有意拖延或推卸责任。用红笔填写销售小票，简单写明退货和换货原因。顾客持退货小票及原始购物凭证（电脑小票或发票）的，管理人员应核对顾客的原始购物凭证。楼面管理人员办理退换货时，需核对顾客使用何种方式付款，并将相应的顾客原始购物凭证订在收银自存联上。销售小票的保存期为3个月。

　　(6) 专柜商品的安全。①专柜营业员上班时间不得将私人物品带入柜台，下班时应自觉接受商场防损部门的检查。②专柜营业员应在晚上下班前，将贵重商品妥善保管。③专柜撤离时，应自觉接受防损及楼面管理人员的共同检查。

　　资料来源　编者根据相关资料整理。

【案例精析】　某市场监督管理局公布虚假违法广告典型案例

　　2022年，某市场监督管理局持续强化广告导向监管，以民生领域、新冠疫情防控为重点，聚焦医疗、房地产、保健食品、投资理财、教育培训等关系人民群众身心健康和生命财产安全的热点问题，切实开展虚假违法广告专项整治，查处了一批有影响的案件，现从查办的虚假违法广告案件中选出典型案例向社会公布。

　　(1) 湖北派洛电子商务有限公司发布违法广告案

　　当事人为销售产品在互联网购物平台发布含有"镇宅""招财""辟邪"等迷信内容的广告，违反了《中华人民共和国广告法》第九条第（八）项的规定。依据《中华人民共和国广告法》第五十七条第（一）项的规定，2022年2月，咸安区市场监督管理局对当事人做出行政处罚：责令停止发布违法广告，罚款1万元。

　　(2) 湖北比芯教育咨询有限公司发布违法广告案

　　当事人在其经营场所发布含有对其教育、培训的效果做出明示的保证性承诺，利用受益者的名义和形象做推荐、证明的广告，违反了《中华人民共和国广告法》第二十四条第（一）项、第（三）项的规定。2022年1月，崇阳县市场监督管理局对当事人做出行政处罚：责令停止发布违法广告，罚款0.5万元。

　　(3) 崇阳县康平药店发布未经审查药品广告案

　　当事人为促进店内产品销量，印制手提袋和台历发布未经审查的药品广告，违反了《中华人民共和国广告法》第四十六条的规定。依据《中华人民共和国广告法》第五十八条第一款第（十四）项的规定，2022 年 4 月，崇阳县市场监督管理局对当事人做出行政处罚：责令停止发布违法广告，罚款 1.5 万元。

（4）湖北合美义齿股份有限公司发布未经审查医疗器械广告案

当事人为提高产品知名度，发布未经审查的医疗器械产品广告宣传折页，违反了《中华人民共和国广告法》第四十六条的规定。依据《中华人民共和国广告法》第五十八条第一款第（十四）项的规定，2022 年 5 月，崇阳县市场监督管理局对当事人做出行政处罚：责令停止发布违法广告，罚款 1 万元。

（5）赤壁市蒲纺浩鼎养乃世家超市发布违法广告案

当事人为促进店内羊奶粉和羊初乳蛋白益生菌粉销售，在微信朋友圈和微信会员群宣传上述普通食品具有疾病预防、治疗、保健等功效，违反了《中华人民共和国食品安全法》第七十三条第一款、《中华人民共和国广告法》第十七条的规定。依据《中华人民共和国食品安全法》第一百四十条第一款、《中华人民共和国广告法》第五十八条第一款第（二）项的规定，2022 年 9 月，赤壁市市场监督管理局对当事人做出行政处罚：责令停止发布违法广告，罚款 10 万元。

（6）湖北百安医药连锁有限公司发布违法广告案

当事人为销售药品，在电商平台发布与国家药品监督管理部门批准的说明书不一致以及虚假的药品广告内容，违反了《中华人民共和国广告法》第十六条第二款和第二十八条第二款第（二）项的规定。依据《中华人民共和国广告法》第五十八条第一款第（一）项及第五十五条第一款的规定，2022 年 9 月，通城县市场监督管理局对当事人做出行政处罚：责令停止发布违法广告，罚款 0.2 万元。

（7）咸宁市银辉房地产开发有限责任公司发布违法房地产广告案

当事人为销售商铺，发布含有"投资铺""赚钱铺""升值铺""财富铺"等内容的广告，违反了《中华人民共和国广告法》第二十六条第（一）项的规定。依据《中华人民共和国广告法》第五十八条第一款第（八）项的规定，2022 年 3 月，咸安区市场监督管理局对当事人做出行政处罚：责令停止发布违法广告，罚款 1 万元。

资料来源 咸宁市市场监督管理局. 咸宁市 2022 年虚假违法广告十大典型案例 ［EB/OL］. ［2023-01-13］. http://scjg.xianning.gov.cn/tzgsgg/gs/202301/t20230113_2928982.shtml.

精析要点：商业零售企业坚持诚实信用，是确保企业高质量发展的基石，发布虚假的促销信息，是一种短视行为，既影响了企业的信誉，又扰乱了市场正常的经营秩序。作为一家有社会责任的商业零售企业，在经营过程中要坚持诚信第一、遵纪守法的底线，必须做到以下 4 个方面：

（1）严格履行法律、法规规定的各项经营者义务，恪守社会公德，诚信经营，尊重和保障消费者的合法权益，打造放心消费环境。

（2）坚守诚实底线，向消费者发布的信息真实、准确，不做虚假、引人误解的宣传，充分尊重和保障消费者的知情权、选择权、公平交易权。

（3）严格履行《中华人民共和国广告法》《中华人民共和国消费者权益保护法》等法律、法规规定的各项商品和服务售后保障义务，严守信用底线，及时解决消费争议，让广大消费者放心消费。

（4）强化自律意识，严格履行社会责任，切实做到保价格、保质量、保供应，妥善处理消费者诉求，为消费者营造安全、放心、舒心的消费环境。

【职业指南】　　　　　　促销员岗位职责及工作内容

（1）岗位职责

服务顾客，创造销售额与利润，塑造并维护公司形象。

（2）工作内容

①对照执行营业员日常行为规范、服务规范和柜台纪律，服从上级的各项工作安排，并接受上级的监督检查，认真完成部门下达的销售指标，并力争超额完成任务。

②严格遵守企业规章制度和服务规范，接待顾客使用普通话和礼貌用语，做到主动、热情、耐心、周到地接待每一位顾客。

③对本柜商品的品名、单价、规格、质地、产地、性能、使用和保管方法等要了如指掌，当好顾客参谋，掌握商品知识及销售技巧，热情回答顾客提出的各种问题，促进商品销售，介绍商品时应实事求是，不得有诋毁其他品牌的行为。

④维护柜台、货架的商品陈列，做到整洁、丰足、美观，商品的配件搭配要得体、大方，新品、主销品、畅销品等要摆放在显眼位置，对顾客造成视觉冲击，从而激起顾客的购买欲望，方便顾客挑选购买。

⑤做好柜台内外环境、商品卫生，注意个人卫生，保持仪表整洁，化妆要适度，上班时间统一着装、佩戴工号牌，始终以精神饱满的形象气质出现在顾客面前。

⑥定期将所负责的品牌样机给予更换，确保样机无磨损，样机销售后要及时予以打包并做好商品的清洁工作。同时要确保所负责品牌品种的合理库存，每月对每个品种都积极促销，力争使商品动销率达100%，避免不合理库存长期压库。

⑦实现销售后，认真、清晰地填写好送货安装服务单（确保仓库能及时准确发货），并陪同顾客到服务台登记送货、安装。

⑧认真执行牌价卡和采价要求，遵守物价管理，规范填写商品牌价卡，按要求执行采价制度。

⑨认真参加晨会、晨操，做好柜组营业前的各项准备工作。

⑩每天上班提前15分钟到柜组进行交接，交接柜组未达事项，确保各项工作顺利完成。

⑪每天营业结束后，按规定做好清场工作，与警消人员做好清场交接工作，确保商品安全。

⑫认真学习业务知识，熟练掌握操作技能，熟悉微信小程序、直播等，配合管理员做好各项工作。

资料来源　编者根据相关资料整理。

本章小结

本章主要介绍了4个部分的内容。首先，介绍了连锁门店促销的3个作用：可以提升商品销量，可以保持现有市场份额又可以打击竞争对手，可以提升顾客对连锁企业品牌的忠诚度和美誉度。在此基础上分析了连锁门店促销常用的方法。其次，介绍了连锁门店促销中常用到的POP广告，分析了POP广告的含义、作用、分类。再次，详细地阐述了连锁门店促销方案设计及实施过程：促销目标的确定、促销时间的选择、促销商品的选择、促销预算的编制、设计促销方案的实施程序、评估促销效果，其中重点阐述了促销方案的实施程序。最后，就连锁门店中越来越重要的专柜管理，介绍了专柜的含义、专柜的重要性、专柜设计的步骤。

主要概念

连锁门店促销　POP广告　连锁门店专柜

基础训练

一、选择题

1.（　　）属于连锁门店促销的作用。

A.可以提升商品销量

B.可以提升顾客对连锁企业品牌的忠诚度

C.可以提升顾客对连锁企业品牌的美誉度

D.既可以保持现有市场份额又可以打击竞争对手

2.专柜经营的重要性表现在（　　）方面。

A.适用于销售任何商品　　　　　　B.充分利用门店空间创造利润

C.延长顾客购买时间　　　　　　　D.为消费者提供更为丰富的商品

3.按POP广告的形式和使用目的可以将其分为（　　）。

A.店外POP广告　　　　　　　　B.店内POP广告

C.平面广告　　　　　　　　　　D.立体广告

4.结合连锁门店的促销目标，门店常会选用（　　）商品作为门店的促销商品。

A.节令性商品　　　　　　　　　　B.敏感性商品

C.大众性商品　　　　　　　　　　D.特殊性商品

二、判断题

1.凡是在连锁门店内外能帮助促销的广告，或其他可以提供商品相关信息的服务、指示、引导等标识，都可以称为POP广告。　　　　　　　　　　　（　　）

2.敏感性商品作为促销商品时，在定价上只要稍高于市场价格即可。　（　　）

3.连锁门店专柜就是指在连锁门店内针对某一类商品或某品牌商品集中销售的区域。　　　　　　　　　　　　　　　　　　　　　　　　　　　　　（　　）

三、简答题

1.POP广告的作用有哪些？

2.连锁门店促销方案设计的过程是什么？

3.专柜设计的步骤有哪些？

4.店内 POP 广告主要有哪些？

5.专柜经营的重要性是什么？

◢ 实践训练

【实训项目】

设计一份连锁门店促销用海报。

【实训场景设计】

模拟某连锁门店 10 周年店庆，进行商品促销活动以回馈顾客。

【实训任务】

1.能够正确运用本章知识。

2.能够在教师指导下完成海报的设计。

【实训提示】

1.由教师介绍实训背景资料。

2.班级学生分组（建议 4～5 人一组）。

3.每一组在规定的时间设计一份促销用海报。

【实训效果评价标准表】

实训效果评价标准表见表 10-3。

表 10-3　　　　　　　　　　　实训效果评价标准表

项目	比重	得分
基本能够正确运用本章理论知识	20%	
能够正确完成海报的设计工作	20%	
海报主题突出	20%	
海报设计新颖	20%	
海报有较好的视觉效果	20%	
合计	100%	

得分说明：根据学生在实训过程中的表现，分为"优秀""良好""合格""不合格""较差"，相对应得分分值为"20""16""12""8""4"，将每项得分记入得分栏，全部单项分值合计得出本实训项目总得分。得分 90～100 分为优秀；75～89 分为良好；60～74 分为合格；低于 60 分为不合格，须补考；低于 45 分（含 45 分）为较差，必须重修。

第11章

连锁门店顾客投诉和顾客关系管理

■ 学习目标

通过本章的学习，要求达到以下目标：

知识目标：了解顾客投诉的类型及其处理方式，熟悉处理顾客投诉的程序，掌握制定顾客关系管理制度。

能力目标：能够正确认识顾客投诉对门店营运管理改进的推动作用，学会应用连锁门店标准化、规范化、精细化管理，能够建立良好的顾客关系。

思政目标：确定"诚信经营、顾客至上"作为本章课程学习的思政教育主题，通过引例、拓展阅读、案例精析、职业指南等的学思践悟，帮助学生认识到妥善处理顾客投诉的重要性，树立为顾客营造安全、放心、舒心的消费环境的思想。

引例

用智慧公平秤"称量"诚信温度

2024年1月3日，一次无须人工干预的公平秤远程自动校准调试正在进行。集贸计量智慧监管平台每月实施一次远程集中校准，确保公平秤的准确性，实现从过去定点定期、人工检定模式向按需溯源自动校准模式的转变。同时，当公平秤离线、开盖、放置位置不水平以及出现异常状态时，系统将发出报警指令确保公平秤规范使用。监管人员不用去现场，全市公平秤就能统一远程自动校准，监管人员对每台公平秤的状态一目了然，让商家交易秤缺斤短两行为变得无所遁形。

陕西供销合作总社供销农场超市出入口处的公平秤前，来超市购物的顾客在离开前，习惯将东西放到公平秤上称一称，这样既方便也放心。1月3日上午10点半左右，一位老大爷走到超市的公平秤前，直接将手里攥着的2根大葱放到公平秤上，称量后离开。"这附近有一个早市，群众买了蔬菜、肉等东西，也常到这里核秤一下，心里放心。"超市工作人员说，"'称'的是大葱，'量'的却是民生。"

集贸市场公平秤是诚信计量监管的定盘星。每一台公平秤都是贴近百姓、守护百姓的民生衡器。基于远程校准的智慧公平秤，除了可以利用远程校准数据开展远程比对等质量控制活动，动态调整复校时间间隔，还可以通过大数据分析，为集贸市场和诚信计量监管提供风险预警，让监管"跑"在风险前面。每一台公平秤都有一个专属的诚信档案，通过这台秤的远程校准记录、投诉记录、核秤记录等信息，清晰准确地描摹出这台秤的"前世今生"，从而确保公平秤的"公平"，让公平秤服务百姓生活，真正"称量"出民生温度。

每一台智慧公平秤的按键区都设置了一个鲜亮的黄色按键，引人注目。过去，消费者投诉计量问题，十分不方便。现在，当公平秤显示"误差超限，可投诉"时，消费者可直接选择按黄色按键，系统后台会同步记录下本次投诉信息。同时，消费者可以直接按照提示与市场管理方取得联系，管理方第一时间来到商户处进行确认取证，快速处理消费者投诉。一方面高效保护消费者权益，另一方面从源头减少消费纠纷，有效化解监管力量不足的矛盾。

资料来源 国家市场监督管理总局. 用智慧公平秤"称量"诚信温度［EB/OL］.［2024-01-10］. http://www.samr.gov.cn/zt/ndzt/2023n/hfjs/dfdt/art/2024/art_e7657a6494c24f1eb75af5f470d738d6.html.

11.1 顾客投诉意见的主要类型及处理方式

顾客投诉既是门店经营不良的直接反映，也是改善门店销售服务十分重要的信息来源之一。最新研究数据表明，一个顾客不再去某家商店购物的原因有很多，具体见表11-1。

表 11-1 顾客不再光顾某家商店的原因

原　因	死　亡	搬　迁	兴趣转移	转向竞争者	对产品不满	对服务不满
比　例	1%	3%	5%	9%	14%	68%

从表 11-1 可以看出，82% 的顾客不再去某家商店购物的原因在于顾客对于产品和服务不满。而美国的消费研究统计的数据进一步显示：96% 的顾客不打算对产品或服务投诉，只有 4% 的顾客会投诉。96% 不投诉的顾客是以"拒绝再次光临"的方式来表达其不满的情绪，甚至会影响其所有的亲朋好友来采取一致的对抗行动。反过来说，如果顾客是以投诉来表达不满的话，至少可以给门店说明与改进的机会。通常，顾客的投诉主要包括对商品、服务、安全与环境等方面的投诉。

11.1.1　顾客投诉的主要类型

顾客对商品的投诉意见主要集中在以下几个方面：

1）对商品的投诉

（1）价格。连锁门店销售的商品大部分为非独家销售的民生消费品，顾客对这些商品价格的敏感度都相当高，因此顾客对价格的投诉在总投诉中占相当大的比重。顾客对连锁门店价格不合理的投诉，一般集中在虚假折价、虚夸标价、虚假标价、虚构原价行为等。

（2）商品质量。商品质量也是顾客投诉较集中的方面，主要包括以下几点：

①假冒伪劣商品。商品以假充真、以次充好、冒用品牌标志等。

②坏品。如商品买回去之后，发现零配件不齐全或商品有瑕疵等。

③商品品质差。顾客所购买的商品已过保质期，购买的干货类商品打开包装袋发现内部变质、出现异物、长虫，甚至有些在食用后发生腹泻及食物中毒等现象。

④商品重（数）量不足，包装破损等。

⑤商品标示不当。

（3）商品缺货。顾客对连锁门店商品缺货的投诉，一般集中于热销商品和特价商品，或是门店内没有销售而顾客想要购买的商品，这往往导致顾客空手而归。更有甚者，有些门店时常因为热销商品和特价商品卖完来不及补货，从而导致经常性缺货，致使顾客心存疑惑，有被欺骗的感觉，造成顾客对其失去信心。这样不仅流失了老顾客，而且损害了整个连锁企业的形象。

2）对服务的投诉

虽然连锁门店属于自助性服务，但顾客还是会有需要服务人员提供服务或协助的时候。顾客对服务的投诉主要集中在以下几个方面：

（1）工作人员态度不佳。例如，不理会顾客的询问要求，回答顾客的语气有不耐烦、敷衍或是出言不逊等现象。

（2）收银作业不当。收银人员货款登录错误造成多收钱、少找钱给顾客；包装作业失当，致使商品损坏；入袋不完全，遗漏顾客的商品；等候结账的时间过长，自助收银区服务引导不及时等。

（3）服务项目不足。如门店不提供送货、提货、换零钱等服务；营业时间短；缺

拓展阅读：
明码标价和
禁止价格
欺诈规定

少某些便民的免费服务；没有洗手间或洗手间条件太差等。

（4）现有服务作业不当。如顾客寄放物品遗失；寄放物品存取发生错误；自动存包机收费；抽奖或赠品发放等促销活动不公平；顾客的投诉意见未能得到及时妥善的解决等。

（5）原有服务项目取消。如百货商店取消儿童托管站，取消超级市场DM广告中特价商品的销售等。

3）对安全和环境的投诉

（1）意外事件的发生。顾客在卖场购物时，往往因为门店安全管理上的不当，造成顾客的意外伤害，而引起顾客的投诉，如顾客摔伤、被窃等。

（2）环境的影响。如门店内音响声音太大；卖场过道内包装箱和垃圾没有被及时清理，影响商品品质卫生；商品卸货时影响行人或附近车辆的出入，违反建筑物使用办法等。

☑ 互动课堂 11-1　某地市场监督管理局查处6家药店涉嫌侵害消费者权益

2020年1月26日，某地市场监督管理局接到群众举报，称本市A大药店将没有标示生产商的一次性普通口罩谎称为医用一次性口罩对外销售。经对该药店及其供货渠道调查，该药店的口罩供货商B药店从上海购进78 809个未标示厂名厂址的一次性普通口罩对外零售，并分别销售或赠送给本市另外5家药店对外销售。上述6家药店在销售标识不全的一次性普通口罩过程中均未明码标价，并对消费者进行误导，刻意隐瞒销售的是一次性普通口罩的事实，夸大宣称其为医用一次性口罩。截至案发，6家药店共销售上述口罩27 577个。

上述6家药店的行为同时违反了《中华人民共和国产品质量法》第二十七条第一款第二项、《中华人民共和国价格法》第十三条第一款、《中华人民共和国消费者权益保护法》第八条、第二十条第一款和《侵害消费者权益行为处罚办法》第六条第八项的规定。根据《中华人民共和国产品质量法》第五十四条、《中华人民共和国价格法》第四十二条、《侵害消费者权益行为处罚办法》第十四条和《中华人民共和国消费者权益保护法》第五十六条的规定，该地市场监督管理局对6家药店分别做出责令整改，并给予罚款、没收违法所得的行政处罚，合计罚没款39.9万余元。

资料来源　国家市场监督管理总局. 虚假宣传制假售假，江苏通报疫情防控期间第六批违法典型案例［EB/OL］.［2024-03-22］. http://www.samr.gov.cn/zt/jjyq/bgt/202003/t20200305_.312514.htmll.

请同学们结合资料思考：（1）门店如何保护消费者合法权益？（2）《中华人民共和国产品质量法》规定了经营者要履行哪些义务？

11.1.2　顾客投诉的处理方式

通常顾客投诉主要有电话投诉、信函投诉、直接到门店内当面投诉、企业网站平台网页客户端投诉4种方式。根据投诉方式不同，可以分别采用相应处理方式。

1）电话投诉的处理方式

电话投诉简单迅捷，是顾客常选用的投诉方式。许多企业都设有免费投诉电话。

电话投诉只能通过有限的声音了解顾客的情绪，因此处理时要小心谨慎。

首先，应注意仔细倾听顾客的投诉，站在顾客的立场分析问题，同时应用温柔的声音及耐心的话语来表达对顾客不满情绪的支持。其次，要尽量从电话中了解顾客所投诉事件的基本信息，其内容包括4W1H：who、when、where、what、how，即什么人来投诉、该投诉事件发生在什么时候和什么地方、投诉的主要内容是什么、其结果如何。最后，应将顾客的电话内容予以录音存档，尤其是顾客投诉情况较特殊或涉及纠纷的投诉事件。存档的录音一方面可以作为日后有必要确认时的证明，另一方面可以成为门店教育培训的生动教材。

2）信函投诉的处理方式

信函投诉便于记录和保存，投诉较理性，很少感情用事。门店收到顾客的投诉信时，应立即转送负责人。相关人员应立即联络顾客，告知其已收到信函，以表示出门店对于所投诉的问题极其诚恳的态度和认真解决该问题的意愿，同时与顾客保持日后的沟通和联系。

3）当面投诉的处理方式

顾客不采用电话或信函投诉，而不惜时间和精力亲自上门投诉，表明顾客的不满可能更严重，或者对投诉处理的期望值更高。对于顾客当面投诉的处理，门店应尽量迅速解决问题。在处理顾客当面投诉时，应注意以下几个问题：

（1）将投诉顾客请至会客室或卖场的办公室，以免影响其他顾客购物。

（2）创造亲切轻松的气氛，以缓解对方的紧张情绪，尽可能保持谈话明朗和态度诚恳。

（3）谨慎措辞，避免导致顾客的再次不满。

（4）严格按规定的"投诉意见处理步骤"妥善处理顾客的各项投诉。

（5）注意记住每一位提出投诉意见的顾客，当该顾客再次来店时，应以热诚的态度主动向对方打招呼。

微课：连锁门店顾客当面投诉的处理

4）企业网站平台网页客户端投诉

随着信息化的推进，越来越多的企业选择在网站平台设立客户投诉渠道，如果顾客通过网络进行投诉，相关人员应立即处理，并将处理结果在网上公布，以显示门店处理投诉的及时性和有效性，也显示门店对处理投诉的诚恳态度和认真解决该问题的意愿。

▷ 拓展阅读11-1　　　　　　　　处理抱怨八步骤

第一步：倾听抱怨而不打断。

（1）顾客愿向他人发泄不满，主要希望自己的抱怨能引起他人的注意。

（2）在你试图解决问题前，给顾客一段"大声讲"和"发泄"的时间，让其表达自己的情绪，等其安静下来便会听你讲道理。听时要显现出并告诉顾客你理解其感受，不应表现出傲慢的神情来。要让顾客感到你在用心倾听，而且听时记下了重点，待顾客说够之后，你可以总结一下问题。

（3）与顾客立场一致，善用"同情心"。这里的"同情"是指为了解决问题而对顾客感情和情绪做出的反应，即共鸣的意思，而不是慰问性质。当顾客向你抱怨时，不要有强烈的戒备心理，不要把客人的抱怨看成对个人的不满。

第二步："谢谢您！"并说明为什么。

（1）无论如何，把抱怨看成有价值的信息；显示出你真正支持顾客抱怨；使用"抱歉也高兴"的方法，因为有问题而抱歉，也因听到意见而高兴。

（2）让顾客知道你现在可以处理这个问题，并在今后加以改进。如果你没有足够的权威、技巧，必须请其他人来解决。

第三步：为造成的不便而道歉。

（1）道歉时使用"我"，而不是"我们"。

（2）为顾客遭受不方便道歉并不一定是承认有过失或有责任，即使是顾客的过失也不要责备。向顾客表示你对此事感到抱歉和关心，并承诺采取行动。

第四步：确定顾客需要什么。

（1）不要做任何假定，一旦顾客冷静下来，向其确认你听到的信息，对问题达成一致意见。询问顾客的需要并使其满意要采取什么措施。

（2）顾客如能参与问题的解决通常会更满意，这给其重新获得参与的感觉。按照对顾客有利的原则以及你能否实施的条件，来探索替代的方法和要求。

（3）没有把握时，就不要轻易承诺一定能够解决问题，顾客需要的是具体的行动而不是空头的承诺。

第五步：解决问题，并且要快。

（1）做到顾客满意的要点是：迅速公平地解决问题，反应迅速，表示真正的同情；显示出正在为及时解决问题而工作；与提供正常服务阶段相比，恢复顾客满意阶段的紧急性更重要。

（2）如果有耽搁，通知顾客并一起安排新的计划；让顾客感到有人正在尽可能快地努力把事情做好；让顾客了解工作的进程。

第六步：提供适当的增值赔偿。

（1）赔偿不是让顾客满意而必须使用的方法，赔偿可以是象征性或实际性的。

（2）赔偿是歉意的象征。赔偿要针对人和情况而定。

第七步：跟踪核实顾客满意情况。

（1）跟踪是感谢顾客的抱怨，并维系跟其做生意的另一次机会；跟踪传达了一种关心的态度，也是一个推销的机会；跟踪增强了可靠的感觉，不但有助于树立企业的信誉，而且有助于企业避免未来的风险。

（2）跟踪顾客满意情况，保留获得的重要信息记录。通过与顾客的积极联系，会使服务人员在许诺时更贴近现实，工作做得更到位。

第八步：防止未来类似的错误发生。

（1）改进工作机制，以防止未来类似的错误发生。必须找出和消除最终的原因。

（2）防止未来类似的错误发生，是对企业承诺的最终评定。

资料来源　编者根据相关资料整理。

11.1.3　建立顾客投诉意见处理系统

对于连锁企业来说，虽然顾客的投诉意见大多发生在下属的各个门店，但为了防止由于一个门店的处理不当而波及连锁企业的全系统门店，建立顾客投诉意见处理系统是十分重要的。连锁企业应当把顾客投诉意见处理系统纳入整个企业的服务系统中，既要有统一的处理规范，又要培训服务人员及有关主管人员的处理技巧。

1）顾客投诉意见处理系统的规划

顾客投诉意见处理系统具有两大功能：一是投诉意见的执行功能；二是投诉意见的管理功能。其内容见表 11-2。

表 11-2　　　　　　　　　　　　　顾客投诉意见处理系统的两大功能

执行功能	管理功能
受理顾客的投诉意见	流程控制
时间的记录与分类	门店立即处理的事件
了解事实 解决问题 处理事件的过程 顾客回应 事后追踪 呈报	由总部处理的事件追踪
	记录存档
	资料存档
	统计与分析资料
	评估
	建议
	责任规划
店长和总部的相关部门	奖惩
	政策的制定及执行
记录的传送	公布

连锁企业应该对顾客投诉意见处理系统进行系统的规划，主要应做好以下工作：

（1）建立受理顾客投诉意见的通道，如投诉电话、投诉柜、意见箱、投诉电子邮箱等。

（2）制定处理顾客各类投诉的准则。

（3）明确各类人员处理顾客投诉意见的权限及变通范围。

（4）必须将投诉事件进行档案化管理，并由专人负责整理、归纳、分析和评估。

（5）经常通过教育与训练，不断提高门店服务人员处理顾客投诉意见的能力。

（6）要对所有顾客投诉事件及时通报，并对有关责任人员做出相应的处理。

2）顾客投诉意见处理系统的权责处理层次划分

连锁企业对顾客投诉意见处理系统进行系统规划后，就必须根据该系统的每一项功能来划分投诉意见处理的权责层次，以及每一层次所拥有的处理权限。就一般连锁企业的组织形态而言，顾客投诉意见处理系统的权责处理一般分为 3 个层次。

（1）基层服务人员或部门管理人员。在连锁企业门店的每一位服务人员都有可能接触到顾客的投诉意见，尤其是服务台的工作人员，其本身就负有受理顾客投诉意见的职能。因此，连锁企业在事前都会明确基层服务人员或部门管理人员的任务，并授予其处理顾客投诉意见的具体权限，让门店现场直接发挥顾客投诉意见处理系统的执行功能。如果所有的小事都要逐一向店长汇报同意后才能够处理的话，必定会进一步引发顾客的不满情绪，从处理事情本身的时间成本也是非常不经济的。

　　因此，对门店的商品缺货、通道不畅、价格标签错误、单纯的收银错误等可以立即处理的事件，或者是顾客附带的小的建设性意见，可由基层服务人员或部门管理人员根据连锁企业总部的既定政策，以及个人的经验与判断当场做出处理，给予消费者比较满意的答复，并做好相应的记录，事后及时向店长汇报。

　　（2）门店店长（或副店长）。门店店长在顾客投诉意见处理的权责上，除了负有执行功能外，还有管理功能。

　　就执行功能而言，对一些并非只涉及单纯的商品赔偿的事件，基层服务人员与部门管理人员在权限上往往无法处理，必须立即转给店长，由店长亲自处理，以免因处理不当再次发生顾客投诉。店长不在时，则由副店长代为负责处理顾客投诉。门店店长除了具有一定的处理权限外，对顾客的投诉意见处理还有管理功能。店长要负责将投诉意见及时汇总上报，并参与投诉事件责任确定、作业与管理具体改进措施的建议等投诉管理处理工作。

　　（3）连锁企业总部专职部门经理。在顾客投诉意见处理系统中，对属于决策性质的管理，如投诉事件的整理分析、评估、建议，重大事件的追踪，处理政策拟定和具体奖惩条例的公布等，都应由连锁企业总部专职部门经理负责。对于一些具有较大社会影响的投诉事件，甚至需要由连锁企业总经理亲自处理，如门店的重大意外事故、食物中毒及由消费者协会转来的投诉事件等。

　　连锁企业在规划顾客投诉意见处理系统的权责层次时，应尽量将层级缩减，避免因门店的层层汇报而降低处理的效率，或增加处理成本。各层级在处理顾客投诉意见时，都必须依照总部所制定的投诉处理原则操作，对于无法处理的投诉事件，必须在事态扩大之前，迅速将事件移交至上一层权责单位处理。

▶ 拓展阅读11-2　　深圳市消委会携手百度消费信用建设"爱企查"秒查消费评价指数

　　近日，深圳市消费者委员会（以下简称消委会）与百度公司达成战略合作，深圳市消委会消费评价指数正式接入百度"爱企查"平台，消费者通过百度"爱企查"查询企业信息时可以"秒查"深圳地区企业的消费评价指数。

　　消费评价指数是反映经营者对消费者诚意度和消费者对经营者满意度的综合评价指数。该指数采用10分制计分方式，核心指标数据由经营者处理消费者投诉的相关指标数据构成，8分以上为良好商家。经营者每一宗投诉的处理结果均会对指数分数产生影响，指数分数高就意味着经营者面对消费者投诉时有更高的诚意度、消费者对该经营者有更高的满意度。此外，经营者成立年限长短、是否建立投诉处理渠道、是否存在严重侵害消费者合法权益行为、是否遵守更高标准等均会对指数分数高低产生影响。目前，消费评价指数已覆盖8.8万家深圳企业，并实现随时随地手机查询、行业排行榜常态化公布，成为消费者消费选择的重要参考，成为消费维权与社会监督的有力抓手。

　　此前，深圳市消委会消费评价指数已经与深圳市政府政务服务平台"i深圳"和深圳市公共信用中心"深圳信用网"建立数据互通。本次与百度"爱企查"的合作，也是深圳市消委会首次与第三方企业信息查询平台合作，为消费者提供快速查询企业信用信息的渠道。未来，深圳市消委会消费评价指数将覆盖更多消费相关企业，使每个企业都获得属于自己的指数"身份证"，更有效地发挥消费评价指数对消费者的消费指引作用以及对商品和服务的监督作用，"凝聚你我力量，让消费更温暖"，共同建设放心、舒心、安心的消费环境。

资料来源　中国消费者协会. 深圳市消委会携手百度消费信用建设"爱企查"秒查消费评价指数［EB/OL］．［2024-01-03］. https：//www.cca.org.cn/Detail?catalogId=496365175185477&content-Type=article&contentId=500038261997637．

11.2　顾客投诉意见的处理程序

相关研究表明，争取一位新顾客的花费是保住一位老顾客所花成本的 5～6 倍，因此门店一定要重视并处理好顾客投诉。连锁企业门店不论是基层服务人员、管理人员还是总部负责顾客服务的专职人员，在接受顾客投诉意见时，都应认真对待。顾客投诉意见处理的基本原则是：妥善处理每一位顾客的不满与投诉，并且在情绪上使之觉得受到尊重。在处理顾客投诉意见时应遵循一定程序。

1）保持冷静

（1）就事论事，对事不对人。当顾客对连锁企业门店的工作人员表达不满和抱怨时，在言语和态度上往往带有一定的情绪，甚至有非理性的行为。这很容易使接待或处理顾客抱怨的工作人员觉得顾客是在指责他个人。在情绪感染下，工作人员也很容易被激怒，从而采取防卫的行为和态度，甚至不愿意面对和处理顾客的抱怨。

事实上，这是一种最不好的处理方式，因为这样做只会导致更多的情绪反应和紧张气氛。其实，顾客的抱怨并非对个别的服务人员，工作人员采取正面的应对态度往往可以让对方产生正面的反应，很多事情并不需要用冲突的方式来解决。因此，为了缓解顾客的激动情绪，可以客观地面对问题，工作人员一开始最好是平心静气地保持沉默，用友善的态度请顾客说明事情的原委。

（2）充满自信，充分认识自己的角色。每一位处理顾客抱怨的工作人员都身兼连锁企业门店及顾客代表的双重身份，不仅门店要通过工作人员处理各种抱怨以满足顾客的需要，为企业带来营业上的利润，顾客也要通过工作人员来表达自己的意见和维护自己的消费权益。因此，门店的工作人员除了要自觉认识自己的角色外，必须以自信的态度面对顾客的抱怨，让企业和顾客双方都得到最大的利益，而不是以回避的方式来忽略自己的重要性。

2）有效倾听

一般情况下，顾客对门店有意见前来投诉时，其情绪都是比较激动的，甚至是非常激动的，接待人员应保持平静的心态，善意接待。

所谓有效倾听，是指诚恳地倾听顾客的诉说，并表示完全相信顾客所说的一切，要让顾客先发泄完不满的情绪、心情得到平静，然后倾听顾客不满发生的细节，确认问题所在。

　　不论是什么样的抱怨，都不要试图马上辩解，应让顾客把话说完，顾客会因满足感而感到安慰。最不好的情况就是试图马上辩解，这样只会刺激顾客的情绪，最容易引起顾客的反感。同时，在倾听过程中，千万不能让顾客有被质问的感觉，遇到不明白的地方，应以婉转的方式请顾客说明情况，例如"很抱歉，刚才有一个地方我还不是很明白，您能否……"并且在顾客说明时投以眼神，不时地点头或以"我懂了"来表示对问题的了解。

3）运用同情心

　　在顾客将事情原委全部诉说清楚后，应用同情心来回应对方。也就是站在顾客的立场，为顾客着想，扮演顾客的支持者，并且让顾客知道工作人员了解整个事情对其产生的影响。例如，当顾客抱怨做菜时才发现肉不新鲜时，可以回答对方"我知道那种感觉一定不舒服"。

4）表示道歉

　　不论引起顾客抱怨的责任是否在于连锁企业门店，如果能够诚心地向顾客道歉，并感谢顾客提出问题，都会让顾客觉得自己受到了尊重。事实上，从连锁企业门店的立场来说，如果没有顾客提出抱怨，其从业人员就不知道在营业上还有哪些地方有待改进。一般来说，顾客愿意向连锁企业门店提出抱怨，说明其愿意继续光临，并且希望这些问题能够得到解决。因此，任何一位提出抱怨的顾客，都值得连锁企业门店向其表示道歉和感谢。

5）提出解决方案

　　对所有的顾客投诉意见都应有处理意见，都必须向对方提出解决问题的方案。在提出解决方案时，必须考虑以下几点：

　　（1）连锁企业既定的顾客投诉意见处理规定。一般连锁企业对于顾客的投诉意见都有一定的处理规定。门店在提出解决顾客投诉方案时，应事先考虑连锁企业的方针以及顾客投诉意见的有关处理规定，要迅速但不能轻率地承担责任。参照连锁企业的既定方针，有些问题只要按照既定的办法即可立即解决（例如门店商品退换货的处理等）；至于无法按照既定的办法解决的问题，就必须结合连锁企业的原则做出弹性处理，提出双方都满意的解决方案。

　　（2）提出先例。处理顾客投诉最重要的事情之一，就是要让每一个投诉事件的处理质量具有一致性。对于同一类型的顾客投诉意见，如果因为处理人员的不同而有不同的态度和做法，就会让顾客丧失对企业的信赖与信心。因此，处理负责人在处理顾客投诉时要注意适当地利用先例，与以前类似的顾客投诉事件相比，了解是否有共同点，参照该投诉事件的解决方案，即处理同类抱怨问题的方式基本保持一致。而对于门店来说，能坚持以公平一致的态度对待所有顾客的投诉，也能提高门店对顾客投诉意见的处理效率。

　　（3）让顾客同意提出的解决方案。处理人员提出任何解决方案，都必须亲切诚恳地与顾客沟通，以期获得顾客的同意，否则顾客的情绪还是无法平复。如果顾客对解决方案仍然不满意，就必须进一步了解对方的需求，以便进行修正。有一点是相当重要的，即对顾客提出解决方案的同时，接待和处理人员必须尽力让顾客了解，他们对解决这个问题所付出的诚心与努力。

6）执行解决方案

当双方都认可解决方案之后，就必须立刻执行。如果在自己的权限之内，则应迅速利落，务必圆满解决；如果不能当场解决，或是自己无权单独决定时，则应明确告诉顾客事情的原因、处理的过程和手续，并告诉顾客处理时间的长短、经办人员的姓名，同时请顾客留下联络方式，以便事后追踪。

在顾客等候处理结果的期间，处理人员应随时跟踪抱怨的处理过程，遇到变动必须立即通知顾客，直到事情全部处理完毕为止。对移交给其他部门处理的顾客投诉，工作人员必须了解事情的进展情况，定时追踪，以便顾客询问时能迅速准确地回答。

7）分析结果

（1）分析处理的得失。对于每次顾客投诉的处理，都必须做好完整的书面记录并存档，以便日后查询和定期分析投诉处理的得失。一旦发现某些投诉经常发生，就必须追查问题的根源，以改进现有作业或是明确规定处理办法。

对于偶发性投诉及对特殊情况的投诉，连锁企业门店也应明确制定处理政策，以作为工作人员遇到类似事件的处理依据。

（2）对店内人员进行宣传、督导，防止日后再发生。所有的顾客投诉事件都应通过固定的渠道（如例行早会、公告栏或内部刊物等）在店内或总公司所属的各分部进行宣传、督导，让工作人员能够迅速消除造成顾客投诉的各种因素，并了解处理投诉事件时应避免的不良影响，以防止类似事件再次发生。

表11-3是某连锁门店顾客投诉意见处理记录表。

表11-3　　　　　　　　　某连锁门店顾客投诉意见处理记录表

顾客姓名		受理日期	
地　　址		发生日期	
联系电话		最后联系日期	
投诉项目		结束日期	
发生地点		投诉方式	
投诉事件经过：			
处理原则依据：			
事件处理经过：			
事件处理结果：			
处理人员： 经　　理：			
意见备注：			

11.3 建立顾客关系管理制度

建立顾客关系管理制度的目的是形成以顾客为中心的营销机制，从而达到吸引顾客、留住顾客，并且与顾客建立长期稳定关系。在企业参与市场竞争的资源中，顾客资源是至关重要的，顾客资源的有效管理与维护应是整个企业的事情，是企业健康发展的前提。顾客关系是连锁门店与顾客之间的外部公共关系，是连锁门店赖以生存和发展的土壤。顾客关系的处理将直接关系到连锁门店的命运，连锁门店通常可从以下几个方面来建立顾客关系管理制度。

1）顾客档案管理

首先建立统一共享的顾客数据库，共享的顾客数据库可以把销售、市场和客户服务等连接起来。顾客档案管理的内容主要包括：

（1）顾客的基本信息。姓名、职务、生日、婚姻家庭情况、兴趣爱好、关系等级、地址、电话号码等，这些资料是顾客关系管理的起点和基础。

（2）顾客的需求。搜集顾客需求、购买记录、服务记录、顾客关系状况等动态信息，在此基础上进行客户状况分析。

2）顾客意见访问

连锁门店可以设置网站、意见箱等，对本连锁门店的消费者以及商圈内的潜在消费者进行问卷调查，征询消费者的意见，并给予回复；对提供意见者要给予奖励，每月抽奖并公布姓名，以鼓励这些参与者。门店还可以由店长出面邀请商圈内经常购物的消费者（或公开召集热心提供意见的顾客）担任连锁门店商圈顾问团的成员，并由店长担任召集人，定期举行咨询会议，了解顾客的需求和意见。

3）以特定的方式向消费者提供日常生活信息

如在卖场内特定商品的前方制作POP广告，说明商品特色、用途或使用方法；在服务台免费派送消费信息印刷品；也可以利用门店设置的固定公告栏向消费者提供日常生活信息。

4）举办公益活动

发起社会公益慈善活动，如献血，救济商圈内的特困学生、老人等；赞助当地消防队救火器材、当地学校等；认养动物、树木等；根据门店消费者资料卡上的信息，适时向消费者寄发生日卡、节庆贺卡等，代表门店向其表示祝贺。

【案例精析】　　　　重视和掌握处理顾客纠纷的要点

唐先生在"饿了么"外卖平台上的一家水果店里订购了一个价值189元的榴莲，可送到的榴莲与其下单购买的品种不一样，唐先生联系商家要求退货，协商无果，只好拨打投诉热线。

受理投诉后，该市的市场监督管理局、市消保委工作人员（以下简称消保工作人员）立即展开调查。经联系唐先生得知，其在外卖平台订购的是"越南干尧"榴莲，而外卖小哥送上门的明显不是这个品种，唐先生认为该商家欺骗消费者，要求退一赔三。于是，消保工作人员赶往商家实体店进行核实，经现场查看，店内无"越南干尧"榴莲，仅有"泰国金枕头"榴莲。商家也承认了在其外卖平台页面上确实有"越南干尧"榴莲可选购，但店内缺货没有进行及时下架，当天唐先生下单后也没有与其进行及时沟通，直接派送了"泰国金枕头"榴莲。

鉴于此，消保工作人员向商家讲解了《中华人民共和国消费者权益保护法》的相关条款，商家也意识到了自己的行为损害了消费者的利益，同意做退一赔三处理。因唐先生已食用部分榴莲，最终，由商家一次性赔偿唐先生700元现金，唐先生对该结果表示满意。

资料来源　中国消费者协会. 网购榴莲品种不符 消费者获赔 700 元［EB/OL］.［2024-01-03］. https://www.cca.org.cn/#/Detail?catalogId=496363743973445&contentType=article&contentId=500032688672837.

精析要点：（1）在日常经营过程中，商家往往会因一时的疏忽大意导致消费者的利益受损。遇到此类情况，商家考虑的应该是如何及时补救，尽力挽回不良影响，而不是抱有侥幸心理，明知不可为而为之。

本例中，根据《中华人民共和国消费者权益保护法》第二十条第一款："经营者向消费者提供有关商品或者服务的质量、性能、用途、有效期限等信息，应当真实、全面，不得作虚假或者引人误解的宣传。"第五十五条："经营者提供商品或者服务有欺诈行为的，应当按照消费者的要求增加赔偿其受到的损失，增加赔偿的金额为消费者购买商品的价款或者接受服务的费用的三倍……"商家的行为，从一开始不及时下架缺货商品的失误到消费者下单后明知缺货而不及时告知，再到直接派送与订单不符的商品，已涉嫌消费欺诈。因此，对于唐先生退一赔三的主张应当依法予以支持。

（2）在处理顾客纠纷的时候，有时会因为员工的态度不端正、处理不及时、处理无方等而导致严重后果。掌握处理顾客纠纷的方法至关重要，应注意以下要点：要点一，接待要快，处理要慢，满足顾客的第一需求；要点二，不在卖场处理顾客异议和纠纷；要点三，遵循当事人、新员工回避原则；要点四，认同顾客的说法，多听顾客倾诉不满情绪，找到和顾客的共同点；要点五，及时道歉，但不轻易代表公司做出实质性承诺；要点六，找到解决事情的方法和补救措施，不能当场解决的答复处理期限；要点七，给顾客超出预期的处理结果。

【职业指南】　　　　　　　　**投诉抱怨处理技巧**

在卖场运营中，处理顾客投诉抱怨是服务人员的一项重要工作，如何平息顾客的不满情绪，使被激怒的顾客"转怒为喜"，是企业提高顾客忠诚度的重要手段。在应对顾客投诉抱怨时，可以采用"令顾客心情晴朗"的方法——"clear"方法，具体包括以下内容：

C（control）——控制你的情绪。

L（listen）——倾听顾客诉说。

E（establish）——建立与顾客共鸣的局面。

A（apologize）——对顾客的投诉抱怨表示歉意。

R（resolve）——提出应急和预见性的方案。

资料来源　编者根据相关资料整理。

本章小结

顾客服务管理是企业在经营中的一个重要环节。本章重点讲述了顾客投诉的类型及处理办法、如何建立顾客投诉意见处理系统、顾客投诉意见的处理程序以及如何建立顾客关系管理制度，使学生初步掌握有关如何处理顾客投诉方面的内容。

主要概念

电话投诉　信函投诉　当面投诉　顾客投诉意见处理系统　顾客关系管理制度

基础训练

一、选择题

1.如果一个顾客不再去某家商店购物，可能性最大的原因是（　　　）。

A.兴趣转移　　　　　　　　　　B.对产品不满

C.对服务不满　　　　　　　　　D.搬迁

2.门店不提供送货、提货、换零钱等服务，应属于（　　　）。

A.服务项目不足　　　　　　　　B.现有服务作业不当

C.原有服务项目取消　　　　　　D.收银作业不当

3.顾客投诉的方式有（　　　）。

A.电话投诉　　　　B.信函投诉　　　　C.当面投诉　　　　D.短信投诉

二、判断题

1.顾客因买到坏品而投诉，属于对商品质量的投诉。　　　　　　　　（　　　）

2.顾客投诉意见处理系统的权责处理一般分为3个层次。　　　　　　（　　　）

3.在处理顾客投诉时，首先应有效倾听。　　　　　　　　　　　　　（　　　）

三、简答题

1.顾客对商品的投诉主要集中在哪些方面？

2.顾客对服务的投诉主要集中在哪些方面？

3.顾客对安全和环境的投诉主要集中在哪些方面？

4.顾客投诉的处理方式有哪些？

5.处理顾客抱怨的8个步骤分别是什么？

6.如何建立顾客关系管理制度？

7.顾客投诉意见的处理程序是什么？

实践训练

【实训项目】

对顾客投诉意见进行处理。

【实训场景设计】

情景模拟：7月的某一天，在惠州人人乐购物广场，顾客华某购买了一台价值1 100元的双盘式煤气灶。不久后的某日，华某母亲在厨房做饭时煤气灶爆炸，炉具表面的玻璃钢全部炸裂，喷出的火焰不仅烧伤了华某母亲的头发、面部，而且造成其全身多处大面积烧伤（当时是夏天，华某母亲身穿遇火易燃的薄丝面料衣服）。事故发生后，华某马上把母亲送进医院，并让家人用照相机、摄像机对事故现场进行了拍摄，随后华某打电话到商场顾客服务中心投诉，要求商场对事故的发生给出合理解释并对伤者予以 20 万元的经济赔偿。遇到这种情况，该商场应该如何处理？

【实训任务】

针对顾客对商品、服务和安全性等方面的投诉案例进行处理，掌握顾客投诉的处理程序，并进行详细记录。

【实训提示】

面对这一突发顾客投诉事件的处理，惠州人人乐购物广场负责此事件的处理人在紧急的情况下进行了迅速而冷静的处理，具体步骤如下：

1. 接到顾客投诉电话后保持冷静，先聆听事情的经过，倾听完毕马上打电话通知厂家与商场相关负责人去医院探望伤者，做好伤者家属的安抚工作，避免事情传播扩大而造成负面影响。

2. 待伤者家属情绪稍平稳后，请伤者家属出示在商场购买该商品的电脑小票及销售小票，核实确认伤者使用的产品确系商场出售的商品。

3. 迅速通知当地权威质量检查部门和厂家技术部门去事故现场进行实地鉴定，了解事发原因，由权威部门出具有效的质检报告，明确事故的责任人。

4. 在医院探望伤者的过程中听取（伤者）事故现场目击者对事故发生的详细讲解并及时做好记录，记录完毕后请伤者家属确认并亲自签字。

5. 及时听取质量检查部门的现场鉴定反馈，对事故原因的调查迅速进行了解，并让质量检查部门在现场检测后出具有效的质检报告，明确事故责任方。

6. 根据事情的轻重缓急，与厂家协商达成共识给予消费者一定的慰问金。

【实训效果评价标准表】

"顾客投诉处理"实训项目评价表见表 11-4。

表 11-4　　　　　　　　　"顾客投诉处理"实训项目评价表

项　目	表现描述	得　分
处理程序		
举止态度		
待客用语		
作业纪律		
细节处理		
合　计		

得分说明：根据学生在实训过程中的表现，分为"优秀""良好""合格""不合格""较差"，相对应得分分值为"20""16""12""8""4"，将每项得分记入得分栏，全部单项分值合计得出本实训项目总分。得分 90～100 分为优秀；75～89 分为良好；60～74 分为合格；低于 60 分为不合格，须补考；低于 45 分（含 45 分）为较差，必须重修。

第12章

连锁门店防损和安全管理

■ 学习目标

通过本章的学习，要求达到以下目标：

知识目标：了解门店经营中损耗产生的原因及门店安全管理的重要性，熟悉门店安全管理的内容及系统的解决方案，系统掌握门店防损和安全事务管理。

能力目标：能够明确连锁门店营运管理的防损和安全意义，掌握损耗的防范方法和措施，学会制订门店安全应急预案，能够合理处理门店突发事件。

思政目标：确定"门店安全无小事"作为本章课程学习的思政教育主题，通过引例、拓展阅读、案例精析、职业指南等的学思践悟，帮助学生树立企业安全责任意识，认识到严格落实国家市场监督管理的有关法律、法规、公告等要求是保障人民消费安全的重要途径，培养学生作为一名零售人的自律性和责任感。

引例

永辉超市开展食品安全风险专项治理

永辉超市召开全公司食品安全风险管理专项会议，并在公司内部下发《关于开展食品安全风险专项治理的通知》，将对食品安全制度及流程进行全方位核查，完善公司管理体系建设。

为强化食品安全治理体系，践行公司经营使命，永辉超市成立食品安全治理领导小组，各省区成立专项食品安全工作小组，省区、采购端、营运端联动，强化组织治理，厘清职责，责任层层落实。永辉超市严格贯彻落实国家食品安全法律、法规，优化公司食品安全管理制度，加强日常检查及定期考核管理。

永辉超市此次食品安全风险专项治理行动主要包括以下五大举措：一是平台、省区供应链全面盘点抽检不合格的风险供应商、商品，追究源头供应商及相关责任人；二是严格落实合规管理，重新强化采购进货查验供货商的合法资质证明及索证索票资料的制度；三是严控食品安全检测管理，加强源头—物流—门店检测追溯，加强上游供应链管理，对商品尤其是生鲜产品全面提高检测覆盖率，提高部门责任意识，严格落实采购检测前置，凡是检测不达标准的商品一律不得采购；四是加强对供应商引入食品安全综合评估，包括生产环境、生产工艺、管理体系、风控机制等，开展食品安全验厂评估及飞行检查；五是与国内外权威食品安全检测管理机构合作，如SGS通标、中检、方圆、华测等机构，开展食品安全深入合作，从公司质量体系管理、合作供应商验收评估审核、商品检验检测验证、风险管理方案咨询等方面开展全方位的协作。

"民生超市、百姓永辉"是永辉超市二十多年经营积累的口碑，也是公司立足的根本。永辉将积极承担行业责任和社会责任，接受社会监督，强化企业经营管理，完善公司管理体系建设，更好地履行企业社会责任。

资料来源　CCFA. 永辉超市成立食品安全治理领导小组［EB/OL］.［2024-04-29］. http：//www.ccfa.org.cn/portal/cn/xiangxi.jsp?id=442574&ks=%E5%AE%89%E5%85%A8&type=2.

12.1　连锁门店损耗产生及控制

狭义的损耗是指门店中商品价值的损失。广义的损耗则指店面财物的损失，包括事故损耗、账面损耗、商品损耗、店内自用品损耗等。门店在进行损耗管理的过程中不仅要关注门店所经营商品因人为不当或因商品报废所产生的损失，还应当关注那些看不见的损失（比如门店打印纸的过量使用），当然也包括商品售出后由于品质等原因被顾客退换回来但不能退回厂商等的损失。损耗是不可避免的，但是门店可以通过管理措施将其控制在正常或较低的范围之内。

12.1.1　门店损耗产生的原因

1）作业损耗

（1）订货损耗。

①订货过程中的品牌错误、品项错误、规格错误、数量错误、重量错误、品质错误、有效期限错误等，如订货量过大，导致商品滞销、变质、超过保质期。

②自行采购商品损耗，如用现金采购的自采商品未经过正常的验收手续。

（2）收货损耗。

①商品品名、数量、重量、价格、保质期、品质、等级、规格、包装、单位、质量与标准或订单不符；发票金额与验收金额不符，未验收或未入库。

②赠品、折扣与合同不符。

③供应商的欺诈行为，如厂商套号，以低价商品冒充高价商品。

④员工与供应商勾结导致损耗。

⑤未严格按收货标准验货，含有水分。

⑥送货不及时，收货时间过长，导致商品"鲜度"降低。

⑦对厂商管理不严，出入时厂商带走商品。

⑧没有安全操作叉车等设备，损坏商品。

⑨漏记进货账款或重复登记进货，收货数据录入错误。

⑩入库商品条码贴错。

（3）转移损耗。

①搬运工具使用不当，造成包装或商品破损。

②员工未按要求或商品特性搬运商品，造成商品破损，无法正常销售。

③顾客拿放商品不当损坏商品。

④内部转货单据与实际不符，店铺间移出手续不完备。

⑤部门与部门之间移库，账务处理不当。

⑥自用商品未如实填报或未列入费用明细。

（4）储存损耗。

①库存环境不符合要求，比如储存冷库的温度不正确、仓储湿度过高或鼠虫等侵害致使商品受到损坏。

②储存的方式不正确，导致商品损坏。

③交叉感染或串味。

④未遵循先进先出原则。

⑤库管员工未尽到对商品的维护职责或未能按规定核查商品，导致商品储存时间过长而过期、变质。

⑥冷藏冷冻设备损坏或因机器设备发生故障，致使商品腐烂、废弃。

（5）商品管理损耗。

①陈列的损耗：商品的自然腐烂变质；商品的陈列方式不对，导致损耗；陈列的冷柜温度不正确，导致商品变质；顾客挑拣造成的损耗。

②理货的损耗：未能正确处理商品而导致商品受损；散货未及时清理而损耗（如面包、蔬菜、冷冻食品、鲜活品）；商品未按先进先出的原则销售，导致商品过期。

（6）商品销售损耗。

①商品标价错误，POP广告内容不清楚或错误，顾客要求以较低价购买。

②商品磅秤故障，显示重量比实际低。

③商品在销售过程中受到污染。

④管理者对兑换券作业流程未尽督导责任，兑换券有效期已过，致使无法向厂商兑换。

（7）收银损耗。

①每日的收银现金差异（收银员错误收款、假钞等）。

②遗漏商品扫描或收款。

③收银员损坏商品。

④收银排队导致顾客未能付款，无零钞找补导致顾客不能付款等。

（8）退换货损耗。

①节庆商品逾期未售完，例如灯笼因年节已过无法售出。

②国外进口商品，如进口牛肉等，因无法退货产生废弃损耗。

③接受不该接受的顾客退货又不能原价售出。

④由于自有品牌自产自销无法退货而产生废弃。

⑤顾客或员工因疏忽毁损商品却无法退给供应商。

⑥客服人员利用退货、换货等手段盗窃公司钱款。

⑦坏品未登记、未确定数额致使未能及时办理退货。

（9）盘点损耗。

①点数不准，漏点、误点实物库存等。

②数据抄写、录入错误。

③盘点的价格错误、计算错误。

（10）加工损耗。

①对原材料未能进行深加工，未能有效利用。

②配方操作未能实现标准化作业，导致损耗。

③加工技术不当，口味变差，难以销售。

④加工过程因卫生原因，污染食品。

⑤包装、耗材浪费严重。

⑥生产不合理。

❯拓展阅读12-1　永辉超市以数据驱动商品及供应商决策

在2023年"加快数字中国建设，推进中国式现代化"为主题的第六届数字中国建设峰会上，永辉超市首次对外发布阳光供应链准则，并表示，未来将向构建稳定、柔性、透明的阳光供应链的目标持续推进。

以科技赋能供应链，以数字化驱动业务增长，构建食品溯源和流通管理体系，保障食品安全，是"科技永辉"战略发布以来，永辉超市不断努力的方向。

伴随数字化成果的初步落地，永辉超市在此会期间首次对外公开了供应链数字化、物流数字化、门店数字化及到家业务四个核心环节的数字化进展。

其中，在供应链数字化展区，永辉超市通过视频及产品溯源码，向观众展现了如何在"一盘货""一个系统"的主线引领下，通过商品数字化、供应商数字化、采购员数字化三个关键环节入手，构建一条连接源头直采基地与消费者终端之间的数字化供应链。

物流数字化一直是永辉超市供应链的强势护城河。此次永辉超市除了面向公众展示常温物流、定温物流，以及食品安全实验室"三位一体"的物流保障体系，也首次展示永辉物流仓的数字化工作流程。

门店数字化也是此次永辉超市数字化展台的亮点。作为永辉超市自主研发的全链路零售数字化系统，YHDOS是永辉超市打造数字化能力的基石。在展区，观众能够通过成果展示视频，更清晰地了解该系统如何通过融合全渠道采销协同、运营、财务，打通线上、线下员工操作系统，帮助一线员工实现更高效的工作。

在到家业务的互动展区，永辉超市搭建了小型"虚拟仓"，用户可以在该展台扫码、下单，通过仓内的履约数字屏，更切实地感受数字化带给零售行业的升级迭代。

资料来源　苏打．永辉超市发布阳光供应链准则，以数据驱动商品及供应商决策［EB/OL］．［2024-04-21］．https：//new.qq.com/rain/a/20230427A01QQM00.

2）偷窃损耗

（1）顾客偷窃。

①顾客利用衣服、提包等藏匿商品，不付账将商品带出超市。

②顾客更换商品包装，用低价购买高价的商品。

③顾客在大包装商品中，藏匿其他小包装商品。

④顾客未付款，白吃超市中的商品。

⑤顾客撕毁商品的标签或更换标签，以达到少付款的目的。

⑥顾客与店员相互勾结进行盗窃。

⑦盗窃团伙的集体盗窃。

（2）员工偷窃。

①员工管理不当：员工偷吃、偷用店内商品；将商品售价标低卖给亲朋好友；兑换券未如实呈报，而且作业人员窃取私用；直接偷窃公司的商品、赠品、用品或直接偷窃公司同事的私人财物。

②专柜人员管理不当：专柜人员利用身份偷吃偷窃，掩护其他人偷吃偷窃。

③收银人员管理不当：利用收银机退货键或立即更正键取消登打金额，乘机抽取现金；遇到熟人，故意漏扫其中的部分商品或私自按较低价格进行充抵。

（3）供应商偷窃。

①由供应商派驻超市的促销人员，因偷盗而引起的处罚同"内盗"一样。

②将已经收货完毕的商品，重新按未收货点数。

③利用收货员的疏忽，趁机偷窃商场的商品。

④随同退换货夹带正常商品出店。

⑤与门店员工勾结实施偷窃。

3）变价损耗

变价损耗主要是指进行竞争促销时为吸引来客而降低商品售价带来的降价损耗。

（1）固定促销变价：如月特卖品、定期特价活动、周年庆、开幕庆等。

（2）临时促销变价：为应对竞争而临时降价或生鲜食品因各种原因降价出清存货。

（3）厂商调降市面零售价，存货因而产生降价损耗。

（4）快过期商品促销变价：因商品在食用期限或使用期限内时间超过2/3，为求销量增加设立特价区而降低售价。

（5）为消耗量大的库存商品变价：在月底或新年将近时，为降低库存所进行的促销变价。

（6）部分促销商品在促销期结束后未能及时变更回原价，因顾客要求以促销价购买而产生的零售损耗。

4）意外损耗

（1）自然意外事件，如火灾、水灾、地震、台风等。

（2）人为意外事件，如抢劫、夜间盗窃、诈骗等。

12.1.2 门店防损措施

1）运营作业过程中的损耗防范

（1）订货作业管理。

①订货前，要切实检查卖场及后场存货状况。

②订货时，要注意天气、商品是否有促销活动及竞争店情况等。

③历史订货资料保管与参考。

（2）进货作业管理。

①进场管理：供应商送货务必出示订货单，并将商品一一陈列整齐，由验收人员逐一核对；验收人员检验时务必要拆箱核对，查看是否与订货商品一致，尤其有拆箱痕迹的更需要检查；验收人员检验时，对于在保质期限内时间超过1/3或有凹罐的商品，不得收货；商品验收无误后，应立即移至暂存区或卖场，以避免与未验收商品混淆。

②供应商出入管理：供应商进入门店时务必先持证登记，佩挂厂商名牌，离去时经检查后再交回识别证；供应商从现场或后场更换坏品时，须有退货单或先向后场登记换货单，且经部门主管签字确认后，方可准予放行；供应商的车辆欲离去时，要经门店人员检查无误后方可离开。

③商品出入管理：店与店移库时要准确填写移库单，填明商品代号、品名、规格、数量、单价等资料，便于会计部门做账，避免混淆；移库时须先报店长同意，并且事先与其他店沟通后，方可进行移库；商品移出时程序须与进货、退货相同，要由验收人员确认验收后，才算完成手续。

④员工出入管理：员工上下班时，须由规定的出入口出入；员工下班离开门店时，一律要主动打开手提袋、背包等，由警卫或验收人员检查，店长也不例外；员工在店内购物后，须主动出示发票确认；员工手提袋、背包等不得带入作业场或卖场，须暂存于员工休息区的衣物柜内。

（3）收银作业管理。

①收银员安全管理：收银员每天轮换不同收银台，避免舞弊发生；新进收银员上机时，务必要由资深收银员陪同，防止其紧张发生错误；收银主管要随时在收银台后管理，注意是否有异常状况；吃饭休息时间是收银员舞弊多发时刻，主管此时要特别注意。

②收银机管理：避免收银员使用退货键或立即更正键来消除已登录商品之记录；收银主管要注意不同时段各收银机台金额进度，有异常时要先停止该机台进行查核；在发票记录纸卷卷回存档时，注意是否有断裂或短少等情况。

（4）变价作业管理。

①固定促销活动变价：促销计划必须在一个月前提出，由商品营销部负责。

②门店促销活动变价：促销计划亦须在一个月前提出，由门店的部门主管负责。

③临时变价：由各部门主管随时提出计划，由店长及各部门主管负责。

④正常商品变价：可随时提出计划，经商品营销部主管同意后公布实施。

⑤价格变动时，必须填写变价单，调整收银系统价格，会计人员进行相应账务处理。

⑥价格变动前，应现场盘点库存数量；促销结束后，再进行残存量盘点，并报会计人员登记。

（5）盘点作业管理。

①盘点前一定要制订盘点计划，如将区域划分、盘点人员及注意事项逐一列出。

②盘点前一定要说明工作分配、支援人员分配及盘点的方法。

③盘点时要依据盘点作业规定，将盘点过后的商品数量写在纸条上，粘贴于商品前，以便主管抽查，亦可辨认盘点与否。

④盘点时，店铺主管要随时了解盘点进度，以及盘点工作是否按照计划执行。

⑤盘点人员容易将售价相同的不同商品登录在同一货号下，或者把单价小但数量多的商品以概估情况计数，店铺主管要特别注意。

⑥盘点工作结束时，经过店铺主管验收无误后，各组人员方可离开。

（6）自用商品使用管理。

①自用商品领用要适于领用范围，且必须经部门主管同意，再填写自用商品领用表。

②后场检验人员依自用商品领用表至各部门拿取商品后，交给领用部门，再将自用商品领用表交给会计做进货账务处理。

③查获未依照程序登记者，依偷吃偷窃办法处理。

（7）坏品管理。

①坏品登记表每日由各部门负责填写，并且加上原因说明，由店长抽查确认。

②生鲜区如水产、果菜、日配坏品可于登记后立即丢弃，杂货可每周一次集中报废，但须在地区督导监督下执行。

（8）标价机操作管理。

①标价机只有负责人本人及指定人员才能操作，避免错误发生。

②标价错误和废弃标签不得任意丢弃，避免他人操作。

③标价机操作完毕后，应设定锁住，避免他人操作。

（9）加强门店日常管理。对夜勤工作、专柜人员、员工购物、兑换券等加强损耗防范的管理工作。

2）重点区域防损

（1）收货口、员工出入口的管理。参见上述"1）运营作业过程中的损耗防范"中有关进货作业管理相关要求。

（2）收银出口的管理。收银出口处设立电子防盗门系统、安全员岗位，监管人员要及时了解卖场中商品情况，并注意收银区前是否堵塞，防盗设备是否损坏。

（3）现金室的管理。

①所有进出现金室人员必须是授权人员，非授权人员必须取得批准并得到监控人员的同意才能进入。

②现金室的门禁系统、监控系统全天24小时处于工作状态。

③现金室的资金必须按公司程序予以正确处理，确保安全。

④现金室的钥匙管理、密码管理必须符合公司规定。

⑤所有资金提取、进出，必须有安全人员陪同。

⑥现金室必须保持同时有3人（含3人）以上的人员作业。进餐、交接班共同进行。

⑦现金室的任何改动，包括设施的移动、搬出搬进，在管理层和安全员的共同监督下进行。

（4）精品区的管理。

①顾客只能从进口进入，从出口出去。

②顾客不能将非精品区的商品带入精品区，只能暂放外边。

③顾客在精品区内购买商品，必须在精品区结账。

④检查顾客的小票是否与所购商品一致，特别是包装是否符合精品区商品的包装要求。

（5）高损耗区域的管理。

①监管顾客的不良行为，及时发现盗窃行为，如私拆商品包装，将其他商品放入某商品包装中，调换包装，往身上藏匿商品，破坏防盗标签等。

②检查门店人员在防盗方面的工作疏忽和漏洞。

③检查试衣间的员工是否执行试衣间的发牌收牌、检查核实制度。

（6）垃圾口的管理。

①检查垃圾，保证所有垃圾中无纸箱、纸皮等可以回收的废品，回收纸箱、纸皮等离开门店不走垃圾口，经收货口办理手续。

②检查门店的垃圾袋，保证没有未执行报废手续的商品混杂在垃圾中。

③检查收货部的垃圾桶，保证所有报废商品必须经过相应的处理程序和处理手段，彻底失去使用价值。

3）商品偷窃损失防范

（1）选择正确的防盗系统和防盗措施。

①防盗系统。

小型超市：可以采用广泛使用的防盗镜，在超市的各个角落安装防盗镜，能让理货员方便地监视整个门店卖场的情况，再配合安全的商品陈列、理货员巡视，一般可以起到防盗的效果。

大型卖场：由于面积较大，经营的商品品种多，员工负责区域广且以理货为主要职责，因此有必要安装电子商品防盗系统和闭路电视监控系统。

大型百货商场：对失窃率高、商品单价高的商品，如裘皮大衣、高档西装、女士内衣等商品采取防盗式布局，安装电子商品防盗系统。

②防盗措施。目前常用的措施包括电子防盗标签、面对面销售、利用收银员附近的货架或橱窗将贵重商品锁起来销售、在门店的墙壁上安装玻璃镜等方法。

（2）顾客偷窃的防范。

①加强现场工作和卖场巡逻，尤其要留意转角及人多聚集之处。

②注意由入口处出去的顾客。

③顾客边走边吃商品时，委婉地进行口头提醒。

④定期做现场防盗讲解，鼓励全体人员共同防盗。

⑤发现有偷窃事实时，须待其结账离开收银台后才能上前阻拦。

⑥抓到偷窃者，应依照公司统一处理规则处理。

（3）内部偷盗的防范。内部偷盗的防范是超市管理非常重要的环节，是上至总经理下至每一位员工的重要工作之一。

①加强员工的预防教育。对员工进行从入职开始的不间断的教育工作，教育分正面教育和反面教育，采用开会、板报、活动等多种方式。

②制定内部举报制度。

③开展内部安全调查，防患于未然。

④检查各类报表。

（4）供应商偷盗的防范。

①安全员严格对供应商的进出进行控管，对进出时携带的物品进行检查核实。未办理相关手续，不允许供应商人员进入仓库。

②严格管理制度。由收货人员进行全过程的收货操作；必须将已经收货、未收货的商品按区域严格分开；由门店的操作人员同收货人员共同配合，做好每日生鲜食品的退换货工作。

☑ **互动课堂12-1** **新零售绕不开的损耗难题如何解决**

随着新零售的不断发展，线下零售的流量红利逐渐显现，各线上零售巨头也不断

微课：连锁门店偷盗损耗的防范

扩展线下门店，并且使用零售技术打通运营中的数据节点，打造门店数字化。但是，线下零售的经营管理，需要考虑各方面因素，零售损耗便是其中重要的一环，而这一环恰恰是目前新零售难以绕开的难题。无人货架的迅速凋落，其中一大原因是损耗率太高。在零售经营管理不断标准化、规范化的当下，如何运用现代科技进行零售经营的风险管控，降低经营损耗，实现零售精细化、数字化管理？

（1）设备创新，防损更加隐蔽化

如今，随着舒适购物体验环境的打造，防损项目的实施也更加隐蔽。零售商不愿意在降低损耗风险的同时增加因消费者体验感差带来的消费者流失风险。在这个零售运营系统两难的抉择局面中，地埋天线应运而生。经过不断创新、改良，思创医惠研发了新一代高性能的地埋天线，在保证防损效果的同时，将防损设备很好地隐藏，保证零售店铺整体设计风格不被打破，同时提升消费者线下购物的舒适度。

（2）互联网+物联网，设备管理智能化

在零售经营管理中，保证设备的正常运转也是经营风险管控的一项基本内容，设备一旦出现问题，对于整个系统而言，将造成一定的损失。同时，以智能化的手段进行设备的实时监测，将节省大量人力物力。为此，思创医惠研发了远程调试模块，利用物联网技术，可实现EAS天线的远程管控，一旦防损设备出现异常，可在平台上得到实时反馈，同时工程师可进行及时处理，打破了空间和时间的限制。通过智能化防损设备管理手段，确保设备的正常工作，为经营管理增加一道防线，加强风险管控。

（3）智慧商业4.0开放平台，防损实现数字化

在零售不断数字化改造的进程中，作为经营管理中的一环，防损势必实现数字化，从而完成管理的闭环。思创医惠借助智慧商业4.0开放平台，收集防损管理的各项数据，进一步提升防损的效率。例如，EAS防盗报警与视频联动子系统，通过分析EAS天线和视频监控的数据，在最短时间内锁定偷盗嫌疑人，减少商场的损失。

资料来源 联商网. 新零售绕不开的损耗难题如何解决［EB/OL］.［2022-02-27］. http：// www.linkshop.com.cn/web/archives/2019/420208.shtml?sf=wd_search.

请同学们结合资料思考：（1）门店产生损耗的主要原因是什么？（2）零售数字化发展背景下将如何开展防损？

12.2 连锁门店安全管理

12.2.1 门店安全管理概述

1）门店安全

所谓门店安全，是指门店及顾客、员工的人身和财产在门店所控制的范围内没有危险，也没有导致危险发生的其他因素。

2）安全管理的重要性

安全管理可以很好地消除存在的各种隐患和风险，通过对不安全状态的管控，尽最大努力预防和避免意外事故的发生。

微课：连锁
门店安全
管理内容

（1）确保顾客购物的安全。

（2）为员工提供安全的工作环境。

（3）减少门店的财物损失。

（4）维持良好的企业形象。

3）安全事故发生的原因

（1）设备陈旧。门店的一些安全设施、设备和工作器械，如消防设施、逃生设备等，没有定期检查或多年不更新，一旦需要使用时，常会发现设备老化，甚至不能正常使用，不仅会危害公共利益，内部员工的工作安全性也难以得到保障。

（2）员工缺乏安全常识。由于企业对安全工作不重视，对员工的安全培训不到位，员工的安全意识缺乏，造成许多安全隐患。

（3）缺乏警惕。许多意外事故在造成重大伤害之前已有苗头，常常是由于员工缺乏高度的警惕，没有及时改善，最后才导致局面一发不可收拾。

12.2.2 安全管理内容

1）公共安全

（1）消防安全管理。消防安全管理是指防止火灾、灭火及其他灾情处理的专门工作。

①消防安全管理工作的范围包括：火灾预防及抢救；各项消防安全设备的定期检查和管理；消防水源的定期检查和管理；消防安全的教育及宣导等。

②门店消防系统。门店消防系统主要包括消火栓、灭火器等消防设施，以及消防标识、消防通道、紧急出口、疏散指引图等附属消防设施。

（2）购物环境管理。门店不仅应该提供给顾客一个赏心悦目的购物环境，更重要的是，从顾客一踏进营业区域开始，就应保证其生命财产安全。为此，企业应该从以下几个方面检查自己是否为顾客提供了一个安全的购物环境：货架质量；商品陈列；购物车安全；溢出物管理；电梯安全；顾客纠纷；卖场装潢安全；障碍物管理。

（3）顾客安全管理。顾客安全管理一般是指顾客在卖场购物时应防止顾客摔伤、挤伤及顾客间争斗等，具体如下：

①要有广播、文字、店员提醒顾客有危险因素，如儿童坐在购物车上。

②有儿童在玩耍或乘坐电梯要有人照顾。

③顾客在选购商品时，避免因不慎损坏商品而引发不安全因素。

④开业或节假日促销要防止因顾客哄抢而引发不安全因素。

⑤特价商品的促销要防止因顾客哄抢而引发不安全因素。

⑥顾客之间有矛盾时，要防止其在门店购物中的相互伤害而引发不安全因素。

⑦商品展示时，电、水、电器的使用要保证安全。

⑧商品展示完毕后，电源要关闭，带有危险的器具要收回。

⑨避免商品展示台过大，导致通道过窄，引起拥挤。

2）内部安全

（1）开（关）店的安全管理。加强开（关）店的安全管理，开（关）店作业时仔细检查各类设施、设备及环境有无异常，提高警惕，确保店内每个角落安全。

（2）设备安全管理。铝梯、叉车、托盘、卡板等设备存放于指定的安全地点，严禁占用通道、销售区域及门店的各出口。使用前必须检查设备本身及使用地的环境，使用特定设备前必须经过培训，并严格按操作规程使用。

（3）强化安全管理意识，包括安全意识、用品设备操作规范等。

（4）锁匙管理。店门、店长室和金库的锁匙应有备份，由专人保管，未经许可，不得任意复制。金库的保险锁密码应只有必要的相关作业人员知道。当门店店长或副店长换人时，应立即更换保险锁密码。锁匙编号管制，有利于追查责任。

（5）金库管理。金库室（店长室）除必要人员外，其他不相关人员不可随意进入；金库门应随时关上并上锁。

（6）业务侵占之防范。定期抽检员工的储物柜，以及离开公司时的手袋及物品。定期抽验收银人员、商品验收人员和负责现金处理的相关主管人员的作业情况，避免发生工作人员凭借职务上的便利侵占公司钱财或为亲友图利。

（7）夜间行窃。小偷偷窃的时机除了在一般的营业时间，也在夜晚打烊之后，因此必须加以防范。

（8）顾客的扰乱行为。进出门店的顾客不仅人数众多，层次也不一。有些顾客来到门店并不以购物为主要目的，而是带有其他的扰乱或暴力行为。

（9）专柜的安全管理。门店必须将专柜一并纳入卖场的安全管理范围，除了提供必要的安全设备以外，必须将专柜人员视同门店人员一同实施安全训练和演习，以确保门店的整体安全。

（10）恐吓事件。随着犯罪形态的不断变化，零售业界遭受歹徒恐吓胁迫的事件屡见不鲜，对社会、企业和消费大众无不造成莫大伤害。鉴于此，门店必须研拟一套有效的应对程序，才能将危机事件的伤害降至最低程度。

（11）诈骗事件。零售业由于现金多、商品多，加上员工都比较年轻，因而经常成为不法分子诈骗的对象。常见的案例有：要求兑换金钱、送货、以物抵物，或是声称存放在寄物柜内的贵重物品遗失等。

（12）停电应变处理。由于某些地区的电力管理仍未臻完善，而保证电力供应又是门店必备的营业条件，一旦停电，除了加速低温商品的损坏外，还可能致使顾客或员工乘机窃取公司财物。因此，门店必须针对停电拟定一套应变作业程序。

（13）保安报告管理。

①门店发生的任何保安状况，店长均应在了解状况发生的原因之后，迅速向上级相关主管报告，以便进一步开展更有效的处理或追踪。

②任何对警方或上级主管的保安报告，其内容必须简短、明确，并且包括人、事、时、地、物等，以使对方能迅速了解发生的状况。

③门店主管应熟记119消防电话、110报警电话、当地派出所电话、当地电力公司营业所电话和上级主管的移动电话号码，并抄录张贴在电话机旁、公告栏或其他指定地点。

12.2.3　安全管理作业

1）建立安全机制

尽管有一些门店设置了保安部门，然而就大多数门店而言，基本上没有设置专职负责安全和防盗的保安经理。

事实上，无论店铺规模大小，任何一家门店都应该建立和运转一套处置、监控、审计安全机制，以防因偷窃和暴力抢劫而承受各种不应有的损失。

（1）明确管理人员和职责。门店的法定代表人或非法人单位主要负责人是本单位安全工作的第一责任人，对本单位的安全工作负全面责任，依法履行各项安全职责。门店应逐级落实各级安全责任制和岗位安全责任制，明确各级和岗位消防职责，确定各级和各岗位安全责任人。

（2）成立安全管理小组。安全管理小组一般由以下人员组成：总指挥一人，由店长担任；副总指挥一人，由副店长担任；救灾组；人员疏散组；通信报案组；医疗组，负责伤员的抢救及紧急医护等任务。

店长则应将安全管理小组列成名册，并特别注明总指挥、通信报案人以及重要工作的责任人姓名，同时将"防灾器材位置图"和"人员疏散图"张贴在店内指定位置。

（3）安全审核。门店的新建、改建、扩建和内部装修工程须经公安消防机关审核合格后，方可施工。工程竣工后，须经公安消防机关验收合格后方可投入使用或开业。未经验收或经验收不合格的，不得投入使用。

通常，内部装修面积在200平方米以下，不改动防火分区、火灾自动报警、自动喷水灭火、防排烟等消防设施，并且装修材料符合"内部装修设计防火规范"要求的非高层建筑，可不报公安消防机关，由商场、超市负责安全的部门审核、备案。

2）安全培训

（1）每月对店内员工至少开展一次安全教育、考核，未经安全培训或培训考核不合格的人员不得上岗。

（2）新员工上岗前必须进行岗前安全教育、考核，属于特殊工种的要依法取得资质证书，持证上岗。

（3）各门店应与员工签订安全合同，明确双方责任，落实安全措施，并对其员工进行安全防火教育。

（4）应制订并完善火灾扑救和应急疏散预案以及处置其他突发事故应急预案，并由顾问或店长负责每半年开展一次消防演习和应急救灾活动演习。

（5）各级安全员做好各种安全教育记录。

3）突发事件处理

（1）突发事件的类型。突发事件包括火灾、恶劣天气、人身意外、突然停电、抢劫、示威或暴力、骚乱、爆炸物、威胁（恐吓）等。

（2）处理原则。预防为主，计划为先；处理迅速、准确、有重点；以人为先，减少伤亡，降低损失。

（3）紧急计划制订和突发事件处理。

①紧急计划制订。紧急计划是门店安全管理的重要组成部分，是以书面形式制订的防止各种潜在紧急情况发生的预备方案。计划包括紧急小组的成立和人员名单，各个岗位的具体责任和任务，发生各种情况时的处理办法，发生紧急事件时可以提供援助的机构或可以救援的机构组织，紧急情况下的通信联系，紧急设备的维护等。

②各类突发事件处理。其中，突发火灾事件的处理方式可以参见"拓展阅读12-2某家居卖场突发火灾应急预案"中的处理办法。

> **拓展阅读12-2**　　　　　　　**某家居卖场突发火灾应急预案**

（1）接到报警信号，消防人员须在2分钟内到达现场确认火情，火情确认后，应立刻采取相应的灭火措施，同时消防监控室值班人员立即通知物业保卫部、值班经理、总经理，并向"119"报警，通知消防班、保安队、物业保卫部值班人员5分钟内到达火场（限局部小范围火情）。

（2）消防监控室值班人员按程序打开应急广播，及时通知各部门按应急疏散线路带领顾客及商户安全有秩序撤离，同时启动排烟风机，依命令启动消防泵和降落卷帘门等并密切监视和通报火势情况。配电室要立即切断电源，启动应急供电系统。

（3）物业保卫部人员接到报警后于5分钟内到达着火地点，按命令带领保安队队员组织实施灭火和疏散顾客及商户。

（4）报警后，由物业保卫部派专人到大门迎候，指引消防车到达火灾现场。

（5）物业保卫部经理负责对火灾现场人员的安排调动，对火灾区域设警戒线，在商场外安全区域开辟出现场急救区，严禁无关人员进入该区域。

（6）指挥人员立即组织消防，保安队队员协助专业消防抢救队伍实施灭火。

（7）财务室人员应迅速整理好账本、现金、支票等，锁好保险柜、门、窗，并迅速离开。

（8）配电室、物业维修人员要坚守岗位，听从应急指挥部的命令。

（9）人员撤离火灾现场后，由各部门负责人及时联系本部门当班人员，确认其是否安全撤离，同时业务部门各楼层主管应迅速与本层商家导购员联系，确认其是否安全撤离，并将相关情况迅速上报应急指挥部领导。

（10）如发现或确认火灾现场有未撤离人员，应及时上报专业消防抢救队伍，并组织相关人员全力协助专业消防人员的救援工作。

（11）物业保卫部组织保安人员维持现场秩序，确保救火、救人车辆畅通无阻。

（12）注意事项：

①火灾发生后，应立即通知总经理或由总经理授权报"119"。

②着火后保持冷静，本着先救人后灭火和抢救财物的原则进行。

③火场一切行动听从指挥，切不可随意行动。

④着火后，持对讲机人员一律不准讲与火场无关事情，不得在指挥人员下达命

令时随意插话。

⑤确认事故后，应根据规定向相关部门报告。

资料来源 编者根据相关资料整理。

【案例精析】 多家新茶饮委员单位开展门店食品安全自查工作

近年来，现制茶饮行业快速发展，广受年轻消费者青睐，其头部品牌的各种动向都备受关注。为了广泛指导现制茶饮相关企业全方位把控产品、环境及人员的食品安全管理，帮助茶饮企业各门店预防和减少食品安全事故，降低品牌负面舆情风险，2023年4月，中国连锁经营协会（以下简称CCFA）新茶饮委员会联合多家茶饮品牌和天祥等第三方专业机构，在上海共同发布团体标准 T/CCFAGS 037—2023《现制茶饮门店食品安全自查指引》，并于2023年5月1日正式开始实施。

该团体标准自实施以来，新茶饮委员会各企业在执行日常食品安全管理工作中，不同程度地应用该团体标准，加强和改善了其现制茶饮门店的食品安全管理水平。

为充分发挥该团体标准的指引作用，了解企业门店实际自查情况，切实帮助企业提高门店食品安全管理水平，有效控制门店食品安全风险，2023年5月，CCFA组织新茶饮委员会各成员企业及多家其他现制茶饮企业，于6—8月开展为期3个月的企业自查工作，对企业提交自查报告提出明确要求。

6—7月，CCFA秘书处开展企业实地走访和电话访谈，覆盖了悸动烧仙草、苏阁鲜果茶、甜啦啦、益禾堂、沪上阿姨、古茗、书亦、挞柠、奈雪、九记甜品等企业。

8月4日，CCFA秘书处给国家市场监督管理总局做了项目的中期报告。

9月，CCFA秘书处陆续收到企业提交的自查报告，其中，查理宜世、快乐番薯、莫沫南路、书亦、700CC、喜茶、快乐柠檬7家公司的自查报告详尽完备，报告包含：重点内容体现对自查发现的问题进行原因分析和整改跟踪以及记录情况，对自查中发现存在食品安全隐患的问题食品采取的措施以及概率统计，对自查中发现的其他食品安全风险，根据具体情况所采取有效的措施以及概率统计；对自查结果进行概述，体现自查主要亮点和主要不符合情况，对自查要点的情况需要进行整体情况概述、发现问题/风险描述、原因分析和整改措施描述，同时根据自查的结果结合自身的情况制定改进措施等。

10—11月，CCFA秘书处结合调研情况将企业自查报告进行汇总，完成了2023年行业自查年度报告，该报告也是企业应用团体标准 T/CCFAGS 037—2023《现制茶饮门店食品安全自查指引》的情况总结。

通过连锁发展，现制茶饮不论是门店数量还是市场规模，都具备良好的持续增长性，具有新消费的典型特征，这些企业开展的自查工作，对连锁行业发展具有一定标杆性作用。

资料来源 CCFA. 多家新茶饮委员单位开展门店食品安全自查工作［EB/OL］.［2023-11-10］. http：//www.ccfa.org.cn/portal/cn/xiangxi.jsp? id=445090&ks= % E9%A3%9F% E5%93%81%E5%AE% 89%E5%85%A8&type=34.

精析要点：

（1）连锁零售企业坚持构建食品安全共建、共治、共享格局，对规范食品生产经营活动，防范食品安全事故发生，强化食品安全监管，落实食品安全责任，保障公众身体健康和生命安全，具有重要意义。

（2）《现制茶饮门店食品安全自查指引》有利于全力提升食品安全保障水平。食品安全着眼于以人为本，关注民生，保障权利，切实解决人民群众最关心、最直接、最现实的利益问题，促进社会的和谐稳定，是贯彻科学发展观的要求，是维护广大人民群众根本利益的需要。

（3）连锁零售企业严格地规范食品生产经营行为，依据法律、法规和食品安全标准从事生产经营活动，在食品生产经营活动中重质量、重服务、重信誉、重自律，对社会和公众负责，以良好的质量、可靠的信誉推动食品产业规模不断扩大，市场不断发展。

【职业指南】　首家碳服务便利店开业，碳减排量可以当钱花

2023年7月12日，以"节能看得见，低碳可兑换"为主题的全国首家碳（服务）便利店揭牌仪式隆重举行。这是有家便利店与武汉碳普惠管理有限公司，在低碳场景建设、低碳权益共建、碳减排量交易等方面达成的战略合作。

有家实业有限公司表示，为顺应国家"双碳"目标的战略布局，开展节能降碳宣传教育，推动全民形成绿色低碳的生活方式和消费习惯，有家便利店积极响应，优化战略布局。通过有家会员小程序关联的"武碳江湖"页面，"碳减排量"可直接兑换成有家便利店的商品，真正落实做到：节能看得见，低碳可兑换。

有家便利店作为全国首家碳（服务）便利店，全店使用竹木纤维板材组合货架、柜台，其板材可回收多次使用；R448A制冷剂/无霜设备，直接和间接减少温室气体排放量；店内使用智能感应控制灯具，减少电能消耗，数字化智能AI控制设备能省电30%；店内使用环保包材，易降解、可再生；升级门店端会员平台系统，可以生成会员积分的同时累计"低碳积分"，用于兑换有家便利店的各类活动商品。

收银后不再打印纸质小票，而是通过会员系统弹窗出消费记录与电子清单。店铺售卖的饮品（咖啡、豆浆、米浆等）对自带杯用户进行折扣销售，培养顾客的消费习惯，潜移默化地影响身边客群的环保观念。

为深入宣传贯彻习近平生态文明思想，积极响应国家部委就开展"全国低碳日"宣传活动的指示精神，由中国连锁经营协会牵头邀请在场相关领导、企业代表以及相关领域国内国际专家就"低碳消费连锁行业现状"与"连锁行业推动低碳消费的方向与思考"进行深入交流。

此次，有家全国首家碳（服务）便利店的揭牌仪式，是用行动推广低碳环保理念，为大力发展循环经济，促进生产、流通、消费过程的减量化、再利用、资源化注入新力量。

资料来源　CCFA. 首家碳服务便利店开业，碳减排量可以当钱花［EB/OL］.［2023-07-14］. http：//ccfa.org.cn/portal/cn/xiangxi.jsp?id=444756&ks=%E4%BE%BF%E5%88%A9%E5%BA%97&type=2.

本章小结

本章阐述了连锁门店损耗和安全管理的基本内容，以及损耗管理和卖场安全管理的相关知识，主要介绍了门店损耗、安全问题发生的原因，重点介绍损耗的控制方法及安全管理手段。

主要概念

损耗　变价损耗　门店安全　消防安全管理

基础训练

一、选择题

1.下列属于收银人员作业不当所造成损失的是（　　　）。

A.搬运工具使用不当，造成商品破损　　B.商品在销售过程中受到污染

C.收货数据录入错误　　　　　　　　　D.遗漏商品扫描

2.引起损耗的意外事件通常包括（　　　）。

A.水灾　　　　　　　B.抢劫　　　　　C.内盗　　　　　　D.台风

3.（　　　）表示连锁门店是不安全的。

A.水产品区保持地面干爽　　　　　　　B.消防通道上散落着卡板、商品

C.对购物车、货架等定期进行检查　　　D.对消防设施设备定期检查

二、判断题

1.损耗就是指门店内的商品丢失。　　　　　　　　　　　　　　　　（　　　）

2.任何部门的任何人员（除收货部授权员工和授权岗位），都不能从收货口进出。
　　　　　　　　　　　　　　　　　　　　　　　　　　　　　　（　　　）

3.顾客之间产生矛盾导致在门店购物中相互伤害而引发不安全因素不属于门店安全管理的范围。　　　　　　　　　　　　　　　　　　　　　　　　　　（　　　）

4.促销人员归属于厂家直接管理，所以促销人员在门店内实施的商品偷窃行为属于外盗。　　　　　　　　　　　　　　　　　　　　　　　　　　　　　（　　　）

5.突发事件虽然难以预料，但门店仍要以书面形式制订防备各种潜在紧急情况发生的预案。　　　　　　　　　　　　　　　　　　　　　　　　　　　　（　　　）

三、简答题

1.变价损耗主要表现在哪些方面？

2.运营作业过程中损耗防范的内容有哪些？

3.偷窃损耗的内容有哪些？

4.门店损耗管理中应进行重点管理的区域有哪些？

5.商品偷窃损耗防范的内容有哪些？

6.门店安全的重要性体现在哪些方面？

7.门店安全事故发生的原因有哪些？

8.门店安全管理的主要内容有哪些？

9.门店突发事件的处理方式有哪些？

实践训练

【实训项目】

门店安全检查。

【实训场景】

以一名门店防损工作人员的身份，按照安全检查表对门店日常安全开展例行检查。

【实训任务】

1.对记录门店安全状况所需的安全检查表进行设计。

2.以安全检查表中的内容为基本调查内容，对门店安全状况进行检查，并对所调查门店的安全状况做出评述。

【实训提示】

参考门店安全检查表（见表12-1）。

表12-1　　　　　　　　　　　　门店安全检查表

店铺名称：　　　　　　检查日期：　　　年　　月　　日

检查项目		检查结果及整改情况
一、紧急出口	1.紧急出口是否畅通？	
	2.紧急出口是否上锁？遇紧急状况可否立即打开？	
	3.紧急出口灯是否明亮？	
	4.警报器性能是否良好？	
	5.紧急照明灯插头是否插入电源？性能是否良好？	
二、灭火器	6.灭火器数量是否符合要求？	
	7.灭火器是否到位？	
	8.灭火器指示牌是否挂好？	
	9.灭火器指示牌外表是否干净？	
	10.灭火器性能是否良好？	
	11.灭火器有无过期？	
三、消防栓	12.是否容易接近？	
	13.是否被挡住？	
	14.水源开关是否良好？	
	15.是否可立即操作？	
四、急救箱	16.有无放置急救箱？	
	17.箱内的药物是否齐全？	

	检查项目	检查结果及整改情况
五、电器设备检查	18.机房是否通风良好？里面有无堆放杂物？	
	19.电器插座是否牢固？有无损坏？	
	20.电线是否依规定设置？	
	21.电器物品是否性能良好？是否正确操作？	
	22.冷冻库温度是否正确？有无杂乱现象？	
六、消防安全主要注意事项	23.有无成立"应急处理小组"？成员是否知道自己的任务？	
	24.是否张贴灭火器材位置图及防火疏散图？	
	25.员工是否知道如何正确使用灭火器材？	
	26.紧急报案电话是否附在电话机上？	
	27.是否定期举办防火演习？	
七、一般安全	28.电梯是否正常使用？有无定期保养？	
	29.新进员工有无实施安全教育？	
	30.铝梯及推车有无损坏？	
	31.商品堆放是否符合安全规定？	
	32.卷闸门操作是否正常？	
	33.员工是否有安全意识？	
	34.下水道是否淤塞？	
	35.收货方法是否符合规定？	
八、保安	36.贵重商品管理是否符合规定？	
	37.拿出门店的纸箱、垃圾，管理人员是否检查？	
	38.货币现金管理是否符合要求？	
	39.安全设施是否良好？	
	40.各项记录本是否如实填写？	
	41.办公室及柜子是否依规定管理？	
	42.保险柜及收银机抽查是否有长短款？	
	43.商品验收作业是否符合规定？	
	44.是否抽查员工储物柜及携带的手提袋等？	
	45.员工及顾客盗窃案是否被妥善处理？	
	46.顾客滋扰案件是否被妥善处理？	
	47.其他有关安全事项的处理是否完善？	

检查人：

【实训效果评价标准表】

实训效果评估分为两个部分：其中表格设计部分占全部实训效果评价的50%，门店安全检查占全部实训效果评价的50%，两个项目的综合得分为整个实训效果评价的总得分。

一、表格设计部分

1.以实训提示中给出的"门店安全检查表"为参考内容，按照学生设计的表格进行对照，85%～100%符合为优秀，70%～84%符合为良好，60%～69%符合为合格，低于60%为不合格，须补考；低于45%（含45%）为较差，必须重修。

2.如果学生根据所检查门店的具体情况在"门店安全检查表"中给出自行设计的合理项目或内容，适当给予加分。

二、门店安全检查部分

对所检查项目和检查情况的打分给予明确、清晰描述。其中，检查认真仔细、项目表述明确清晰、打分合理为优秀；检查较为认真明确、项目表述比较清晰、打分基本合理为良好；检查一般、项目表述一般、打分一般为合格；检查不仔细、项目表述不清晰、打分不合理为不及格，须补考；没有进行门店安全检查为较差，必须重修。

主要参考文献及网站

［1］木刀．胖东来向善而生［M］．北京：台海出版社，2024．

［2］李卓澄．教你开一家年赚50万的小茶馆［M］．北京：东方出版社，2024．

［3］姿涵．实体店爆卖实战手册［M］．北京：中华工商联合出版社，2023．

［4］铃木哲男．零售工程改造老化店铺［M］．智乐零售研习社，译．北京：东方出版社，2023．

［5］坂口孝则．顾客主义：唐吉诃德的零售设计［M］．智乐零售研习社，译．北京：东方出版社，2023．

［6］新零售运营管理项目组．商场超市布局与陈列［M］．北京：化学工业出版社，2021．

［7］邓小清，刘建忠．开店实务［M］．北京：化学工业出版社，2021．

［8］时应峰，方芳．连锁门店店长管理实务［M］．北京：中国人民大学出版社，2021．

［9］林立伟，魏石勇，周颖杰．新零售［M］．上海：上海财经大学出版社，2020．

［10］日本一般社团法人零售AI研究会．实体店逆袭：零售业的AI转型之道［M］．范俏莲，译．北京：中国人民大学出版社，2020．

［11］李政隆．超级店长训练系统［M］．北京：清华大学出版社，2019．

［12］李杰明，张伟东．会员店、连锁便利店逆势提升《2023快消品零供满意度调查报告》发布［EB/OL］．［2023-09-27］．http：//www. cnfood. cn/article? id=1706947186498048002．

［13］张钰芸．《2023快消品零供满意度调查报告》发布："一大一小"逆势提升［N］．新民晚报，2023-09-27．

［14］王宁．更具烟火气苏果MART来了［N］．新华日报，2021-04-26（24）．

［15］骆春杉，林竞路．可供性视角下服装橱窗消费的影响因素研究［J］．设计，2024（2）．

［16］海游．重回线下，陈列要以动销为本！［J］．销售与市场（管理版），2023（5）．

［17］刘芮齐．优化门店服务，需要店长懂"关爱"［J］．中国眼镜科技，2023（11）．

［18］中华人民共和国商务部：http：//www.mofcom.gov.cn.

［19］国家市场监督管理总局：http：//www.samr.gov.cn．

［20］中国连锁经营协会：http：//www.ccfa.org.cn.

［21］中国消费者协会：http：//www.cca.org.cn．

［22］华润万家：https：//www.crv.com.cn.

［23］永辉超市：https：//www.yonghui.com.cn.

［24］合肥百大集团：http：//www.hfbh.com.cn．

［25］江苏文明网：https：//wm.jschina.com.cn.

［26］零售商业评论：https：//www.kanlingshou.com.

［27］联商网：http：//www.linkshop.com.

附录一　综合实训

【实训项目】

项目一：收银员情景服务。

项目二：客服员情景服务。

项目三：防损员情景服务。

项目四：值班经理情景服务。

【实训场景设计】

项目一：收银员实训情景设计。

（1）收银员多收顾客的钱或找错顾客零钱时，你该如何处理？

（2）如果门店正在开展"购物满48元可以赠送纸巾一包"的活动，此时一位顾客购物为42元，如果当时正在你的收银台付款，你会怎么做呢？

（3）收银员在扫描时，电脑显示该商品不存在，你该如何处理？

项目二：客服员实训情景设计。

（1）针对卖场的卫生保洁情况，现场拟定播音稿一篇，并播音。

（2）顾客在商场内买了一盒鲜牛奶，小孩喝后拉肚子，查看是鲜奶过期了，顾客提出赔偿各种费用，你该如何处理？

（3）顾客投诉员工服务态度不好，且目前情绪非常激动，你该如何处理？

（4）顾客声称存入自动存包柜的物品不见了，要求赔偿，你该如何处理？

项目三：防损员实训情景设计。

（1）卖场内有顾客挑选商品时，因口误与员工发生争执，在卖场吵闹，你该如何处理？

（2）顾客购物后，出防盗门时报警，但顾客确实已将所有商品买单，你应如何处理？

（3）防损员在卖场巡视时，发现一女性顾客在卖场内吃零食（本超市没有销售该商品），你该如何处理？

项目四：值班经理实训情景设计。

顾客在门店购买某品牌全脂牛奶，投诉该商品在保质期内有异味，当事人喝一口吐了，身体暂未出现不良反应，到服务台向值班经理投诉时，厂家促销人员以问题牛奶洒漏为由，未经顾客同意私自处理丢弃了，顾客发现后情绪激动，扬言要投诉媒体。如果你是值班经理，应该如何解决？

【实训任务】

项目一：通过收银员情景服务的实训项目，掌握收银工作服务规范和技巧。

项目二：通过客服员情景服务的实训项目，掌握客服工作规范、播音技巧和处理顾客投诉的方法。

项目三：通过防损员情景服务的实训项目，掌握服务意识、防损意识和处理突发事件的能力。

项目四：通过值班经理情景服务的实训项目，掌握沟通技巧、现场处理能力。

【实训提示】

项目一提示：

（1）首先向顾客道歉，耐心向顾客做好解释，并带至服务台进行处理；明确表示我们会加强培训和学习，避免下次再发生此类问题，希望顾客给予一定的谅解，并表示会尽力做好工作。

（2）告知顾客我们商场正在举行的这一档活动内容，询问其是否要买满48元的商品，并向其推荐与所差金额相当的商品。

（3）向顾客致歉："由于本公司系统问题，该商品暂时不能付款，待我把其他商品结账后再为您处理，请您稍等！"在客流量较少时，自己找商品理货员，通知开出库单销售；在客流量较多时，通知防损员跟踪服务，确保销售的实现和保证顾客满意。

项目二提示：

（1）播音稿紧扣主题、文字流畅、通俗易懂、篇幅精短；播音时咬字准确、普通话标准、抑扬顿挫、语速得当。

（2）首先向顾客道歉，站在顾客立场及时安抚顾客情绪，聆听顾客倾诉和要求；汇报给上级，进行协商解决。

（3）首先对顾客提出问题给予感谢；站在顾客立场安抚顾客，并对员工行为表示道歉；若问题非常严重，则交由上级主管进行处理，若问题较轻，道歉后明示会即刻对此事拿出解决方案；给顾客满意的答复，并留下顾客的联系电话，及时将处理结果告知顾客，并加强对员工的培训和管理。

（4）如果顾客的物品是在自动存包柜中丢失，原则上门店不做赔偿。顾客将物品寄存在自动存包柜中，并未转移寄存物品的占有权，自动存包柜中寄存物品的占有人仍然是顾客，而不是门店。门店只是免费提供自动存包柜，而不负自动存包柜中寄存物品的保管责任。应协助顾客分析丢失物品的原因，交由防损部门和当地派出所进行立案处理。

项目三提示：

（1）应在不偏袒任何一方的情况下将双方分离，并带至安静场所（防损办公室），及时通知当天值班负责人，由他们出面处理。

（2）防损员拦住顾客，礼貌地询问："请问您是否还有商品未买单？"若顾客表示已经全部买单，防损员将顾客商品通过防盗门测试，依然发生报警，则应请顾客稍等，将商品交给收银员检查是否有商品漏扫，或未取防盗扣。如果发现确实未取防盗扣，则应向顾客致歉。

（3）防损员上前有礼貌地说："请您不要在卖场内吃东西，以免引起误会。"如果该顾客表示所吃零食不是卖场内商品，且对防损员表示极其不满，并故意继续吃零食，防损员应有礼貌地重申："为了避免误会，请不要在卖场内吃东西，而且您既然选择来我们超市购物，相信您对我公司的购物环境、相关规定也是认可的。"若顾客表示合作后，防损员应致谢。

项目四提示：

（1）积极面对，重视顾客感受，确认顾客购买信息，确认商品本身是否存在质量问题，排除商品在售卖过程中受污染的可能，及时上报。

（2）正面回应，表达关切并进一步了解事实，关注细节，巧妙使用沟通技巧；表达服务态度，具有良好服务意识及人道主义精神等。

【实训效果评价标准表】

项目一评价表见表附-1：

表附-1　　　　　　　　　　收银员情景服务实训项目评价表

项　目	情景服务标准要求	情景服务表现描述	得　分
服务表情举止态度	自然、亲切的微笑；热情、友好、自信、镇静；全神贯注于顾客和工作；身体直立、姿势端正；良好的个人生活习惯、行为习惯和职业习惯		
服务用语	口齿清楚，语言标准流利，音量适中；使用标准的普通话服务；主动与顾客打招呼		
多收找错顾客零钱	首先向顾客道歉，耐心向顾客解释，并带至服务台进行处理；希望顾客给予一定的谅解，并表示会尽力做好工作		
促销活动介绍	告知顾客我们商场正在举行的这一档活动内容，询问其是否要买满48元的商品，并向其推荐金额相当的商品		
系统显示无被扫描商品	向顾客致歉："由于本公司系统问题，该商品暂时不能付款，待我把其他商品结账后再为您处理，请您稍等！"根据客流量的多少，酌情处理		
合　计			

项目二评价表见表附-2：

客服员情景服务实训项目评价表

项 目	情景服务标准要求	情景服务表现描述	得 分
服务表情举止态度	自然、亲切的微笑；热情、友好、自信、镇静；全神贯注于顾客和工作；身体直立、姿势端正；良好的个人生活习惯、行为习惯和职业习惯		
服务用语	口齿清楚，语言标准流利，音量适中；使用标准的普通话服务；主动与顾客打招呼		
播音服务	播音稿紧扣主题、文字流畅、通俗易懂、篇幅精短；播音时咬字准确、普通话标准、抑扬顿挫、语速得当		
顾客投诉	向顾客道歉，站在顾客的立场及时安抚顾客情绪，聆听顾客的倾诉和要求；根据情况决定是否需要汇报上级，进行协商解决；给顾客满意的答复，并留下顾客的联系电话，及时将处理结果告知顾客		
存包服务	协助顾客分析丢失物品的原因；交由防损部门和当地派出所进行立案处理		
合 计			

项目三评价表见表附-3：

防损员情景服务实训项目评价表

项 目	情景服务标准要求	情景服务表现描述	得 分
服务表情举止态度	自然、亲切的微笑；热情、友好、自信、镇静；全神贯注于顾客和工作；身体直立、姿势端正；态度严谨；良好的个人生活习惯、行为习惯和职业习惯		
服务用语	口齿清楚，语言标准流利；主动与顾客打招呼		
处理纠纷	立场中立，消除负面影响；应在不偏袒任何一方的情况下将双方分离，并带至安静场所，及时通知当天值班负责人，由他们出面处理		
防盗报警	防损员拦住顾客，礼貌地询问："请问您是否还有商品未买单？"若顾客表示已经全部买单，防损员将顾客商品通过防盗门测试，依然发生报警，则应请顾客稍等，将商品交给收银员检查是否有商品漏扫，或者未取防盗扣。如果发现确实未取防盗扣，则应向顾客致歉		
卖场巡视	防损员上前有礼貌地说："请您不要在卖场内吃东西，以免引起误会。"如果该顾客表示所吃零食不是卖场内商品，且对防损员表示极其不满，并故意继续吃零食，防损员应有礼貌地重申："请您不要在卖场内吃东西。"若顾客表示合作后，防损员应致谢		
合 计			

项目四评价表见表附-4：

表附-4   **值班经理情景服务实训项目评价表**

项 目	情景服务标准要求	情景服务表现描述	得 分
服务态度	具有良好服务意识、人道主义精神		
服务用语	口齿清楚，语言流利，音量适中		
现场沟通	积极应对、确认商品、主动解决、沟通协调各方面进行事件处理		
顾客投诉	聆听顾客的倾诉和要求；及时上报，启动食品安全预案；确定处理方式		
合 计			

得分说明：根据学生在实训中的具体表现，分为"优秀""良好""合格""不合格""较差"，项目一到项目三相对应得分分值为"20""16""12""8""4"，项目四相对应得分分值为"25""10""15""10""5"，将每项得分记入得分栏，全部单项分值合计得出本实训项目总得分，得分90~100分为优秀；75~89分为良好；60~74分为合格；低于60分为不合格，须补考；低于45分（含45分）为较差，必须重修。

附录二　数字资源索引

项目	数字资源	页码
第8章 连锁门店收银作业管理	微课：连锁门店现金收银流程	174
	拓展阅读：收银作业的几种处理技巧	174
	微课：收银员基本技能百元钞票识别	179
	拓展阅读：自助收银区防损实施指南	186
第9章 连锁门店销售作业管理	微课：连锁门店顾客退换货处理	200
	拓展阅读：零售业直播带货操作指南	205
	拓展阅读：网络直播营销管理办法（试行）	207
第10章 连锁门店促销活动和 门店专柜管理	拓展阅读：规范促销行为暂行规定	214
第11章 连锁门店顾客投诉和 顾客关系管理	拓展阅读：明码标价和禁止价格欺诈规定	227
	微课：连锁门店顾客当面投诉的处理	229
第12章 连锁门店防损和安全管理	拓展阅读：便利店临期食品管理规范	242
	微课：连锁门店偷盗损耗的防范	248
	微课：连锁门店安全管理内容	249
	拓展阅读：某家居卖场突发事故应急预案详解	253